EDITORA AFILIADA

Dados Internacionais de Catalogação na Publicação (CIP)
(Câmara Brasileira do Livro, SP, Brasil)

Viscott, David Steven, 1938-
   Eu te amo! E aí? / David Viscott ; [tradução Carlos
Eugênio Marcondes de Moura]. — São Paulo : Summus,
1996.

   Título original: I love you lets work it out.
   Bibliografia.
   ISBN 85-323-0544-X

   1. Amor 2. Relações interpessoais I. Título.

96-4111   CDD-646.78

Índices para catálogo sistemático:

1. Casais : Relacionamento 646.78
2. Casais : Vida familiar 646.78

DAVID VISCOTT

Eu te amo!

E aí?

summus editorial

Do original em língua inglesa
I LOVE YOU LET'S WORK IT OUT
Copyright © 1987 by David Viscott, M.D., Inc
Esta edição é publicada por acordo com a editora original, Simon & Schuster, New York
Todos os direitos reservados

Tradução de:
Carlos Eugênio Marcondes de Moura

Capa de:
Nelson Mielnik/Acqua Estúdio Gráfico

Proibida a reprodução total ou parcial
deste livro, por qualquer meio e sistema,
sem o prévio consentimento da Editora.

Direitos para a língua portuguesa
adquiridos por
SUMMUS EDITORIAL LTDA.
que se reserva a propriedade desta tradução.
Rua Itapicuru, 613 – 7º andar
05006-000 – São Paulo, SP
Tel.: (11) 3872-3322
Fax: (11) 3872-7476
http://www.summus.com.br
e-mail: summus@summus.com.br

Impresso no Brasil

A KATHARINE,
CUJO AMOR E COMPREENSÃO
TROUXERAM-ME A ESTE LUGAR.

SUMÁRIO

Nota do autor: Como encontrei o amor e como o coloquei em prática   11
Introdução: Lidando juntos com o amor   13

Primeira Parte
ENCONTRANDO-NOS   15

1. Ser livres juntos   17
2. Compromisso mútuo   21
3. Comunicação: corações e mentes abertos   43

Segunda Parte
COMO NOS SENTIMOS   59

4. Compartilhar sentimentos — A linguagem do amor   61
5. Eliminar a distância entre nós dois   85
6. Dar   95
7. Superar dúvidas   103

Terceira Parte
LIDAR COM O AMOR   115

8. Tipos de pessoas e como elas se ligam umas às outras   117
9. Estilos de casais e como eles resolvem problemas   145
10. Como vocês resolvem os conflitos   161

11. Nos limites do crescimento	171
12. A traição	191
13. Perdoar	219
14. Planejar uma separação	223

Quarte Parte
ESTAR JUNTOS DA MELHOR MANEIRA POSSÍVEL   235

15. Criar seu próprio manual de sexo	237
16. Reflexões sobre porque vocês estão juntos	261

Epílogo   265
Agradecimentos   267

Não ama aquele que não demonstra seu amor.

William Shakespeare

Nota do Autor

COMO ENCONTREI O AMOR E COMO O COLOQUEI EM PRÁTICA

Existem certos livros que só podem ser escritos em um determinado momento da vida. Este é um deles. Durante toda minha vida profissional tentei ajudar as pessoas a compreender seus sentimentos e a construir relacionamentos amorosos. Eu conhecia os princípios da vida conjugal, mas tive um casamento infeliz, que acabou em separação e divórcio. Eu precisava de amor. A esse respeito, eu era como todo mundo, mas, como psiquiatra, também estava tentando ajudar outras pessoas que precisavam de amor. Embora fosse correto o entendimento que eu tinha do amor, jamais me sentira completamente amado e, portanto, não podia falar a partir daquele conhecimento especial que somente a experiência pode proporcionar.

Escrevi o livro *How to live with another person* (Como viver com outra pessoa) com a esperança de decifrar esse enigma. Como profissional, formulei suposições corretas sobre o amor, mas faltava algo em minha compreensão, pois faltava algo em minha vida.

Quando conheci Katharine em uma estação de esqui em Vermont — e agora parece-me que foi um milagre —, descobri a diferença em minha vida pelo fato de ser amado. Descobri, também, que minha compreensão anterior sobre o amor era semelhante à de uma pessoa que pensa em uma língua que não a materna, um pouco afastada da verdade. Ao aprender a pensar e a falar a língua de meu próprio coração, percebi que o amor era muito mais importante do que jamais pudera imaginar, mais importante do que eu mesmo admitira quando não o tinha. A dor de não amar pode tornar cínica qualquer pessoa.

Nem sempre foi fácil. As discussões e a negatividade que Katharine e eu enfrentamos, muitas vezes, nos acabrunhavam. Às vezes perdíamos a crença de que nos amávamos e nos tornávamos desiludidos e desencorajados. Pensávamos em dar o caso por encerrado, mas compreendemos que somente as pessoas que estão tão próximas umas das outras, como nós, é que têm tamanho poder de magoar-se. Passamos a aceitar que ainda estávamos crescendo, que precisávamos construir a autoconfiança e nos dar um crédito mútuo, mantendo nossas armas sob controle para não revidarmos, mesmo quando provocados deliberadamente. Acreditávamos um no outro e nosso amor prevaleceu.

Sermos amados, nos sentirmos amados, lidar com as dificuldades que surgiam entre nós foi algo que acabou se revelando como a parte mais importante de meu próprio crescimento emocional. Fui desafiado em meus pontos mais fracos e encorajado a tornar-me o melhor que podia ser. Recebi apoio ao assumir riscos nos quais, anteriormente, jamais ousara pensar. Se um determindo objetivo me tornava feliz, era importante para Katharine que eu o atingisse. Aprendi que ser amado era como ter um outro eu que amava o que havia de melhor em mim, que insistia em vê-lo e comunicar-se com ele, até mesmo quando eu o perdera de vista. Descobri que o amor dizia respeito ao fato de, estando juntos, sermos o que havia de melhor em nós mesmos.

Depois de mudar-me com Katharine para a Califórnia para iniciar vida nova, comecei a fazer um programa de rádio na rede ABC, no qual exercia a psicoterapia. Agora eu acreditava realmente na possibilidade do amor. Descobri, porém, que quase todas as pessoas com quem eu lidava tinham um problema ligado ao fato de amarem a si mesmas ou a outra pessoa. Minha experiência deu-me a oportunidade de avaliar milhares de pessoas e falar com milhões delas. No entanto, as verdades mais profundas que descubro sobre o amor, verdades que espero ser capaz de compartilhar, continuam sendo o fato de que aprendo ao amar Katharine e ao crescermos juntos.

Ambos somos imperfeitos, infantis, abertos e sensíveis. Também somos frágeis, vulneráveis, carinhosos, dedicados, confiamos totalmente um no outro, nos apoiamos e temos um compromisso mútuo. Em nosso relacionamento existe apenas uma regra: precisamos ser livres.

Estamos verdadeiramente apaixonados.

Espero que este livro lhe possibilite dizer o mesmo.

INTRODUÇÃO

LIDANDO JUNTOS COM O AMOR

Qual é o segredo de fazer com que seu relacionamento funcione, e qual é o segredo de viver feliz ao lado de alguém?

Quando as coisas vão bem os parceiros nem notam, mas quando um relacionamento se complica torna-se difícil enxergar claramente ou compreender os fatos que levaram ao problema. Quando os tempos são difíceis os parceiros tateiam no escuro, tentando entender a confusão que os distancia um do outro. Cada parceiro se apega à sua mágoa e tenta justificar-se, provando que está com a razão e que o outro errou. Estabelece-se um cenário para um confronto ainda maior, em lugar da resolução do problema e da reconciliação.

Todos os relacionamentos, até mesmo o melhor deles, passam por maus momentos. Quando estes ocorrem, é fácil nos esquecermos de que nos amamos.

Motivados, freqüentemente, e desesperados no sentido de melhorar as coisas, os parceiros fazem as pazes superficialmente, em vez de chegarem a um verdadeiro entendimento. Então, quando o problema retorna, decepcionam-se e perdem a fé. Muitas vezes, falta-lhes coragem para abordar as questões que os preocupam. Receiam piorar a situação ou descobrir que a outra pessoa não está se importando.

Este livro direciona-se, especificamente, aos muitos problemas que surgem entre as pessoas que se amam, e oferece um método progressivo para identificar e resolver essas questões. Nenhuma das informações aqui apresentadas foi atenuada. Trata-se da simples verdade, apresentada de maneira clara e direta. Talvez nem sempre seja fácil apreender esses pensamentos, mas é necessário entendê-los para que vocês sejam felizes juntos. Assim sendo, não tenha pressa. Deixe as idéias se apoderarem de você e dirigirem seu pensamento. Você descobrirá que é especialmente valioso ler partes do livro em voz alta, para seu companheiro(a) ou para você mesmo(a). Agir assim o ajudará a esclarecer seus problemas e dar-lhe-á força para tomar as atitudes que levarão à sua resolução.

Em todo o texto encontram-se exercícios que têm por objetivo aprofundar sua compreensão e libertá-lo. Faça-os com seu parceiro ou individualmente. Você poderá escrever as respostas às questões de cada exercício, gravá-las, respondê-las em voz alta ou simplesmente fazê-las em silêncio. Qualquer que seja sua escolha, não se apresse. As questões destinam-se a ampliar sua atitude e libertar seu pensamento. Leve o tempo necessário para ponderar. Ouça cuidadosamente suas respostas mais íntimas. As perguntas o guiarão até as respostas que se encontram dentro de você.

Embora todos os capítulos façam parte de um processo integrado, cada um é estruturado de forma a valer por si só e servir como um auxiliar na resolução de cada problema específico. Você poderá obedecer à seqüência em que os capítulos são apresentados ou então poderá começar por qualquer trecho ou parte, usando a questão que mais lhe preocupa como ponto de partida. Sob uma visão de conjunto, o que se segue é uma série de janelas que se abrem para a vasta e variada paisagem de um relacionamento.

Não existe segredo quando se trata de construir um relacionamento feliz. É uma questão de trabalhar o amor e a crença mútuas. Um relacionamento não faz sentido, a menos que os parceiros procurem torná-lo o melhor possível. Este livro definirá os passos que você dará nessa direção.

Vocês merecem ser felizes juntos.

Primeira Parte

ENCONTRANDO-NOS

Capítulo um

SER LIVRES JUNTOS

Um relacionamento deve ser um compromisso com outra pessoa. Se você não assumir um compromisso, não haverá um relacionamento. É impossível discutir com alguém sem falar em um compromisso próprio. Na verdade, a força de seu compromisso com qualquer outra pessoa é qualificada pela firmeza de seu próprio compromisso.

A menos que você se ame, não poderá amar outra pessoa. Você não conseguirá permanecer durante muito tempo em um relacionamento que não lhe permita crescer e alcançar o máximo de suas possibilidades. Embora você possa esconder-se em um relacionamento e evitar o risco de testar-se, chegará o dia em que se sentirá constrangido por suas limitações e necessitará crescer. Então, você será forçado a assumir aqueles mesmos riscos que andou evitando. Seu relacionamento ver-se-á submetido a tensões, à medida que o imperativo de ir adiante o afastar daqueles mesmos laços com os quais você contou um dia para mantê-lo na mesma posição, e com toda a segurança.

No entanto, um relacionamento deve ter um acompanhamento feliz para *ambos* os parceiros. Se cada parceiro não estiver comprometido com o próprio crescimento, ele não poderá oferecer o apoio necessário para que seu companheiro cresça, pois encarará esse crescimento como uma ameaça e o sucesso de seu parceiro como um entrave, que aponta para suas próprias deficiências.

Se os parceiros não estiverem comprometidos com seu próprio crescimento e com o crescimento do outro, tenderão a prejudicar-se mutuamente. Talvez essa atitude não seja intencional, mas qualquer atitude que não seja um encorajamento sincero é encarada como uma falta de disposição de ajudar o outro. Ou vocês são adversários ou aliados. O meio-termo não existe.

Todo crescimento implica superar a dúvida.

Ou você se arrisca ou fica estagnado. Ou decide agir ou desperdiça anos e anos, pensando no assunto e formulando planos sem sentido. Se você se comprometer descobrirá suas deficiências, irá enfrentá-las e crescerá. Caso contrário, perderá a fé em si mesmo. Em seus primeiros estágios, o ato de arriscar-se é especialmente tentador. A profundidade do compromisso de cada parceiro em relação ao outro deve ser completa, de tal modo que, quando um procurar o outro e estabelecer um contato visual, sentirá, em contrapartida, um apoio irrestrito. Um aceno de cabeça, que sugere: "O que você está esperando?", um sorriso convicto que encoraja e a expectativa de otimismo é tudo aquilo que desejamos de um parceiro. "Vá em frente!" é tudo o que queremos ouvir.

Não deveríamos ser capazes de encontrar a coragem por nós mesmos, nos estimularmos e alcançar as estrelas? É claro! Grandes realizações são obtidas a partir de nós. Nenhum parceiro, por mais amado que seja, pode eliminar nossa luta ou nos dar a determinação de encontrarmos o tema exato para nossa criação, as palavras para nosso poema, as notas de nossa canção, a coragem de argumentar eloqüentemente em um tribunal ou a habilidade necessária para fechar um negócio. No entanto, encontrar nossas melhores intenções refletidas de maneira positiva nos olhos de um parceiro é algo de extrema importância.

São nossos parceiros que mantêm a fé, recordando aquilo que existe de melhor em nós, são eles que chamam nossa atenção para esse fato por meio de uma atitude de expectativa positiva. Eles nos lembram, constantemente, que temos capacidade de agir. Queremos que nossos parceiros tenham fé em nós e bastará sua presença para demonstrar essa crença. Isso não significa que não possam nos criticar. Na verdade, valorizamos extremamente suas críticas, pois eles foram nossos companheiros mais chegados, ao longo de nossa jornada terrestre. Eles nos viram lutar, fracassar e triunfar. Conhecem nossos talentos e nossas capacidades. Sabem quando estamos tentando nos satisfazer com menos, só para obtermos um sentimento de completitude, no lugar de um sentimento de realização. Encorajam-nos porque, acima de tudo, sabem como poderemos viver, quando arriscamos tudo e triunfamos. Seremos mais completos, mais felizes, nos entregaremos mais, seremos melhores amantes, mais comprometidos com nossos parceiros e nossa companhia será mais divertida. Nossos parceiros têm um interesse declarado em nossa realização. Sua presença perseverante, que nos dá apoio, preenche todas as lacunas existentes em nossas próprias determinações.

Quando não existe compromisso entre parceiros e quando um deles assume riscos, existe uma grande tentação para aquele parceiro, que não os assumiu, de usar o privilégio da proximidade para solapar o outro, reforçando assim os piores temores de seu companheiro, focalizando apenas o perigo existente, ao mesmo tempo em que se omite inteiramente de oferecer qualquer apoio. O solapamento se encontra presente na sugestão, ligeiramente encoberta, de que a outra pessoa não conseguirá alcançar seu objetivo. Essa falta de apoio provoca os maiores danos. Se sua intenção for restringir a busca do parceiro em relação a si mesmo, então ela sempre será destinada ao fracasso, pois vai contra a natureza. Cada pessoa é dotada de certos dons e tem como imperativo desenvolvê-los e expressá-los. Tentar deter esse fluxo de energia é arriscar ir contra a maré. Cada parceiro deve ter um compromisso para consigo e também deve ser capaz de expressar sua crença no outro, sobretudo naqueles momentos vulneráveis em que o outro se esqueceu de seus próprios méritos.

Capítulo dois

COMPROMISSO MÚTUO

Comprometer-se significa atuar sobre a crença. Estar ou não comprometido é a questão que determina a profundidade de seu relacionamento. Se vocês não se comprometeram mutuamente, o compromisso é a questão que vocês discutem continuamente ou evitam discutir.

Louisa e Peter divorciaram-se de seus cônjuges para poderem ficar juntos. No entanto, uma vez livres, encontraram razões para ficar separados. Peter chegou até mesmo a aceitar um emprego, em uma cidade situada a cem quilômetros de distância, exatamente no momento em que estavam para morar juntos. Eles professavam seu amor e demonstravam abertamente seu carinho, mas não conseguiam assumir o compromisso de dar o passo final.

Ao que parecia, toda noite romântica que planejavam degenerava lentamente, sempre que surgia, inevitavelmente, a questão do compromisso. Toda vez que isso ocorria, eles ficavam magoados, receosos e culpavam o outro por ter abordado o assunto.

Decepcionada e enraivecida, Louise procurou levar Peter a tomar uma decisão, restringindo seu amor. Peter reagiu, tornando-se ainda mais distante. Tudo o que havia de bom entre eles começou a esmaecer, até que, finalmente, o amor que fora o motivo de estarem juntos, tornou-se um obstáculo à liberdade e o relacionamento acabou.

O temor de comprometer-se provoca dor e decepção, levando os parceiros a fugir ou entrar em crises que terminam com a proximidade que existe entre ambos, provocando um desencorajador ciclo de intimidade e de arrependimento, no qual cada um dá uma segunda oportunidade ao outro, baseada mais na esperança do que na realidade. Cada qual sente-se usado ou apanhado em uma armadilha.

Se você não se comprometeu consigo mesmo, isso poderá explicar por que comprometer-se com o outro foi um problema tão grande. Algumas vezes o comprometimento com a pessoa a quem você ama lhe dá uma crença renovada em si mesmo. No entanto você não poderá comprometer-se com outra pessoa, a menos que saiba o que deseja da vida. As pessoas fingem muito, em relação a isso. Estabelecem laços desiguais, baseadas em esperanças irreais e em uma apreciação equivocada sobre o mérito, sinceridade, motivação e capacidade de amar da outra pessoa. Se você não se encontrou, é pouco provável que encontrará a pessoa certa. E, se encontrasse, como ficaria sabendo?

ENAMORAR-SE

As pessoas estão sempre à procura de alguém que represente um ideal. Ter o companheiro perfeito implica que você seja perfeito. Como essas pessoas são poucas, tendemos a idealizar os outros e a nos enamorar de nossa idealização. Então, quando nos aproximamos o suficiente para enxergar seus defeitos, nós os rejeitamos, pois, em nossa insegurança, tememos que a fraqueza de nosso parceiro revele que também somos imperfeitos.

Quando éramos jovens, imaturos, nos comprometíamos com os outros por vermos neles aquilo que tínhamos necessidade de enxergar. Esses compromissos eram, freqüentemente, unilaterais. Ficávamos apaixonados a distância e reprimíamos nossos corações, entusiasmando-nos secretamente toda vez que passávamos bem perto da outra pessoa, no corredor da escola repleto de gente. Alterávamos nosso trajeto em quilômetros, a fim de passar na frente da casa da menina, com a esperança de entrevê-la na janela. Interessadas no esporte que ele praticava, surpresas, reagíamos à mais ligeira crítica e defendíamos esse esporte com uma paixão constrangedoramente fora de propósito.

Os primeiros compromissos são físicos, nascem de ideais, de uma procura da perfeição e de um despertar para os sentimentos que, ao mesmo tempo, são pouco familiares e impeditivos. Aquele nariz, o ângulo que faz aquele pescoço, aquele tórax maravilhoso, aqueles seios; aquele rosto, procurado em meio à multidão, visto em sonhos; aquela risada, o jeito como ele ou ela dançam, aqueles olhos; aqueles quadris, que oscilam ao som de um tambor silencioso; aquelas mãos delicadas, aquelas pernas e os lugares adjacentes, cuja robustez evoca a necessidade de exploração... O que ele diria se eu o abordasse? Será que ela me recusaria, se eu pedisse?

O primeiro amor nos preocupa, dilui nossos pensamentos, captura nosso tempo. O primeiro amor faz de nós algo diferente de nós mesmos. Buscamos aquilo que achamos que deveríamos ser, a fim de parecermos dignos de ser amados. Agimos de modo diferente, nos envergonhamos e nossos comentários são disfarçados por meio de recursos os mais transparentes. Desempenhamos certos papéis, ora somos confiantes, ora somos escancaradamente sérios. Acima de tudo, ficamos a imaginar se existirá alguém pronto para nos aceitar como realmente somos.

O problema de muitas pessoas que alegam "gostar da caça" é que elas jamais superam esse estágio inicial do enamoramento. Rotulam — no que se enganam — o intenso erotismo e o romantismo descuidado desse período como se ele fosse o verdadeiro amor. Procuram relacionamentos que contêm os mesmos sentimentos conforme os imaginaram no passado, mas não conseguem encontrá-los. Em sua decepção, perseguem um ideal e uma idade impossíveis. Como poderiam saber que aquilo que buscam existiu unicamente naquele estado mental que se abriu para o amor, há muitos anos? Tais pessoas não estão apenas à procura das pessoas como as que buscavam no passado. Elas também estão tentando recuperar sua própria juventude, aqueles dias despreocupados, quando eram protegidas. Querem um amor que reflita uma vida plena de promessas, que ainda se estende diante delas, e um otimismo que vai além de todo fracasso, limitado unicamente por sua capacidade de sonhar. Querem uma pessoa que lhes inspire divagar novamente.

O mundo tem outros planos para nós. O companheiro perfeito jamais chegará. Ficamos à mercê de nossos sonhos irrealizados e o conhecimento de que estamos envelhecendo. No entanto, de alguma forma, o milagre volta a acontecer ou pelo menos assim acreditamos. Encontramos em outra pessoa um traço que apreciamos há muitos anos e, de repente, quase sem nenhum encorajamento de nossa parte, vemos a outra pessoa iluminada por refletores de um palco, que pertenceram a uma outra era. Somos mais velhos, porém nos sentimos novamente jovens. Nesse contexto amoroso perdoamos as deficiências que deveríamos questionar e imaginamos uma completitude que não existe. É fácil perceber como um relacionamento, como essa pessoa passa a significar rapidamente mais do que deveria, mais do que poderá nos proporcionar.

No entanto, não queremos saber disso. Queremos apenas acreditar que o amor existe. Basta um único comentário desagradável para desmascarar nossa auto-ilusão e nos trazer de volta à realidade. Nosso parceiro, sem se dar conta, nos faz pôr os pés no chão. Ele dá pouca importância àquilo que para nós significa muito ou zomba de um valor que apreciamos. Ficamos chocados! A outra pessoa não é aquilo que pensávamos e nós também somos diferentes. Antes tínhamos certeza de tudo, agora temos dúvidas profundas. O compromisso que assumimos parece banal. Não conseguimos sequer entender o que vimos na outra pessoa. Chegamos mesmo a rejeitá-la devido àqueles mesmas características superficiais que um dia nos atraíram. Agora a força dele é vista como algo que me controla. A espontaneidade dela é encarada apenas como flerte. A questão passa a ser vista como um grande constrangimento. É mais fácil acabar com tudo e fugir do que admitir como nossas necessidades distorceram nossa percepção e contribuíram para nosso próprio equívoco. E assim prosseguimos, tomando a resolução de nunca mais permitirmos que uma mágoa como essa volte a nos atingir.

DEIXAR DE LADO O FAZ-DE-CONTA

Algumas pessoas voltam a enamorar-se, tentando provar que o antigo parceiro estava errado e substituindo uma pessoa por outra. Certas pessoas fazem o papel de distantes, magoadas e procuram evitar qualquer situação que as leve a estabelecer um contato humano mais íntimo. No entanto, a maior parte de nós junta os cacos e vai em frente. Dentro daquele nosso estilo mutante, decidimos explorar o mundo. Estabelecemos uma lista de características desejáveis em alguém e ela cresce cada vez mais, em uma atitude de desafio, ou encurta cada vez mais, devido ao desespero. Queremos alguém que nos faça parecer ótimos, alguém que possamos levar a qualquer lugar. Beleza, dinheiro, personalidade, charme, são muito valorizados, enquanto perseguimos aquele amor que julgamos querer. No entanto, se tivermos sorte e, em geral, somente após perdermos a crença na possibilidade de realizar nosso ideal, encontraremos alguém em cuja presença seremos simplesmente nós mesmos, diremos a verdade com toda a facilidade e, assim, começaremos a lidar juntos com nossas vidas. Tudo aquilo que descobrirmos nesse relacionamento se inicia graças à compreensão de que aquilo que imaginávamos ser certo para nós, não é exatamente o mesmo que aquilo que é o certo.

Percorremos muitos estágios de crescimentro antes de nos dispormos a nos comprometermos conosco ou com o relacionamento em que, no momento, nos encontramos. Ir morar juntos, dividir as despesas, ter filhos, apoiar um ao outro nos momentos de sucesso e de fracasso, de doença e de envelhecimento fazem parte da seqüência do comprometimento. Nos relacionamentos em que esse comprometimento é mais profundo, o compromisso jamais se torna um problema. Isso é um fato. Nos relacionamentos descomprometidos, o compromisso é uma questão não-resolvida, que exige continuamente ser examinada. Por mais que seja positiva, cada experiência relativa a um relacionamento descomprometido faz com que um parceiro indague do outro: "A partir daqui para onde vamos?" O comprometimento torna mais real o mundo que vocês compartilham. Sabendo que vocês estão lá, abertos um para o outro, lhes dá aquela liberdade emocional de poder gozar a vida e de demorar-se um pouco mais de tempo, desfrutando momentos felizes, sem suscitar a questão de saber o que o futuro lhes reserva.

O compromisso mútuo é o início e o futuro de um relacionamento.

A essência do compromisso é a aceitação e a compreensão de seu parceiro e de você mesmo.

DANDO PASSOS EM DIREÇÃO AO COMPROMISSO

O restante deste capítulo destina-se a direcionar seu relacionamento, ajudando-o a definir os obstáculos que ainda pairam entre você e seu parceiro. Independentemente do ponto em que seu relacionamento se encontra, os exercícios que se seguem deixarão claro quais são exatamente as áreas que precisam ser trabalhadas, para que o relacionamento se torne feliz.

Embora falar sobre o compromisso, a esta altura, possa parecer um tanto prematuro, estabelecer um compromisso deve ser seu último objetivo. Definir as questões que separam você de seu parceiro é o primeiro passo para se chegar a um compromisso. Nos exercícios que se seguem, você procurará detectar seus medos, necessidades, ideais e objeções em estabelecer um compromisso, compartilhando tudo isso com seu parceiro. Você também examinará até onde se acha comprometido, nesse ponto de seu relacionamento.

Finalmente, à medida que encarar as questões que se apresentam, você determinará que tipo de compromisso poderá estabelecer, se é que pode fazê-lo. Talvez, nesse momento de sua vida, não seja possível assumir o compromisso que você deseja. Não perca, porém, a fé. Um relacionamento em processo de crescimento está sempre explorando os compromissos estabelecidos. Aborde essas questões nos exercícios, sabendo que elas apenas resvalam na superfície. Elas apenas o estão tornando consciente da estrada que se abre diante de você.

Questões primordiais

Devo comprometer-me?
Posso comprometer-me?
Comprometer-me-ei?

EXERCÍCIO 1
Por que você tem medo de dizer sim?

Este exercício objetiva ajudá-lo a localizar com precisão os receios que o impedem de comprometer-se. Cada um dos parceiros deve completá-lo lendo e respondendo às seguintes perguntas em voz alta:

Esse relacionamento é correto para mim?
Como é que sei?
Que mudanças tornariam esse relacionamento correto para mim?

Faça uma lista de todas as coisas que você gostaria de modificar em seu relacionamento, na ordem em que elas ocorrerem. Inclua todas as coisas de que você precisa, mas que não está obtendo de seu parceiro. Por exemplo, você acha que seu parceiro deveria:

Perder dez quilos?

Satisfazê-lo mais no plano sexual?
Dar-lhe mais dinheiro?
Ouvi-lo ou prestar mais atenção em você?
Preocupar-se mais com seus pais ou seus amigos?

Diga o que você quiser, sem fazer qualquer tentativa de proteger os sentimentos de seu parceiro ou de impedir-se de parecer mesquinho ou grosseiro. Aquilo que está impedindo vocês de se aproximarem mais precisa vir à superfície agora. Se você não for honesto ao responder a estas perguntas, sua verdadeira resistência a assumir um compromisso não será discutida.

O que é preciso para que você se comprometa?

Aqui vai uma pista: suas desculpas se tornaram obstáculos maiores do que são na realidade. Às vezes elas ocultam outras dúvidas que você receia mencionar. Examine mais uma vez os motivos que o levam a manter distância.

Qual é a importância de cada uma de suas preocupações?
Que modificações serão necessárias para que você diga sim a esse relacionamento, sem reservas ou dúvidas?
Quais são as chances de que essas modificações aconteçam?
De que depende cada mudança?
O que é preciso para que cada uma delas ocorra?
Então, você se comprometeria? Caso contrário, por que não?

O que você teme realmente?

Reflita novamente:
Os obstáculos que você menciona fazem-no sentir-se seguro?
É possível que você se sinta bem, sabendo que eles o impedem de assumir um compromisso?
O que o faz sentir-se pouco à vontade em seu relacionamento?
Faça uma lista dessas preocupações e indique o que receia, em relação a cada uma delas.
O que faria com que você se sentisse mais à vontade, na companhia de seu parceiro?
Com que freqüência vocês discutem esses tópicos?
Mesmo que seu parceiro o faça sentir-se pouco à vontade, quando aborda problemas não-resolvidos, ele está lhe fazendo um favor.
Se você citar a insistência de seu parceiro em discutir questões dolorosas como se isso fosse a razão principal que o leva a evitar um

comprometimento, então você está realmente temeroso de chegar mais perto de si mesmo.

Não há nada de errado em ter medo. Admita simplesmente aquilo que o leva a sentir medo, e qual o motivo.

Talvez você receie cair numa armadilha

Até que ponto você sente que controla seu relacionamento? Você se sente manipulado por seu parceiro?

De quanto controle você acha que teria de desistir, caso se comprometesse com outra pessoa?

Algumas vezes, em nossos relacionamentos, nos aferramos aos obstáculos como se eles fossem válvulas de segurança. Louis, por exemplo, era um grande investidor no mercado imobiliário e estava separado de sua mulher havia dez anos, sem conseguir o divórcio. Descobriu que o fato de permanecer casado lhe proporcionava um escudo impenetrável que o protegia de cometer outro engano. Muitas das mulheres que saíam com ele, durante aqueles anos todos, se queixavam de seu fracasso em tornar-se disponível, mas elas, de modo muito evidente, também estavam contentes por não serem obrigadas a assumir um compromisso. Brigavam com Louis, queixavam-se, ameaçavam abandoná-lo, mas, na realidade, isso as fazia sentir-se bem. Sabiam que um relacionamento com ele jamais poderia ser algo sério e, assim, sentiam-se seguras, ao exigir que ele se comprometesse.

Toleramos os obstáculos porque precisamos deles para nos proteger contra nós mesmos. Se a outra pessoa parece ser relutante ou incapaz de comprometer-se, até que ponto você depende da resistência dela para evitar cair em uma armadilha? Por que outros motivos escolheria alguém que não quer manter uma proximidade com você?

Seu parceiro ideal

Com o objetivo de ajudá-lo a definir suas necessidades, faça uma lista, em ordem de importância, das dez qualidades que você mais deseja encontrar em seu parceiro.

Após completar a lista, indique, após cada uma das qualidades, até que ponto seu parceiro se adequa a esse ideal. Sua avaliação é precisa?

Como você a compara com seus próprios padrões?

Até que ponto vocês se adequam um ao outro?

Aceitando as imperfeições do outro

Você pode estar mantendo um relacionamento, pode até mesmo estar casado há anos e, ainda assim, não ter assumido um compromisso. Estar comprometido significa que você aceita a outra pessoa, sem esperar que aconteça algo que a torne mais aceitável. Você assume um compromisso, e aceita a pessoa como ela é, pois percebe que o fato de estarem juntos torna cada um de vocês melhor do que é. Você se compromete sem esperar que os acontecimentos mudem, que as finanças melhorem, que os pais dêem sua permissão ou que os trâmites do divórcio cheguem ao final. Vocês se comprometem quando seus corações reinam sobre suas dúvidas. Vocês se comprometem com todos os seus defeitos, mostrando-se exatamente como são. Embora ambos sejam imperfeitos, aceitam-se mutuamente.

Evitamos estabelecer relacionamentos e assumir compromissos porque receamos ser magoados ou nos surpreendermos profundamente envolvidos sem que exista a possibilidade de nos desligarmos dessa situação sem nos machucarmos. Receamos ligar-nos a alguém que é apenas uma pessoa mediana, quando, na verdade, gostaríamos que ela fosse excepcional. Temermos que nossas necessidades mais importantes continuem não sendo satisfeitas. Mesmo quando ocorre o contrário, queremos que nossos parceiros sejam pessoas com quem o diálogo seja fácil, que demonstrem sensibilidade a nossos sentimentos, que retribuam a nosso afeto, que ouçam com interesse, que sejam ousados no plano sexual, que exibam uma curiosidade intelectual, que sejam gentis e carinhosos com as crianças. Algumas vezes nos iludimos, acreditando que temos aquilo de que necessitamos e, assim, podemos evitar ficar sós. Podemos alegar que estamos comprometidos com a outra pessoa, mas no fundo de nós mesmos sabemos que não estamos obtendo aquilo que queremos. Quando nosso comprometimento é testado, surpreendemo-nos com um pé atrás e, freqüentemente, não conseguimos compreender o motivo de tal atitude.

Sabendo o que você sabe agora, ainda assim escolheria a pessoa com quem está envolvido?
Se a resposta for positiva, por quê?
Se a resposta for negativa, por quê?

DESCOBRINDO OBSTÁCULOS OCULTOS

As perguntas, neste exercício, definem um processo de reflexão sobre problemas complicados, e como resolvê-los. Elas têm por finalidade ajudá-lo a superar os obstáculos que o impedem de assumir um compromisso. Permita-se reagir às perguntas com grande liberdade. Deixe as respostas que surgirem em sua mente levarem-no o mais longe que puder. Elas a direcionarão para uma nova compreensão e para uma solução factível. Registre seus pensamentos, anotando-os, à medida que for completando o resto dos exercícios. Algumas vezes uma pergunta simples pode levar a uma revelação surpreendente. É também um bom exercício reler suas notas e compartilhá-las com seu parceiro.

Marge e Bill vivem juntos há seis anos sem assumirem um compromisso. A empresa eletrônica de Bill estava prosperando. Ele adquiriu certa celebridade ao estrelar anúncios de sua empresa na televisão, onde aparecia freqüentemente em trajes ridículos, esmagando aparelhos estereofônicos com um martelo gigantesco, para demonstrar como ele esmagava os preços de seus concorrentes. Marge era uma mulher de grande beleza, mas sua pequena loja de presentes mal conseguia zerar as despesas e conseguia sobreviver em um shopping center da moda só porque Bill lhe emprestava dinheiro. Eles são um desses casais que possuem uma grande química sexual. Era possível dizer, a uma distância de cinco metros, que ambos se sentiam atraídos um pelo outro. No entanto, toda vez que a questão do compromisso era abordada, Marge tornava-se carente, acusatória e a discussão acabava se transformando em uma briga feia, durante a qual Bill, em geral afetuoso, acabava se afastando. Haviam se separado duas vezes, devido à questão do comprometimento. Marge sempre reatava, chorosa, professando seu amor. Bill sempre a aceitava de volta, com os braços abertos.

Eis as anotações de Marge:
Ao trabalhar neste exercício, eu me dou conta de que Bill não quer se casar e de que me sinto fraca sem ele. Aprendi que minhas contínuas pressões para fazer com que ele se comprometa, de tal modo que possamos ter um filho antes de eu completar 40 anos, é um falso problema. Nem sequer tenho a certeza de que desejo um filho. É apenas um jeito conveniente de estabelecer um limite de tempo e não funcionou.

Percorrer toda a lista de coisas a que um companheiro faria objeções levou-me a compreender que, pelo menos uma vez, ele usou como desculpa praticamente tudo aquilo que consta dessa lista. Sei, porém, que ele me ama e que nenhuma de suas objeções tem importância para ele.

Acho que ele simplesmente não quer se comprometer com ninguém.

Talvez minha mãe tenha razão. Afinal, ele está apenas me usando. Mas como é que ele pode estar me usando? Ele pôs milhares de dólares em minha loja. Isso não faz o menor sentido.

Ele acha que eu o estou usando. É o que me diz, quando brigamos. Afirma que, sem ele, eu não teria um lugar decente para morar, não teria um carro e que é ele quem possibilita a vida que levamos. Sempre brigamos por causa disso. Digo-lhe que sustento a mim mesma, mas, do jeito que meus negócios vão indo, acho que estou me iludindo.

Talvez eu o esteja usando. De certo modo acho que estou, sim. Porém, nós nos amamos. Compartilhamos muita coisa. Dou muita coisa para ele. Aceito o que ele me dá e o que ele me proporciona. Sou grata. Reconheço tudo o que ele fez por mim.

Porém, jamais digo a ele.
Por quê?
Talvez eu esteja fingindo ser independente. Isso é constrangedor! Finjo que sou uma mulher de negócios bem-sucedida, fazendo tudo sem contar com ninguém. Tenho quarenta mil dólares de dívidas! Até conhecer Bill eu não tinha um cartão de crédito e jamais lhe agradeci por isso.
É provável que por isso ele queira se afastar. Posso compreender. Não gostaria de ficar com alguém que recebesse algo de mim e fosse tão inseguro que sequer conseguisse me agradecer. Não é de admirar que ele recorra a pretextos tão tolos para levantar objeções. A maioria deles é inventada. Na realidade, ele tem medo de me dizer a verdade, isto é, que não passo de uma mal-agradecida.

Quando Marge compartilhou com Bill essa compreensão, ele ficou muito surpreso. Percebeu, imediatamente, o que havia de verdadeiro nisso, o que lhe permitiu compreender sua própria relutância. "Eu sabia que estava tentando dizer algo a você", afirmou, "mas não sabia exatamente o quê. Estava zangado, mas sempre receava magoá-la. Sempre me dava um branco."

Algumas vezes as pessoas não conseguem assumir um compromisso, pois sentem-se presas na armadilha da auto-ilusão da outra pessoa e não sabem como enfrentar a situação. Em vez disso, levantam objeções em relação a certas falhas que é fácil discutir.

É difícil comprometer-se com alguém que acredite em algo que você sabe não ser verdadeiro.

POR QUE SEU PARCEIRO NÃO SE COMPROMETERÁ

Em cada uma das seguintes categorias, faça uma lista das desculpas específicas que seu parceiro lhe dá para não se comprometer. O que você acha de cada desculpa?

Seu comportamento: Seu parceiro faz objeções a seu comportamento e a seus maus hábitos, tais como beber excessivamente, jogar, usar drogas ou à sua incapacidade de ganhar a vida? Trata-se de objeções importantes, pois são fatais ao crescimento e ao sucesso de um relacionamento. Relacionamento algum poderá sobreviver a menos que esses problemas sejam resolvidos e nenhuma pessoa que se valorize poderá comprometer-se com outra, a menos que ambos tenham assumido o compromisso de resolver tais problemas. Muitas pessoas se ligam a companheiros que apresentam sérios problemas com a esperança de que seu amor dará ao parceiro a força de mudar. Infelizmente, muitas vezes, trata-se de uma crença ilusória, que nasce do desespero. A maior parte desses relacionamentos não resiste a um exame mais profundo e acaba fracassando.

Seu estilo: Seu companheiro tem objeções ao modo como você faz as coisas, a seu estilo, a suas maneiras? É natural que se faça objeções a uma pessoa que tem uma natureza dominadora e apresente tendências a manipular os outros. É difícil comprometer-se com uma pessoa que se agarra a você, que o sufoca, que se recusa a ser aberta em relação àquilo que sente. O fato de você jamais ter ouvido essas objeções serem abordadas declaradamente não significa que elas não existam. Você pode sentir tais objeções. Elas lhe dão a sensação de que você precisa mudar para ser aceito. Elas constituem um obstáculo considerável ao compromisso e à felicidade do casal.

Seu gosto: Problemas menores, hábitos tais como roncar, roer as unhas, fumar, questões de gosto (por exemplo, falta de boas maneiras à mesa, estilo de se vestir ou a escolha de amigos, esportes, filmes, restaurantes) podem ser banais, mas podem criar atritos que empobrecem muito um relacionamento. Os parceiros que se amam, mas que não expressam seus sentimentos mais profundos, algumas vezes recorrem a essas tediosas características, usando-as como alvo fácil para dar vazão àquela negatividade mais profunda que sentem um pelo outro. Um ressentimento tão fora de lugar pode crescer e, ao longo do tempo, tornar-se uma ferida profunda, pois não diz respeito às preocupações do parceiro.

Em resumo, a quais dessas características seu parceiro faz mais objeções?

Finalmente, quais são os traços de que você menos gosta em seu parceiro?

Você precisa aceitar os defeitos de seu parceiro, de modo a poder amá-lo sem reservas ou arrependimento. O poder do amor pode superar as imperfeições, mas não a desonestidade.

A ACEITAÇÃO COMEÇA PELA HONESTIDADE

Sam era um jovem que havia escrito vários romances, mas não conseguira publicá-los. Sua namorada, Vicky, era meteorologista em uma estação local de televisão e tornara-se extremamente popular graças a sua bela aparência, animação e senso de humor. Aparecia freqüentemente em anúncios e gozava de certa celebridade.

Sam, que ficara órfão aos 12 anos de idade, ligou-se a Vicky e às suas duas filhas, e quase instantaneamente tornou-se parte da família. No entanto, apesar de tamanha proximidade, não conseguia assumir um compromisso com ela. Dava-lhe muitas desculpas, inclusive a de que os amigos de Vicky eram inoportunos, "caretas", que estavam tentando usá-la e que ela fazia muito pouco para separar-se dessa gente. Sam também fazia objeções ao fato de ela insistir em saber todos os seus pensamentos. Questionando-o mais a fundo, Vicky conseguiu levar Sam a admitir que ele, secretamente, tinha ciúmes do sucesso dela e não queria sentir-se inibido, como escritor, ficando à sombra dela, o que o impedia de assumir um compromisso.

Vicky concordou em mudar suas amizades, mas recusou-se a desistir de sua carreira. Sam afirmou que jamais quis que ela desistisse, mas, ainda assim, isso constituía um obstáculo ao comprometimento, pois ele tinha de escrever e não conseguia fazê-lo na casa dela.

Assim, começaram a afastar-se um do outro. Acusavam-se mutuamente de insinceridade. Finalmente, após uma discussão carregada de emocionalidade, Sam reconheceu que o verdadeiro motivo pelo qual não conseguia viver com Vicky era o fato de ela ser controladora. Vicky rebateu, dizendo que queria saber como isso se dava. Irado, Sam mostrou como ela usava sua atração, seu charme e até mesmo sua capacidade de doação a fim de parecer perfeita aos olhos dos outros. Sentia-se manipulado, pois ela parecia estar sempre com a razão. Achava que ela se rodeava de gente fingida, com a finalidade de tornar mais fácil levar essa farsa adiante. Sam chegou até mesmo a admitir que ele também era um fingido, mas precisava de uma parceira que, de vez em quando, conseguisse admitir a imperfeição.

Vicky, chorosa, reconheceu que estava sempre tentando controlar Sam e perguntou por que ele jamais havia se referido a esse fato.

"Seu jeito era esse e eu temia rejeitá-la e perder meu relacionamento com suas filhas", disse Sam.

Depois disso, Vicky e Sam conseguiram relacionar-se melhor, com honestidade e, finalmente, conseguiram entrar em acordo.

Se você quiser assumir um compromisso autêntico, precisará discutir a respeito de suas objeções, por mais que receie que isso possa magoar a outra pessoa ou por mais que se arrisque a uma perda, quando age assim.

AVALIANDO SEU RELACIONAMENTO

Pense nas respostas que dará às perguntas deste exercício, reveja suas anotações e listas, e examine-as calmamente.

Este é o momento de uma reflexão honesta.

Você tem o relacionamento que deseja ou está tentando criar um relacionamento baseado apenas na necessidade e na circunstância? Se for verdade, não tenha receio de admitir. Você precisa começar pela verdade, a fim de fazer com que as coisas melhorem.

Não existe nada mais prejudicial a um relacionamento do que fingir que você é feliz. Sempre se paga um preço pela auto-ilusão. Um pesar silencioso e uma dor que não se exprime levam os parceiros a se distanciarem um do outro. Sempre que dois parceiros distanciados conversam, ambos se ressentem de não serem aceitos e da falta de perspectiva. O meio de evitar isso é aceitar suas próprias limitações, bem como as de seu parceiro, e correr o risco de exprimir-se com sinceridade o tempo todo.

O principal motivo que leva as pessoas a sentirem que não podem comprometer-se é o fato de que receiam perder sua liberdade, se agirem assim. Ninguém quer cair na armadilha de um falso relacionamento. Ninguém quer desistir de seu direito de escolher o que é melhor para si. Se você se comprometer com um relacionamento, no mínimo, deverá obter o que deseja dele.

O que você quer de seu relacionamento?
Seu parceiro pode dá-lo a você?
Você pode ou deve dá-lo?

Se, em seu relacionamento, você for a única pessoa que pode dar aquilo de que necessita, então não poderá se comprometer com o outro, a menos que esteja livre para cuidar de si mesmo.

PREPARANDO-SE PARA COMPARTILHAR

Antes de encontrar seu parceiro para compartilhar com ele as respostas a estas perguntas, você precisa sentir-se à vontade consigo mesmo.

Tenha em mente que um relacionamento baseado no compromisso é real, flexível e lhe oferece apoio. É algo que o faz sentir-se à vontade, que o aceita como você é, e lhe permite cometer erros, ser perdoado e crescer. Se você não tem um relacionamento apoiado em um compromisso, provavelmente estará melhor sozinho. Em um relacionamento desprovido de compromisso você perderá tempo e energia tentando juntar peças de dois quebra-cabeças diferentes. Se não der certo, não force a situação. Permita que as diferenças falem por si só.

Quando você compartilhar suas respostas será tentado a fazer concessões no que diz respeito a diferenças inaceitáveis, só para manter a paz ou para evitar magoar a outra pessoa. Ignore essa tentação, não diga nada que não seja a verdade. Você não tem de desistir de algo que quer de verdade ou de que realmente necessita.

Lembre-se de que você é livre e, portanto, aja como uma pessoa livre em relação a seu companheiro.

Se ambos puderem falar com honestidade a respeito das diferenças que os dividem, então, terão melhores probabilidades de preencher as lacunas. No entanto, se não puderem lidar com isso, pelo menos você saberá onde se situa e suas energias serão empregadas em procurar um relacionamento que encerre melhores promessas no sentido de torná-lo feliz.

EXERCÍCIO 2
Avaliando juntos seu compromisso

Para completar este exercício você e seu parceiro devem estar em um local tranqüilo, onde nada os interrompa. Precisarão de pelo menos uma hora, mas poderão dedicar a ele todo um fim de semana, repeti-lo durante alguns meses ou em seu aniversário. Permita que o diálogo que estas perguntas inspirarão seja natural. Deixe sua curiosidade guiá-la. Seja corajoso e leal.

Cada um de vocês deve responder, alternativamente, às perguntas que se seguem, uma de cada vez. Respondam em voz alta. Antes de chegar a vez de seu companheiro, ele deve refletir sobre aquilo que você acabou de lhe dizer e você deverá reagir às preocupações dele. Não é necessário, mas pode ser proveitoso ligar um gravador. Fazer anotações também pode ser interessante. Torne, porém, o diálogo mais importante do que as anotações! Se acaso seu parceiro se recusar a participar, complete o exercício sozinho e, em seguida, reflita a respeito.

Quais os obstáculos que persistem ou impedem seu relacionamento?

O principal motivo que me leva a ter receio de me comprometer é:
Outros motivos são: (liste-os sem fazer comentários).
O que me impede de assumir um verdadeiro compromisso com você?

Posso ser eu mesmo com você?

Se eu me comprometer com você, sinto que terei de desistir de...
Tenho necessidade de ser livre porque...
Se agora eu fosse completamente livre, faria o seguinte:
Tudo bem com você, se eu agisse assim?

Quais são as coisas de que realmente preciso de você?

Preciso de seu apoio nas seguintes áreas:
Quero saber como você se sente realmente em relação a...
Preciso saber as respostas às seguintes perguntas:
Desejo saber se você está me dizendo a verdade a respeito de...

Como me sinto realmente em relação a mim mesmo?

Eis as coisas com as quais não posso me comprometer, manter ou

diminuir sem perder a mim mesmo:
Posso ter tudo isso e, ainda assim, ficarmos juntos?
Devo ser verdadeiro em relação ao seguinte:
Posso ser verdadeiro em relação a isso e, ainda assim, ficarmos juntos?
Quando estou em meus melhores momentos sou...
Posso ser assim e ficarmos juntos?

Quais são as modificações que eu gostaria de fazer?

Gostaria de eliminar as seguintes regras de nosso relacionamento:
Renegociaria os seguintes contratos:
Já não acredito mais nos seguintes acordos:
Gostaria de eliminar as seguintes condições anteriores:
Necessito das seguintes condições novas:
Essas mudanças adicionais me fariam feliz:

Quais são as falhas existentes em nosso relacionamento?

Gostaria de ter de volta as seguintes coisas de que desisti por você:
As seguintes questões ainda me decepcionam:
Eis meus desejos que ainda não foram realizados:
As questões que não posso discutir com você são as seguintes:
As dúvidas que ainda tenho são as seguintes:
Sinto-me presa em uma armadilha porque:

ACEITAR O FATO DE QUE SEU PARCEIRO CRESCEU

As respostas às perguntas anteriores devem ser colocadas apenas como um fato. Não se trata de ameaças e nem de acusações. Em um relacionamento os parceiros mudam e crescem e o próprio relacionamento precisa modificar-se e crescer a fim de refletir essa realidade.

No entanto, mudanças nas necessidades pessoais de seu parceiro muitas vezes podem soar como uma traição, sobretudo se você não cresceu. Portanto, antes de reagir com ressentimento e mágoa às solicitações de seu parceiro, tente compreender o risco que ele acaba de assumir ao expressar seus verdadeiros sentimentos. O verdadeiro crescimento só será possível se você aceitar a realidade, sempre em evolução, que vocês dois compartilham.

Fingir que nada mudou ao longo de seu relacionamento ou insistir em que antigos acordos sejam definitivos não é nada realista. Isso reflete um desejo de padrões inflexíveis, a serem aplicados a valores humanos que amadurecem. Freqüentemente, quando jovens, procuramos essa estabilidade, mas todos nós mudamos. Você não é a mesma pessoa que foi há dez anos. Se tiver sorte, deixará de lado aquelas partes mais fracas de si mesmo e tornar-se-á mais forte, descartando as muletas de que julgava necessitar, até sentir-se suficientemente confiante para dar apoio a si mesmo. O crescimento de seu parceiro também é um testemunho do amor que vocês compartilham e da força que se originou de seu carinho e de seu apoio, ainda que tal apoio fosse relutante, forçado ou oferecido unicamente porque você sentia que perderia esse parceiro, caso o reprimisse. Aceite a condição de seu relacionamento tal como ele é agora e tire dele o que houver de melhor.

FAZER CONCESSÕES

É impossível fazer concessões sem comprometer-se. No entanto, quando um compromisso limita sua capacidade de crescer, ele coloca vocês dois em perigo. Para que seu relacionamento funcione, você sempre precisará ter a liberdade de alcançar o máximo de suas potencialidades.

JAMAIS COMPROMETA SUA LIBERDADE

Para que um relacionamento seja íntegro são necessários dois parceiros que gozem de liberdade. Quando um parceiro questiona o direito do outro de agir com liberdade, o relacionamento fica repleto de testes e de ressentimento. Não está em nossa natureza perdoar o outro por brincar com nossas fraquezas e obrigar-nos a desistirmos de nossa liberdade. O pior é que o ressentimento que alguém sente em relação a si mesmo por ser fraco e não usar desse direito muitas vezes acaba se tornando a base da desconfiança e da rebeldia, além do que transforma-se em uma exagerada necessidade de provar a própria independência. Fazer coisas para provar que você ainda tem liberdade para agir não é o procedimento de uma pessoa livre.

O compromisso evolui quando os parceiros deixam de controlar um ao outro e concedem-se, mutuamente, a liberdade de fazerem o que bem entendem. Quando você diz a seu parceiro que ele seja livre, você também se livrará do fardo de ser seu guardião.

Se rejeitar essa idéia por achá-la muito ameaçadora, sem dúvida ela impedirá que você assuma um compromisso viável. Nos melhores relacionamentos, os parceiros sempre têm liberdade de fazer o que quiserem, mas escolhem diariamente estar com seu companheiro. Um compromisso forçado é um laço frouxo que facilmente se desata. Depois de certo tempo a pergunta "Sou livre para fazer isso?" torna-se mais importante para o parceiro encurralado do que "Quero fazer isso?".

Fazer o que você quer e querer aquilo que é melhor para você é sinal de pessoa madura, que ama a si mesma e, portanto, é capaz de amar como um adulto. Os relacionamentos em que são muitas as restrições rígidas são como os relacionamentos entre pais e filhos. Um dos parceiros detém o poder e o outro é intimidado, acabando por obedecer. Regras excessivas transformam esses relacionamentos em uma repetição dos conflitos que cada parceiro vivenciou ao crescer. Encorajam mais a rebeldia do que o verdadeiro crescimento. A desconfiança e a dúvida em relação a si mesmo, que deram origem a essas regras, criam um clima de mágoa e de ressentimento contínuos e não um espaço de amor.

Se a liberdade de escolha sempre estiver à nossa disposição, então a verdadeira lealdade se constrói. Como você pode ser desleal para com alguém que está comprometido com a sua liberdade?

E, no entanto, alguns compromissos precisam sempre ser estabelecidos.

Lembre-se de que se solicitar a seu parceiro que desista de parte de sua identidade, amigos ou fontes de renda, você também sacrificará parte de seu relacionamento. Se você diminuir a força de seu parceiro, também solapará sua capacidade de dar.

Quando um parceiro compromete suas possibilidades de crescer, a questão voltará com a finalidade de lançar uma sombra sobre o relacionamento. Um parceiro que se sente incompleto só pode amar incompletamente. Assim, quando um parceiro tem segundas intenções sobre o fato de assumir um compromisso, deve-se permitir, para o bem do relacionamento, que ele exprima tais dúvidas. Embora o fato de expressá-las possa provocar dor, esconder as decepções sempre piora a situação. Se o compromisso provoca dor, essa não será a solução apropriada e é preciso chegar a uma nova compreensão. Para que um relacionamento funcione, ambos os parceiros precisam ganhar.

O QUE VOCÊ PODE CONCEDER?

É fácil fazer concessões em relação a determinadas coisas: o gosto em relação aos esportes, à comida, às férias, às agendas. Seja flexível. Em relação a outras coisas, tais como necessidades sexuais, empréstimo de dinheiro, hábitos irritantes, tarefas caseiras e responsabilidades de pais surgirão conflitos e situações desconfortáveis. Em outras situações você poderá fazer concessões apenas à custa de uma grande perturbação. Refiro-me à sua fé religiosa, a fronteiras raciais, a seu amigos ou à ligação com um determinado lugar, à educação e ao estilo de vida. No entanto, vocês precisam fazer com que suas necessidades sejam conhecidas. Se a resistência for aberta ela poderá ser resolvida. A concessão com a finalidade de evitar conflitos é danosa e não ajuda em nada um relacionamento. Sejam sinceros.

QUE CONCESSÕES VOCÊ NÃO PODE FAZER

Há certas concessões que você não pode fazer sem perder a si mesmo: sua honestidade, seu senso daquilo que é correto ou real. Você não pode comprometer sua própria felicidade. Jamais poderá desistir do direito de defender-se, de dizer o que é melhor para você, de exprimir seus pensamentos ou sentimentos. Você tem de ser íntegro. Jamais poderá comprometer seu senso de justiça, sua generosidade, sua inocência ou sua afeição natural por outras pessoas. Você tem de viver consigo mesmo.

O COMPROMETIMENTO SEMPRE PRECISA DE ALGUMA CONCESSÃO

Suas respostas às seguintes perguntas o ajudarão a avaliar as concessões necessárias para estabelecer um compromisso necessário a seu relacionamento.

O que *não* concederei de modo algum?
Estou sendo solicitado a fazer essa concessão a fim de poder ficar com meu parceiro?
Ao estabelecer um compromisso, o que é que mais receio perder?
Que concessões gostaria de reconsiderar?
Por que concordei em dar a meu parceiro aquilo que lhe dei logo no início?
Estarei pedindo a meu parceiro que assuma um compromisso inaceitável?
Quanto de mim terei de desistir para fazer com que esse relacionamento funcione?
Depois disso, restará o suficiente de mim, bem como suficiente liberdade de escolha, que me capacitem a estabelecer um compromisso autêntico com esse relacionamento?

EXERCÍCIO 3
Delinear um compromisso mediante o qual você possa crescer

Após responder a todas as perguntas constantes dos exercícios um e dois e depois de discuti-las honestamente com seu parceiro, cada um deverá escrever uma carta ao outro, na qual refletirão sobre a natureza do compromisso que estão dispostos a assumir com seu relacionamento.

Indique, com o coração aberto, com amor e sem reservas, com o que poderá se comprometer. Diga a verdade. Não deixe que a paixão que você sente, seja ela positiva ou negativa, o influencie, levando-o a fazer concessões ou declarações extravagantes. As paixões se modificam. Você quer que seu relacionamento dure.

Fale sobre as coisas com as quais você gostaria de se comprometer, mas em relação às quais ainda tem certas reservas.

Indique os pontos com os quais você pode se comprometer e aqueles em relação aos quais isso não é possível.

Indique quais são as concessões que você precisa que seu parceiro faça.

Indique o tipo de compromisso que você precisa que seu parceiro assuma.

Indique as circunstâncias em que você desfará seu compromisso.

É isso mesmo. Você tem e deve ter certos limites; defina-os.

Releia sua carta e corrija-a de tal modo que ela reflita suas mais sinceras intenções. Então, troquem as cartas e discuta-as com seu parceiro.

ESPAÇO PARA CRESCER

Para muitas pessoas escrever uma carta é a única maneira que elas têm de traduzir seus sentimentos em palavras. Isso constitui uma verdade para duas pessoas a quem darei os nomes de Tom e Elsa. Seu casamento, que durava 23 anos, fora tumultuado, pontilhado por sucessos e fracassos na carreira de ambos. Ele é escritor, ela é advogada e membro de um Conselho de Mulheres de sua cidade. Tom sustentou Elsa durante várias campanhas políticas, incluindo uma tentativa malsucedida de candidatura a deputada federal. Após sua derrota ela tornou-se uma pessoa retraída, parou completamente de trabalhar durante vários anos e rejeitou-o totalmente. Tom teve vários casos e um problema com álcool, que ele finalmente controlou após freqüentar os Alcoólicos Anônimos. Passaram por quatro prolongadas separações, incluindo uma durante a qual saiu de casa, indo viver com uma mulher mais jovem.

Então, dois anos depois que ele voltou a ser sóbrio e Elsa regressou a seu escritório de advocacia, eles retomaram um relacionamento muito experimental e cauteloso. Ambos pareciam querer algo mais, mas, de certo modo, não conseguiam falar a respeito do assunto. Foi assim que escreveram cartas um ao outro.

Querido Tom:

Tremo toda e estou muito assustada, enquanto escrevo esta carta. A última coisa que eu desejo na vida é ser novamente prisioneira do mesmo círculo vicioso. Desta vez quero começar tudo de novo e quero que você prometa que estará disponível para mim. Chega de apaziguar-me, e de mentir para mim. Isso só funcionou quando eu não me sentia bem em relação a mim mesma. Agora estou muito melhor e, portanto, você também tem de ser melhor. Sei que isso soa como se eu estivesse pondo toda a culpa em você. Creio que, de certo modo, isso é verdade, mas parte da mágoa que me acompanhou durante aquelas noites solitárias em que eu me preocupava com você ainda volta e me persegue.

Sei que remoer o que já passou é um mau hábito que tenho, mas estou tentando, com afinco, desprender-me desse passado. Percebo que você tinha razão ao dizer que foi minha falta de disposição, em se tratando de assumir responsabilidade por minha vida, que me fazia olhar para o passado, procurando culpar os outros por meus fracassos. Agora reconheço isso sem restrições e estou disposta a aceitar minhas deficiências. Se eu voltar aos antigos procedimentos quero que você me diga. Só que desta vez demonstre, por favor, um pouco de delicadeza. Você gosta tanto de me desmascarar... Isso não é bom para minha auto-estima. Sei que isso significa voltar a me concentrar no passado, mas preciso dizer-lhe como é necessário que você fale comigo. Quero ouvi-lo. Só que, quando você me acusa, eu não consigo admitir.

Preciso saber que sou tão importante para você quanto seu trabalho. Sei que escrever é sua vida. Acho que ainda é difícil aceitar que, às vezes, não significo tanto para você quanto aquilo que você escreve.

Creio que minha insegurança em aceitar esse fato se relaciona com aquilo que meu trabalho significa para mim. Entristece-me dizer-lhe que, após muita introspecção, consigo reconhecer que usei meu trabalho para ser elogiada e obter a aprovação dos outros, em vez de realizar-me. Sei que, freqüentemente, sou pretensiosa. Sei que não encontrarei a felicidade representando para o mundo, e tentar agradar a todas as pessoas significa flertar com o desastre. Acontece que encaro a rejeição com excessiva seriedade.

Estou tentando lhe dizer que sinto muito mais amor por mim mesma e que, portanto, sou capaz de amá-lo como uma pessoa adulta. Sou bastante imperfeita. Não ria. Sei que você sempre está tentando me dizer isso, mas agora eu o reconheço sem restrições. Não quero ser perfeita. Apenas quero sentir que posso ser amada por você e que, quando tivermos problemas, você não se tornará sarcástico ou sairá por aí, à procura de outra pessoa.

Quero, desta vez, ser a melhor pessoa possível, ao viver a seu lado, mas isso não é apenas por você, mas também por mim. Sei que algumas vezes agi no sentido de parecer fraca e necessitada de mantê-lo perto de mim. Foi mau, não porque não funcionou, mas porque eu me convenci que precisava de você a fim de ser eu mesma. Agora sei que isso não se faz.

Creio, portanto, que tudo isso significa que estou disposta a correr o risco de assumir outro compromisso com você. Estarei aberta para discutir todas essas questões e quero que você faça o mesmo. Amo-o, mas apenas quando você está sóbrio. Preciso de você, mas apenas para complementarme, não para sustentar-me. Quero que você esteja disponível para mim. Quero que você note que sou tão importante quanto qualquer coisa que você esteja escrevendo. Sou um bom personagem, com uma história bem interessante e quero que escrevamos juntos o final feliz.

Querida Elsa:

Preciso de amor e de aceitação. Não posso ficar preso a você. Preciso ser livre. Preciso que você aja sem desconfiança. Preciso que você seja capaz de aceitar que eu estou freqüentemente preocupado. Este é meu processo. Não encare isto como se fosse uma coisa pessoal.

Quero que mantenhamos nossas contas bancárias separadas, conforme temos feito. Ambos contribuiremos igualmente para um fundo, tendo em vista as despesas da casa e elas serão pagas com isso.

Preciso ficar sozinho para escrever, quando houver necessidade.

Preciso ser capaz de trabalhar sem ser acusado de deixar você de lado.

Sei que isso pode parecer que estou me defendendo, mas acho que, no passado, fui magoado por seu procedimento, que tinha por objetivo me fazer sentir culpado. Ainda me ressinto diante da perspectiva de ser manipulado por seu desamparo. Está vendo, acho que eu também me prendo ao passado... Tentarei não encorajar seu desespero. Confesso que sei como posso atingi-la.

Peço desculpas por ter agido assim.

Se eu puder ser livre para realizar meu trabalho e amá-la do meu jeito — algumas vezes mais, algumas vezes menos — sem que você se torne frenética, creio que poderei assumir o compromisso de voltarmos a viver juntos.

Reconheço que estou assustado. Sei o quão difícil é mudar e admitir que provavelmente não mudarei, porém, prometo ser mais aberto e acolhê-la.

Estou disposto a fazer mais uma tentativa.

Devo estar louco... (é apenas uma brincadeira...)

Elsa e Tom ainda tiveram muitos problemas, porém assumiram o compromisso mútuo de tentar lidar com eles. As cartas que se escreveram abriram as portas para esse compromisso. As cartas que você trocar com seu parceiro ajudarão no mesmo sentido. Ainda haverá diferenças entre vocês, porém, poderão assumir um compromisso temporário, que refletirá cada uma de suas aspirações no momento de seu relacionamento. Questões controvertidas poderão ser discutidas, à medida que vocês crescerem e o compromisso se tornar permanente. Vocês precisam aceitar suas diferenças como parte do processo de crescimento.

Na verdade, o único compromisso que vocês devem assumir é o de serem pessoas abertas. Todos os acordos devem ser flexíveis e permitir que ambos os parceiros cresçam e escolham com liberdade. Porém, se nesse momento nenhum dos dois está pronto para ir adiante juntos, então nenhum acordo que tente forçar a situação poderá funcionar. Lembre-se de que é necessário assumir um compromisso para poder lidar com ele. Assim, se em seu relacionamento você puder encontrar uma base para um acordo mútuo, trata-se de um sinal positivo. Afinal de contas, é um começo.

CAPÍTULO TRÊS

COMUNICAÇÃO:
CORAÇÕES E MENTES ABERTOS

Não existe nada de mais doloroso do que a incapacidade de dialogar com a pessoa a quem se ama. Somos vulneráveis. Precisamos compartilhar nossos medos e sermos tranqüilizados. Quando magoamos os outros precisamos solicitar seu perdão. Quando os outros nos magoam precisamos compartilhar nossa dor e chegar a um entendimento que nos dê a segurança de voltarmos a confiar. Quando fracassamos, ao comunicar tais sentimentos, mágoas mesquinhas nos levam a ferir a pessoa a quem amamos. Nossa mágoa silenciosa transforma-se em raiva e, quando finalmente a expressamos, ela parece exagerada. Poderá fazer sentido para nós, mas sua exagerada expressão é obscura para os outros. Em nossa dor somos freqüentemente cruéis e, embora nossa mágoa seja real, nós nos tornamos os vilões em nossos relacionamentos.

Também precisamos compartilhar nosso amor. O amor que não é demonstrado não é amor. Compartilhar nossa mágoa e os sentimentos negativos torna possível voltar a amar. Na verdade, o motivo pelo qual amamos alguém se deve ao fato de podermos ser nós mesmos perante essa pessoa, sem temor ou rejeição. O amor só é possível quando podemos dizer a nossos parceiros como nos sentimos realmente.

A OPRESSÃO DE UM PARCEIRO SILENCIOSO

As pessoas que temem a rejeição sempre parecem ter desculpas para não dizer o que está em seus corações.

Parece uma punição quando um parceiro se entrega a um silêncio sombrio. Responder à questão "O que está acontecendo?" com um "Nada", pode refletir o desejo de recolher-se, mas, em vez disso, faz com que a maior parte das pessoas se feche. Ainda assim, as pessoas que estão desesperadas por amor e atenção, muitas vezes, lutam com teimosia a fim de levarem os companheiros silenciosos a se manifestar. Infelizmente, alimentar essa espécie de atenção negativa serve apenas para conferir maior poder ao parceiro silencioso e pouca motivação para que ele mude. As pessoas silenciosas, em geral, foram magoadas, mas não querem assumir responsabilidade por sua raiva. Seu silêncio obstinado se alimenta da ansiedade e do temor à rejeição. Ele isola seus parceiros, disfarça a fraqueza e evita reconhecer que a pessoa estava errada, zangada ou magoada. Esse silêncio passivo é uma forma covarde de retaliação e é uma raiva que os parceiros silenciosos podem negar facilmente. Afinal, elas não disseram nem fizeram nada.

Contrariamente àquilo que nos ensinaram, o silêncio não proporciona segurança. O silêncio, diante de um apelo sincero para se conhecer a verdade, alarga o fosso existente entre os parceiros e solapa a boa vontade. Não prestar atenção, recusar-se a ouvir, não fazer perguntas óbvias por recear aquilo que virá à tona constituem as piores formas de silêncio. As palavras destinadas a disfarçar, que estabelecem apenas um contato superficial ou que se destinam somente a preencher o intervalo de um anúncio de televisão, transmitem muito pouco do sentimento existente entre os parceiros e, à semelhança da droga, amortecem aquilo que transpira entre eles.

PALAVRAS VAZIAS

Pode-se falar e não se dizer nada. Conversas superficiais, fingindo que tudo está bem, são, em grande parte, perda de tempo. Uma vida que se alimenta de tais conversas é tediosa, chata. Alguns casais somente se sentem seguros quando discutem o mundo exterior. É ótimo debater o talento ou a sagacidade de um autor, mas trata-se de exercícios impessoais em torno de um bate-papo corriqueiro, a menos que se revistam de uma paixão compartilhada por duas pessoas.

Se seu mundo não se torna pessoal pelo fato de você compartilhar seus sentimentos, sua vida poderia muito bem ser vivida por outra pessoa. Você faz com que sua vida se torne algo próprio ao expressar seus sentimentos. Se suas palavras para seu parceiro não forem revestidas de ternura, nada do que acontecer entre vocês terá importância.

A linguagem do coração deve estar no modo de falar. Para que seu relacionamento funcione é preciso que você encontre palavras adequadas. Para ouvir com abertura é necessário uma pessoa segura, que aprenda aquilo que é dito e que compreenda sem interromper. Fazer perguntas irrelevantes sob o pretexto de esclarecer detalhes é, freqüentemente, uma tentativa de reprimir a outra pessoa ou desviá-la de seu objetivo. As pessoas inseguras receiam deixar as outras pessoas falarem e provar que elas estão erradas ou são más. Elas também tentam mostrar que os outros erram ao sentirem-se assim, dizendo-lhes que são muito sensíveis ou exagerados. Quando a auto-estima é baixa, até mesmo a mais suave das críticas pode exercer um efeito devastador. Não admira que tenhamos tendência em confiar em pessoas seguras. Parceiros inseguros acham mais fácil presumir a culpa nos outros do que aceitar suas próprias limitações.

Sem compartilhar, os parceiros tornam-se acuados e procuram mais justificar suas posições do que perdoar. O oposto da comunicação é insistir que você está com a razão. Comunicação entre parceiros não significa dar ordens ou fazer pronunciamentos unilaterais. A comunicação, como o amor, requer igualdade e compreensão.

O QUE AS PESSOAS RECEIAM DIZER?

As pessoas receiam dizer "Eu te amo" e ouvir como resposta: "Não me importo".
Temem expor suas fraquezas ao admitir suas mágoas.
Receiam ser abandonadas se expressarem sua raiva.
Receiam dizer a verdade e magoar seu parceiro.
Receiam revelar sua ignorância, começar uma briga, abrir velhas feridas.

E, no entanto, a ignorância nasce do fato de reprimirmos as interrogações, a briga ocorre devido a um consenso que não foi alcançado e antigas feridas infeccionam porque não foram tratadas. Aprender a falar requer coragem e confiança. As recompensas valem o risco que se corre.

FALAR A SIMPLES VERDADE

Estar com outra pessoa sem ser capaz de se comunicar é mais solitário do que estar só. Não existe nada pior do que sermos incapazes de comunicar os sentimentos dolorosos que se agitam dentro de nós. Queremos ser ouvidos e queremos que a outra pessoa saiba como nos sentimos. Não queremos ficar sozinhos em nossa dor.

Ouvir é uma dádiva simples e saber que você sempre será ouvido é o maior dos tesouros em um relacionamento. Sem sermos ouvidos não existe um entendimento verdadeiro, não há base para crescermos juntos, não há aceitação. Se seu parceiro não conhece seus sentimentos, ele não a conhecerá verdadeiramente e você perderá uma parte de si mesma sempre que estiver em sua presença.

Para ser ouvido, fale a partir do coração. Fale diretamente, com simplicidade, vá direto ao ponto, fale com honestidade. Diga aquilo que quer dizer, fale as palavras exatamente como elas são formadas. Exprima a verdade que vive dentro de você. Uma vez que falou, mantenha-se em silêncio e ouça cuidadosamente a resposta de seu parceiro. Se houver silêncio, observe-o. Sua resposta talvez não esteja nas palavras. Nem sempre você precisa de palavras para perceber os sentimentos da outra pessoa.

Se a outra pessoa reagir silenciosamente, compartilhe a impressão que você tem desse silêncio com suas próprias palavras. Observe como seu parceiro se retrai, se aproxima, sorri. Não analise as ações dele. Fale apenas por você mesmo e compartilhe sua reação.

Quando expressamos sentimentos negativos é comum que sentimentos positivos obscuros comecem também a vir à tona. Exprima tais sentimentos até mesmo no meio de sua raiva. Encorajar seu reaparecimento é o motivo que o leva a arriscar-se a dizer tudo, a razão pela qual você e seu parceiro estão juntos. Esses sentimentos positivos constituem a prova de que a outra pessoa tem importância para você. Fazer com que a outra pessoa saiba que você ainda se importa com ela, poder sentir subitamente amor ou intimidade no meio de uma disputa é uma confirmação maravilhosa do que existe de bom em seu relacionamento.

Não existe talismã mais poderoso do que o amor que aparece através da raiva.

Se você compartilhar tudo, com o tempo seus sentimentos negativos desaparecerão e seus sentimentos positivos aparecerão em todos os momentos. Você não se sentirá mais encurralado na presença de seu parceiro. Acima de tudo, você se sentirá mais livre do que nunca estando junto dele.

Os exercícios seguintes o ajudarão a compreender os obstáculos que bloqueiam a livre comunicação entre você e seu parceiro. Estar juntos não deve ser uma inibição, mas um alívio. Somente quando os parceiros conseguem dizer um ao outro aquilo que estão pensando é que eles poderão sentir-se livres, estando juntos.

Alguns destes exercícios de comunicação dizem respeito a uma observação precisa de um comportamento momentâneo e incluem o uso de um gravador, a fim de que se possa estudar o problema com profundidade. Você também poderá escrever suas respostas em um caderno de anotações ou dizê-las em voz alta e, mais tarde, compartilhá-las.

EXERCÍCIO 1
O que é importante para nós

Este exercício tem por objetivo ajudá-los a compreender o que é importante compartilhar.

Primeira parte: O que preciso lhe dizer
(Deve ser realizado individualmente pelos parceiros)

Imagine-se no ano de 1940. Você e seu parceiro se encontram na França, fugindo do exército alemão invasor. Vocês dois estão separados e correm em diferentes direções, a fim de alcançar a fronteira e a segurança. Esperam encontrar-se em algumas semanas, mas a situação é perigosa e existe uma forte probabilidade de que nunca mais se vejam. Correndo grande risco pessoal, você conseguiu fazer aquele que pode ser seu último telefonema. Infelizmente, a ligação é precária e você não consegue ouvir seu parceiro. Assim, só você consegue falar. Imagine, também, que você está escrevendo uma carta e dispõe de apenas alguns minutos para comunicar a seu companheiro todas aquelas questões de sua vida que não foram resolvidas para acertar várias situações, para esclarecer quaisquer desentendimentos que ainda permanecem entre vocês, colocando claramente quais são suas verdadeiras intenções.

Seu relacionamento se encontra, precisamente, na mesma condição em que ele está nesse momento.

Ligue o gravador ou recorra a seu caderno de anotações. Abra seu coração e diga a seu parceiro tudo o que ele precisa ouvir para que você fique em paz.

Apresse-se!

Diga exatamente o que lhe vier à mente. Não censure nada. Deixe as palavras fluírem.

Quando terminar, responda às perguntas que se seguem. Seja breve. Lembre-se de que esta poderá ser a última oportunidade que vocês terão de se comunicar. Responda com toda a honestidade possível.

O que você perdoa?
Para que você quer o perdão?
Há algo que você disse e gostaria de retirar?
O que seu relacionamento significa, de fato, para você?
Quais são os principais problemas de seu relacionamento?
Por que você acha que não conseguiu ser capaz de lidar com esses problemas?
O que o impediu de dizer tudo isso antes?

Sheila e Aaron casaram-se por insistência dela. Sheila interpretava a passividade de Aaron e seus modos tranqüilos como gentileza e, durante muitos anos, negou que ele fosse uma pessoa que não correspondia. Em uma tentativa malsucedida de se aproximarem, viajaram juntos vários fins de semana. Era difícil chegar até Aaron. O fato de Sheila falar por ele, atribuindo-lhe coisas que ele não dizia, dificultava a comunicação com qualquer outra pessoa. Ele se limitava a concordar sempre. Apesar da frustração que Sheila experimentava e do desespero que a levava a procurar aconselhamento terapêutico, ela se derramava em elogios a Aaron, murmurando sempre um "sim" e acenando com a cabeça. Mais tarde, quando voltava para casa, sentia-se novamente frustrada. Quase a ponto de desistir do fato de sempre negar o que estava ocorrendo e de aceitar o problema, recuava, respondendo às suas próprias perguntas por meio de afirmativas amenas.

O que se segue é uma transcrição de parte da receptividade de Sheila a este exercício:

>Não consigo pensar sequer durante um minuto. É esquisito. Engraçado... falar com o gravador ligado parece uma de nossas conversas e você sequer se encontra presente. Quero dizer com isso que você não se manifesta muito. Espere. Será que estou agindo corretamente? As instruções dizem que a ligação é ruim e que não consigo ouvi-lo.
>
>Não consigo ouvi-lo? Jamais consigo ouvi-lo. Nunca sei se você está me ouvindo de fato ou se consegue me ouvir. Sempre sinto como se a ligação estivesse ruim. Isso é terrível. Sinto-me sozinha e levando adiante os dois lados do diálogo, quando estamos juntos. Exatamente como acontece agora. Você sequer precisa estar presente. Acabo de me ouvir dizer: "Sei que você concorda".
>
>A verdade é que não sei se você concorda. Não sei nada sobre o que está acontecendo em seu íntimo e não sei o que lhe dizer nesta conversa telefônica. Teria de começar por compartilhar toda minha vida com você. Sinto-me como se vivesse fazendo companhia a mim mesma.
>
>Estou cansada disso. Sinto-me tão solitária com este gravador... Preciso de um amigo. Preciso de alguém que converse comigo. Sabe, acho que você jamais me fez uma pergunta pessoal. É tão esquisito! Não sei nem mesmo por onde começar.

Se você completar este exercício com seriedade, ele poderá lhe proporcionar grande percepção. Ele a ajudará a enxergar quais são suas prioridades e a assinalar os riscos que precisa correr a fim de melhorar a comunicação com seu parceiro.

Segunda parte: os obstáculos que surgem em seu caminho
(Deve ser realizado juntos)

Quando você e seu parceiro tiverem completado a primeira parte deste exercício, ouçam as fitas ou leiam as cartas que escreveram um ao outro. Cada parceiro deve comentar em seguida o que acaba de ouvir e ambos se alternarão, respondendo às seguintes perguntas em voz alta:

Como foi que você se sentiu colocando-se nessa posição imaginária?

Como o fato de ter a última oportunidade de falar afetou o que você disse? Isso tornou as coisas mais fáceis ou mais difíceis? Por quê?

Compare o modo como você acaba de compartilhar suas idéias e sentimentos com o modo como vocês dialogam entre si, atualmente.

Como é que você pode transpor esse compartilhar para sua vida atual?

O que o impede de ser tão aberto na vida real quanto o é em uma gravação ou em uma carta?

Por que você sonega informações de seu parceiro?

O que você tem mais receio de compartilhar? Por quê?

Como é que vocês dois se diferenciam em relação aos temas que cada um escolheu evocar, durante este exercício?

O que você aprendeu em relação às questões, problemas ou sentimentos que considera importantes em seu relacionamento?

Examinando sua vida juntos, que obstáculos o inibem de se expressar com liberdade: agenda, cansaço, trabalho?

De modo geral, o que é preciso para que vocês dois mantenham um diálogo?

É isso o que você quer? Que outras providências lhe agradariam, para que vocês pudessem dialogar?

O que você precisa ouvir de seu parceiro que lhe permitiria ser mais aberta, sentir-se mais em paz ou mais amorosa?

Como é que vocês podem atender às solicitações mútuas?

Que riscos você deve assumir para manter sua comunicação viva e oportuna?

Mesmo que seu parceiro não tenha gravado uma mensagem ou escrito uma carta, você pode pedir-lhe que ouça a gravação ou leia a carta e, então, responda. Qualquer coisa que estabeleça a comunicação é positiva. Mesmo que seu parceiro se limite a ouvir, já é um passo adiante. No plano ideal vocês devem trocar mensagens, pois a comunicação, em um relacionamento, sempre deve ser bilateral.

EXERCÍCIO 2
Quando dialogar é difícil

Quando ficaram noivos, Rita atribuía os silêncios de Perry à timidez e aceitou-o, já que sentia-se bem demais conservando-se distante. Com o passar do tempo, depois que os filhos nasceram, Rita começou a sentir-se cada vez mais isolada. Sempre que se referia a problemas com as crianças, Perry dava de ombros dizendo que o problema era dela e, em geral, saía da sala. Quando Rita se referia às goteiras no teto da casa, Perry murmurava que ela era rabugenta e Rita se punia por ser insistente demais. Achava mais fácil culpar-se do que reconhecer o problema de Perry. Independentemente do que Rita gostaria de discutir, Perry a interrompia, fazendo com que o descontentamento dela parecesse uma falha pessoal. Rita, magoada, nada dizia.

Rita, que tricotava maravilhosamente bem, deu início a um negócio lucrativo vendendo suéteres em casa. À medida que sua confiança crescia, ela começou a perceber como vinha inventando desculpas para o procedimento de Perry. Ela se deu conta de que estava escondendo a baixa estima do marido e o fato de que ele se sentia inferior. Ele, em segredo, receava que percebessem suas deficiências.

O contato de Rita com um universo de pessoas comunicativas abriu seus olhos. Finalmente, ela acabou admitindo que o silêncio de Perry a incomodava e começou a insistir em que ele dialogasse com ela. Embora inicialmente ele se recusasse a se abrir, ela persistiu, dizendo-lhe que não suportava mais seu silêncio, que precisava de uma companhia e, assim, ameaçou deixá-lo.

Em pânico, Perry disse a Rita que a amava e que receava perdê-la, mas que sentia-se aterrorizado diante da possibilidade de ser rejeitado, caso se exprimisse.

Foi o primeiro passo. Rita precisou fazer com que o silêncio de Perry parecesse mais perigoso para ele do que o fato de ele dialogar. Confessou o amor que sentia por ele, mas fez-lhe ver que tinha limites e necessidades próprias. Mesmo que ela insistisse para que ele se abrisse, Perry retomava, freqüentemente, suas atitudes silenciosas e, certa vez, ela chegou até mesmo a sair de casa durante alguns dias para afirmar seu ponto de vista. A raiva que Perry demonstrou quando ela voltou foi expressa sem restrições e eles se uniram, comunicando-se abertamente pela primeira vez.

Há momentos, em todo relacionamento, em que é difícil ser ouvido, quando o assunto em discussão é assustador ou provoca constrangimento. Ninguém gosta de ouvir acusações ou de ter seus pontos fracos assinalados. É fácil interromper a outra pessoa quando seu estilo é ofensivo ou quando ela se expressa com raiva. Atacar o mensageiro por causa de suas mensagens ou interpretar mal suas intenções apenas serve para bloquear ainda mais a comunicação.

No entanto, se você insistir, até mesmo as pessoas mais fechadas começam a se abrir, mas as primeiras emoções que elas expressam nem sempre são agradáveis. Paciência, amor e compreensão em relação aos temores do paciente silencioso constituem algo essencial. O que funciona melhor é dar apoio e encorajamento, enquanto você coloca quais são suas próprias necessidades.

O seguinte exercício objetiva ajudar a abrir as linhas de comunicação entre você e seu parceiro. Prepare mais uma vez uma mensagem para seu parceiro, gravando, escrevendo uma carta ou simplesmente sentando-se ao lado dele e falando, um de cada vez. Se o parceiro silencioso mostrar relutância em participar, peça-lhe que se limite a ouvir o que você tem a lhe dizer.

Primeira parte: aprendendo a ouvir o outro

Dando início a sua mensagem, diga a seu parceiro que gostaria de tornar o diálogo mais fácil. Se vocês estão tendo dificuldades de comunicação, é provável que ele já tenha ouvido isso antes e, portanto, você terá de ser um pouco mais convincente desta vez. Sem censurá-lo, diga-lhe abertamente que você nem sempre entende o que impede o diálogo, e que gostaria de descobrir como cada um contribui para esse problema.

Em seguida, ambos devem fazer uma lista de pelo menos três questões que gostariam de discutir. Podem ser queixas, planos, necessidades ou mágoas. É melhor evitar temas incendiários, mas não torne a lista muito branda. Deve existir alguma emoção quando duas pessoas começam a se abrir uma com a outra.

Agora, escolha um local e um momento em que os dois possam dialogar sem serem perturbados. Não estabeleçam regra alguma sobre como proceder. Sua discussão deve representar seu modo habitual de interação. Solicite a seu companheiro que levante as questões que ele colocou na primeira lista. Para manter o diálogo vivo, faça perguntas ou comentários que possam encorajar seu parceiro a se abrir. Por exemplo:

Não entendo. Por favor, repita.
Por que é importante para você?
O que você quer? Por quê?
O que o tornaria feliz?
O que você deseja de mim que o ajudaria a obter aquilo que quer?

Note que esses comentários são todos motivados pelo amor, não pela crítica. São direcionados para que você possa compreender como é que seu parceiro se sente, em que ele acredita, o porquê dessa crença, o que ele quer e por quê. Seu objetivo é a compreensão.

Durante o exercício, não tente provar que você está com a razão. Sua intenção deve ser a de criar uma atmosfera na qual seu parceiro e você possam dialogar com liberdade e abertura, sem se sentirem ameaçados. Você pode não concordar com aquilo que seu parceiro diz, mas não se deixe envolver em uma discussão. Se sentir que está sendo forçado a isso, diga a si mesmo: "Não há como ganhar. Preciso observar como meu parceiro me pressiona, como me sinto quando ele age assim e lembrar do que estávamos discutindo naquele momento, pois é isso que ele está tentando evitar". Não se esqueça desta reflexão e procure perceber por que ele se sente ameaçado.

Segunda parte: o que achamos difícil ouvir e por quê

Se a discussão for acalorada, você poderá se intimidar em prosseguir imediatamente com o exercício, mas será mais fácil compreender a relutância de ambos em abordar certos temas, caso você aja imediatamente.

Se você gravou sua conversa, ouça a gravação. Se tomou notas, reporte-se a elas ou, então, recorde para seu parceiro aqueles momentos em que vocês pareciam ter dificuldades em se aproximar um do outro. Em seguida, peça a ele que responda as seguintes perguntas em voz alta. Ouça as respostas de seu parceiro sem fazer comentários.

O que você gostaria que eu ouvisse e que eu não ouvi?
Como é que você se sentiu quando eu o interrompi? Sentiu-se zangado ou ameaçado?
Acha que eu estava evitando ouvir suas opiniões ou tomar conhecimento de seus sentimentos?
Por acaso, eu disse algo que o fez sentir-se pouco à vontade? O que foi?
Algo que eu tenha dito estava errado, era pouco razoável ou demonstrava egoísmo e era inútil ouvir?

Repito que o objetivo deste exercício não é de começar uma discussão ou provar que seu parceiro está errado e que você está certa. Se não gosta que gritem com você, que a acusem, corrijam, rebaixem ou a diminuam, diga. No entanto, a coisa mais importante a ser demonstrada é que você ouviu o que seu parceiro disse, mesmo se não concorda com suas palavras. Você está disposta a ouvir e está tentando entender.

Em geral, quando sentem temor, as pessoas têm problemas em ouvir. Temos tendência a negar qualquer coisa que nos faça parecer menos dignos de amor. Tentamos controlar uma conversa quando receamos que a outra pessoa nos rejeite. Quando evitamos ser vulneráveis, fingimos que não nos importamos e que não ouvimos.

Todos nós nos protegemos quando não nos sentimos bem em relação a nós mesmos. Um relacionamento amoroso permite que cada parceiro expresse as dúvidas que tem em relação a si mesmo, oferece tranquilidade e aceita a mágoa e a raiva como sentimentos naturais, sem encará-los como um sinal de traição.

COMUNICANDO-SE ESPONTANEAMENTE

Rick era um espírito livre que se casou com Ellen, depois de ela engravidar e recusar-se a abortar. Embora a amasse, Rick descobriu que ela era fechada e preocupada. Sempre que ele tentava compartilhar suas idéias e fantasias, Ellen dava um novo rumo ao diálogo, falando, por exemplo, do orçamento doméstico, do consórcio do carro ou dos compromissos sociais. Rick apreciava a preocupação de Ellen com tais detalhes e, secretamente, sentia-se aliviado pelo fato de ela assumir responsabilidades perante tais questões, porém, sentia falta da intimidade toda especial que consiste em conversar sobre coisas insignificantes, em compartilhar idéias, sentimentos e sonhos. Ellen sempre tinha algo mais prático para discutir.

Rick sentia-se confinado ao papel de pai e provedor. Ansiava ser livre, compartilhar sua imaginação e seus pensamentos secretos. Para sua grande surpresa, percebeu que estava começando a sentir-se atraído por outras mulheres. No entanto, assim que começava a se envolver sexualmente, rompia com a situação e se afastava. Gostava de fazer a corte, mas, acima de tudo, o que mais apreciava era o diálogo.

Então, certa noite, em lágrimas e furioso, telefonou para Ellen, explicando o que estava sentindo e até onde o fato de se ver inibido o havia levado. Acabara de consumar um caso e sequer gostava da mulher. Ellen jamais havia valorizado a franqueza, a abertura, e quando percebeu o perigo em que sua atitude a colocava é que sentiu-se motivada a modificar-se.

Nem tudo aquilo que é comunicado entre os parceiros precisa ser importante, mas é importante que tudo seja compartilhado. A verdadeira intimidade não é, necessariamente, um peso. Na melhor das hipóteses, ela é prazerosa, inocente, infantil, e comemora a abertura que existe entre dois parceiros. É maravilhoso saber que você pode dizer tudo aquilo que pensa ou sente e que basta ser aberto para ser amado.

EXERCÍCIO 3
Compartilhando sua alma

Existe em nós uma voz que fala a língua do nosso eu mais simples. Ela fala sem inibição. Os melhores relacionamentos são aqueles em que os parceiros sentem-se livres para se expressar através dessa voz. São relacionamentos que se apóiam na confiança, entre pessoas que se aceitam, pois você não conseguirá ouvir essa voz, a menos que se sinta à vontade consigo mesmo.

A voz interior diz quando uma situação é perigosa e quando se pode dar um passo adiante. Ela lhe diz a verdade, de tal modo que você será limitado por sua própria honestidade, em se tratando de sua capacidade de ouvi-la e será igualmente limitado pela confiança que a outra pessoa deposita em sua capacidade de transmitir essa verdade.

Aprender a falar com sua voz interior e encorajar seu parceiro a falar com a voz dele — deve ser seu objetivo. Relacionar-se com os outros por meio dessa voz, com a abertura de sua primeira reação, o torna livre. Usar suas vozes interiores para se comunicar com o outro cria a maior das intimidades em um relacionamento.

O seguinte exercício o ajudará, bem como a seu parceiro, a comunicar seu eu interior.

Primeira Parte: Como é que sou de fato
(Deve ser realizado individualmente, pelos parceiros)

Cada um de vocês responderá às seguintes perguntas em separado. Escrevam a primeira resposta que lhes ocorrer. Não suprimam nada. Sejam absolutamente abertos, breves e ajam com rapidez.

Quais são os defeitos que menos aprecio em mim?
Se eu pudesse viver novamente um momento qualquer de nosso relacionamento, qual escolheria?
Se pudesse suprimir qualquer momento do tempo em que passamos juntos, qual seria?
Quais as coisas que existem em mim que me fazem sentir infantil?
Quando as coisas não vão bem em nosso relacionamento, em que penso?
O que provoca maior decepção em mim, em se tratando de nosso relacionamento?
O que mais me decepciona?
O que mais me desiludiu?
Como foi que desiludi meu parceiro?
Quando me sinto mais apaixonado?
Quando sinto vontade de dar por encerrado nosso relacionamento?
Quais foram as coisas tolas que me ocorreram esta semana e que eu não compartilhei?

Segunda parte: Como inibimos um ao outro, no sentido de dizer a verdade
(Deve ser realizado juntos)

Peça a seu parceiro que lhe faça as mesmas perguntas que você respondeu, individualmente, na primeira parte deste exercício. Ao responder, não consulte sua lista. Seja espontâneo. Seu parceiro deve ouvi-lo sem fazer comentários.

À medida que for respondendo, mencione suas inibições em relação ao fato de falar na presença de seu parceiro. Explique quais são os riscos que você acha que está correndo pelo fato de ser aberto, e o que receia, por ter sido sincero. Não deixe de observar os momentos em que apela para seu parceiro, a fim de que ele o tranqüilize ou o aprove e preste atenção à reação dele.

Note, especialmente, as barreiras que você acha que deve superar, a fim de responder com honestidade na presença de seu parceiro. Descreva essa hesitação toda vez que se deparar com ela. Você poderá sentir-se preocupado ou envergonhado com o fato de magoar seu parceiro. Poderá recear parecer mau, fraco, mesquinho ou errado. Compartilhe esses sentimentos.

Agora, faça a seu parceiro as mesmas perguntas. Ele também deverá responder sem consultar sua lista e você deve manter-se em silêncio, enquanto ele fala. Assim que ele responder a todas as perguntas, examinem novamente toda a lista, mas desta vez leiam as respostas que escreveram.

Quando terminarem, discutam quaisquer diferenças que reconheceram entre as respostas escritas e verbais. Com a finalidade de definir essas diferenças cuidadosamente, alternem, respondendo às seguintes questões:

Que respostas foram dadas com maior liberdade? Por quê?
O que foi que você escondeu ou modificou? Por quê?
Estava à procura de aprovação, alterando alguma de suas respostas?
Quais?
Quantos de seus verdadeiros sentimentos você mudou ou suprimiu, na presença de seu parceiro? Por quê?
O que você tentou proteger?
Existe alguém com quem você seja mais aberto?
Qual é a diferença entre aquele relacionamento e este?
O que é mais fácil compartilhar com aquela pessoa?

A maneira de os parceiros se tornarem mais abertos e espontâneos um com o outro consiste em dizer a verdade, custe o que custar. Inicialmente, poderá ser assustador, porém, elevar o nível de espontaneidade, abertura e honestidade ao comunicar-se com seu parceiro é algo que compensa, pois aumenta a espontaneidade, a abertura e a honestidade com que o amor se expressa.

Antes de passar para o próximo exercício, há algo que você omitiu e que gostaria de compartilhar agora, pelo fato de sentir-se mais aberto? Então, compartilhe. Se puder fazer isso, estará dando o próximo passo em direção a um relacionamento em que há um compromisso.

EXERCÍCIO 4
Revelando suas necessidades

A essência da comunicação consiste em você ser aberto, em se tratando de suas necessidades. Algumas pessoas reagem às necessidades de seus parceiros com uma facilidade inata e intuitiva. Seguem seus instintos e percebem quais são os anseios do parceiro com um olhar amoroso. Estão presentes, à disposição da outra pessoa e prevêem quais são suas necessidades.

Outros parceiros estão preocupados consigo mesmos, com questões de ordem financeira, com os filhos, a casa, o emprego e não percebem nada além de suas próprias necessidades imediatas. É fácil presumir que tais preocupações nascem de uma falta de interesse, sobretudo se você colocar tais necessidades em um momento em que seu parceiro estiver absorto por suas próprias preocupações. No entanto, quando uma pessoa tem paixão por sua própria vida e por sua própria carreira, em geral, tem paixão pelo amor de sua vida. Confie nisto e expresse suas necessidades com clareza.

Se quiser que suas necessidades sejam atendidas, você deve correr o risco de ser rejeitado.

O que queremos — De que necessitamos

Neste exercício cada parceiro deve solicitar ao outro que responda as seguintes perguntas em voz alta e uma por vez. Não faça comentários enquanto todas as perguntas não tiveram sido respondidas.

Que medos você esconde de mim?
O que você acha difícil me dizer?
O que é que você mais quer de mim?
Que dor você guarda para si mesmo e gostaria de compartilhar comigo?
Qual é sua maior preocupação e que você mantém em segredo?
Que decepções guardou só para você?
O que posso fazer, a fim de tornar mais fácil, para você me dizer essas coisas?
Quando é que você sente mais amor por mim?
Quando é que seus sentimentos amorosos enfraquecem?

Qualquer que seja a resposta, diga a si mesmo que se esta for uma verdade nova, ela criou um novo espaço para o crescimento. A dádiva mais preciosa em um relacionamento é saber que você e seu parceiro não têm segredos um para com o outro.

ANDANDO EM TERRENO PERIGOSO

Em um momento ou outro todos nós escondemos de nossos parceiros nossos pensamentos e sentimentos críticos, pois não desejamos lhes fazer mal. Algumas vezes isso acontece quando a luta pela vida parece estar sufocando nossos parceiros, em momentos de depressão ou de grandes conflitos. No entanto, são exatamente esses os momentos em que nossos parceiros mais se beneficiariam por estarem ouvindo aquilo que sentimos e pensamos, mesmo que seja uma crítica em relação a eles. Ter de ser indulgente para com seu parceiro quando você está confuso e precisa saber a verdade serve apenas para acrescentar confusão e desconfiança à sua dor. Tomar conhecimento da verdade, mesmo que isso provoque mágoa, é algo que tem o poder de esclarecer qualquer situação. A dor, quando vista com clareza, é uma grande motivadora.

Se tivermos algum valor como amigos e amantes, precisamos contar um com o outro no sentido de dizer a verdade, ainda que ela seja pouco lisonjeira, mesmo que ela magoe. Os relacionamentos honestos não encerram surpresas nem lados ocultos. Cada parceiro sabe que é imperfeito, que sua parceira também o sabe e que o ama, apesar disso.

INDICAÇÕES ÚTEIS
PARA MELHORAR A COMUNICAÇÃO

Corra o risco de dizer a verdade

Se não puder dizer a verdade a seu parceiro, indique que existe algo que você não consegue discutir à vontade. Compartilhar essa percepção é um passo em direção a uma comunicação franca.

Qualquer coisa que você achar que deve ser dita à outra pessoa, provavelmente, precisará ser compartilhada.

Algumas vezes a honestidade pode ser cruel, se não for motivada pelo amor.

Se sua comunicação for baseada no amor, não há nada que você não possa compartilhar.

Se você não conseguir compartilhar sua mágoa e sua raiva, não poderá compartilhar seu amor.

Observe seu parceiro quando ele o estiver ouvindo. As ações podem falar mais alto do que as palavras.

Não faça um discurso. Resista a fazer pronunciamentos e dar ultimatos.

Aprenda a ouvir com abertura

Não se apresse em ouvir e permita que aquilo que acabou de ouvir possa ser absorvido.

Reflita sobre aquilo que seu parceiro está dizendo. Indague por que e como essas coisas lhe estão sendo ditas.

O que seu parceiro diz o magoa? Se for assim, compartilhe com ele a razão pela qual isso acontece.

Já ouviu antes tais palavras? Por que isso não foi resolvido antes? O que ainda precisa ser expresso?

Resista ao impulso de interromper, mas tente compreender por que você se sente assim.

Se perder alguma palavra ou frase, peça a seu parceiro que as repita.

Se não entender, solicite a seu parceiro que explique. Dar espaço a seu parceiro para que ele se manifeste é, muitas vezes, tudo o que ele precisa para poder ouvir a si mesmo e refletir novamente sobre o que está dizendo.

Evitem entrar em discussões. Se aquilo que sua parceira está dizendo é obviamente falso ou forçado, seja paciente e peça a ela que o ajude a compreender.

Conceda a sua parceira o benefício da dúvida. Presuma que ela acredita no que está dizendo e que está dizendo com amor.

O objetivo da comunicação, em um relacionamento, é descobrir o que ambos os parceiros necessitam e querem, o que sentem, em que acreditam e por quê. Quando ambos compreenderem isso poderão encontrar meios de dar um ao outro aquilo que querem. Somente então estarão livres e seguros para assumir um forte compromisso com o relacionamento.

SEGUNDA PARTE

COMO NOS SENTIMOS

CAPÍTULO 4

COMPARTILHAR SENTIMENTOS — A LINGUAGEM DO AMOR

O amor é o mais vulnerável de todos os sentimentos. É fugaz, capaz de esvair-se como o nevoeiro sob a luz do sol matinal. Um pouco de insinceridade nos faz duvidar dele. Uma discussão em torno de coisas sem importância pode ameaçá-lo. Às vezes parece ser muito mais fácil não brigarmos para amar outra pessoa, mas simplesmente nos contentarmos em amar a nós mesmos.

E, no entanto, queremos ver, a nós mesmos e ao mundo, através dos olhos amorosos de um parceiro. Queremos um relacionamento no qual o amor nos faça sentir suficientemente seguros para sermos nós mesmos. Entretanto, é nesse cenário da mais profunda intimidade que os maiores abusos e ofensas podem ocorrer. As disputas entre amantes podem parecer tolas para quem está de fora, mas o ataque à vulnerabilidade e a profundidade da mágoa que ocorrem podem ser avassaladores. O que pode ser perdido é mais do que a confiança em um amante, isto é, a confiança no amor-próprio. Não admira que queiramos sair correndo quando nosso amor se torna fonte de amarguras. Queremos preservar nossa crença no amor.

O amor é um estado de percepção e de sensibilidade ampliadas. Os amantes enxergam tanta coisa boa um no outro que eles abaixam suas defesas e se expõem a serem magoados. Confiam em que alguém que os ame tão profundamente jamais possa magoá-los, mas talvez baste apenas um incidente para destruir essa crença. Quando isso acontece, sua primeira reação é revidar, magoar o parceiro como ele mesmo foi magoado. Assim é que um pequeno desentendimento pode adquirir proporções de uma batalha devastadora.

Compreender e aceitar um ao outro leva tempo. No início de um relacionamento você freqüentemente se sente como se tivesse conhecido a outra pessoa desde sempre, mas não é verdade. Na maior parte das vezes você sabe como ele reage quando tudo vai bem. No entanto, as reações dele quando está tenso, irritável, inseguro, fechado em si mesmo, sem confiar em você, revelam um aspecto inteiramente diverso. É difícil avaliar a decepção que os amantes experimentam quando tomam consciência disso pela primeira vez. No entanto, com compreensão e experiência, vocês conseguirão enfrentar até mesmo os momentos mais difíceis de seu relacionamento. Se o amor os torna vulneráveis, ele também os torna fortes.

A BRIGA DE UM AMANTE

Quase arruinado financeiramente por seu divórcio, Edgar prometeu renunciar às mulheres. Sentiu que sua mulher jamais o amara e que apenas queria que ele lhe proporcionasse uma boa vida. Assim, foi com grande relutância que concordou em ir de férias para o Caribe com seus amigos. Talvez a culpa tenha sido da noite perfumada e das palmeiras, talvez da Lua que lançava seus reflexos sobre o mar, mas quando ele foi apresentado a Natalie na festa de boas-vindas, na praia, sentiu-se perdido em seu olhar e se apaixonaram.

No início, Natalie — que até recentemente tinha vivido com um homem insolente e agressivo — mostrou-se cética, mas não conseguiu encontrar sequer um ponto negativo em Edgar. Suas dúvidas, que inicialmente pareciam quase obrigatórias, simplesmente se dissolveram, no segundo dia que passaram juntos. Edgar prolongou sua estadia para poder voltar com Natalie no mesmo vôo.

Nas semanas seguintes, um só conseguia falar a respeito do outro, isto é, nos raros momentos em que não estavam juntos. No final do primeiro mês foram morar juntos no apartamento de Edgar. Achavam que a felicidade jamais teria fim.

Edgar sentia-se feliz e realizado com Natalie e queria proporcionar-lhe o que havia de melhor. Em um momento de amor irresistível, prometeu-lhe um carro novo. Combinaram que iriam comprá-lo no próximo sábado. Entretanto, Edgar já estava com problemas financeiros e seu novo relacionamento o levara a não se envolver muito com o trabalho. Na última sexta-feira seu supervisor o havia repreendido com severidade. Isso o deixou abalado, mas, a exemplo do que acontecia com suas dificuldades financeiras, ele não compartilhou o fato com Natalie, pois não queria preocupá-la. A única coisa que desejava era fazê-la feliz.

Sem que Edgar soubesse, Natalie, muito entusiasmada, havia visitado lojas de automóveis durante toda a semana. Afinal, ele havia lhe dito que ela poderia ter o carro que quisesse. Então, pediu que os vendedores de pelo menos doze lojas lhe mostrassem os melhores carros. Juntou uma série de folhetos e não conseguia esperar até a manhã de sábado para ir até uma das lojas com Edgar.

No entanto, logo no início da manhã de sábado Edgar recebeu uma intimação para pagar um relógio muito caro que a ex-mulher havia comprado. Ela havia agido assim por puro despeito. Edgar telefonou para o advogado da mulher dizendo que não pagaria a conta, porém, recebeu como resposta que iria para a cadeia. O advogado também observou que o pagamento da pensão já estava atrasado. Furioso, sentindo-se trapaceado, duvidando de sua estabilidade financeira e da possibilidade de ser amado, Edgar foi tomar o maravilhoso café da manhã que Natalie havia acabado de preparar. Natalie pegou um dos folhetos e, cheia de inocência e gratidão antecipada, disse: "Você pode me comprar o Porsche".

Edgar, que contava com Natalie para lhe dar apoio e forças em um momento de adversidade, levantou-se, rasgou o folheto em mil pedaços e jogou a louça do café da manhã no chão. "Vocês, mulheres, são todas iguais", gritou. "Estão todas atrás da mesma coisa."

Natalie ficou pasma. Não conseguia acreditar no que estava acontecendo e surpreendeu-se insultando Edgar com os mesmos nomes com que havia insultado seu agressivo ex-namorado. Ele xingou-a com nomes ainda mais pesados e, a cada momento em que brigavam, cada um deles viu traços mais terríveis surgindo no outro. Finalmente, Natalie começou a chorar e Edgar, furioso, retirou-se do apartamento.

Quando ele voltou ela estava fazendo as malas e só então Edgar começou a confidenciar que estava sob enorme tensão, devido a suas preocupações financeiras. Natalie disse que sabia que ele estava preocupado com alguma coisa, mas tinha receio de perguntar, pois queria que tudo fosse perfeito. Começaram a demonstrar novamente o amor que sentiam um pelo outro e acabaram aceitando o fato de que eram apenas dois seres humanos. Como se amavam, sabiam que podiam compartilhar suas fraquezas, bem como sua força.

Natalie aprendeu que Edgar não era menos merecedor de seu amor pelo fato de não ser perfeito. Ambos descobriram uma verdade igualmente importante: como o amor não volta a fluir livremente até que uma ameaça seja afastada, a dor expressa e a raiva resolvida, tiveram de aprender a se amar novamente, compreendendo suas diferenças. Precisaram aprender a aceitar e perdoar sem recriminações.

A IMPORTÂNCIA DE EXPRESSAR OS SENTIMENTOS

Os desentendimentos ocorrem até mesmo nas relações mais afetuosas. Se os parceiros não resolverem completamente seus sentimentos negativos, o amor que entre eles existir passará por uma erosão gradual. Mesmo que prometam melhorar, seus sentimentos ocultos não os deixarão manter a paz. Dizer "Sinto muito" nada significa, a menos que a ofensa seja compreendida e admitida. A mágoa e a raiva não-resolvidas apenas aguardam que incidentes triviais voltem a atiçá-las. Isso provoca fragilidade emocional, provoca a desconfiança e abala a vulnerabilidade de que depende a inocência do amor.

Se vocês não compreenderem por que e como se magoam, não serão livres para amar. Mas, o que acontece, realmente, quando as pessoas se magoam? Qual a dinâmica das emoções? Como é que os sentimentos funcionam? O que significam? A compreensão de seus sentimentos contribuirá, e muito, para fazer com que seu relacionamento flua facilmente.

Embora as pessoas achem difícil identificar suas emoções no calor do momento, os sentimentos que experimentam podem ser facilmente entendidos. Um sentimento é a resposta direta a algo que lhe é dito ou que lhe acontece. Você não pensa na reação, ela simplesmente ocorre e é sempre sua reação mais verdadeira.

Quando os sentimentos não são expressos no momento em que ocorrem pela primeira vez, ficam contidos e tornam-se mais complexos e difíceis de entender. Reter sentimentos, sejam eles positivos ou negativos, distorce nossa visão do mundo e isola-nos dos outros. Quando nossos sentimentos não são compartilhados, sentimo-nos solitários e ressentidos.

Quando estamos abertos aos nossos sentimentos estamos dispostos a compartilhá-los com o mundo tal como os percebemos. Quando contemos sentimentos por estarmos com raiva, sofrendo ou receosos em expressá-los, começamos a procurar uma prova que justifique nossa reação. Tais sentimentos nos tornam preconceituosos e ficamos pensando que o mundo está contra nós; assim, acabamos distorcendo a situação. Quando contemos nossos sentimentos, eles crescem fora de toda proporção e perdem seu relacionamento com os acontecimentos que os provocaram. Cada vez que agimos assim torna-se mais difícil ainda abandonarmos e exprimirmos nossos verdadeiros sentimentos. Queremos estar com a razão e desejamos que a outra pessoa esteja errada. Assim, continuamos a reagir ao passado negativo, em vez de nos abrirmos para o presente.

Quando contemos nossos sentimentos, distorcemos o mundo que nos rodeia. Não acreditamos, realmente, que seja verdade aquilo que professamos e, assim, duvidamos de nosso julgamento. Tornamos vilãs as pessoas a quem amamos e começamos a perder também a crença em nós mesmos. Ficamos mais interessados em estar com a razão do que em fazer as pazes. Embora contenhamos nossos sentimentos para termos a situação sob controle, agindo assim nos tornamos frágeis e corremos o risco de perder o controle. Nossa raiva aumenta. Lutamos para não explodir. Dirigimos nossa agressividade para pessoas inocentes. Somos facilmente envolvidos por frustrações menores.

Expressar abertamente sentimentos positivos e negativos é o que existe de mais importante em um relacionamento. A receptividade com que as emoções são compartilhadas determina sua força e seu valor. Tudo o mais ocupa um distante segundo lugar.

Sem que os sentimentos sejam expressos, os relacionamentos desmoronam, o sexo torna-se mecânico, o ato de dar se transforma em manipulação, as mágoas se transformam em rancor e o amor passa a ser desprezo.

COMPREENDER OS SENTIMENTOS
AS CHAVES PARA A MÚTUA COMPREENSÃO

O ciclo do sentimento

É impossível compreender seu parceiro ou ser verdadeiramente íntimo sem importar-se com seus sentimentos.

Existem dois tipos de sentimentos: os positivos e os negativos. Os sentimentos positivos — amor e alegria — representam a realização honesta de necessidades reais. Não constituem problema, a menos que não sejam apropriados. Por exemplo: Você se sente triste se algo de bom lhe acontece. Todos os sentimentos negativos derivam da dor. Toda dor provém de uma perda ou ofensa. A duração da dor, freqüentemente, determina a profundidade e a intensidade dos sentimentos negativos.

Ansiedade

A ansiedade é a dor diante do futuro, a expectativa da perda ou da mágoa; inclui todos os tipos de medos e preocupações, sejam eles reais ou imaginários, relembrados ou antecipados. Sua intensidade varia desde a surpresa em ter ouvido o telefone tocar, até sentimentos paralisantes de pânico, da vigilância ao terror.

Você poderá lidar com a ansiedade perguntando a si mesmo o que teme perder e por que ela é importante para você. Então, dará passos no sentido de prevenir a perda, a fim de minimizar sua dor. Desse modo, a ansiedade será encarada como um aviso. Você não fugirá dela, mas a enfrentará abertamente, avaliando sua força e sua fraqueza, a fim de determinar se deve suscitar uma briga ou poupar sua força para um momento melhor. Ignorar a ansiedade é algo semelhante a ignorar o cheiro de fumaça em sua casa. A ansiedade requer uma avaliação aberta e honesta. Se você teme que algo provoque perdas e ofensas em seu relacionamento, exponha suas ansiedades o mais cedo possível.

Mágoa

A mágoa é a dor no momento presente, a experiência da perda ou da ofensa provocada por algo que está acontecendo agora.

A mágoa assemelha-se à tristeza, uma sensação de vazio ou decepção. Sua intensidade depende de quão seriamente você sente que foi magoado.

Você lidará com a mágoa ao expressar sua dor para quem quer que a tenha provocado, e o mais cedo possível. É sempre melhor ser franco e direto. Se você receia dizer a seu parceiro que ele o magoou, achando que ele não o levará a sério e não se importará com seus sentimentos, então você precisará perguntar a si mesmo por que está envolvido com alguém que não se preocupa com você. Se uma pessoa não se preocupa com seus próprios sentimentos, não poderá importar-se com os sentimentos de mais ninguém. Se você não se preocupa com os sentimentos dela, então ela não se preocupa com você. Se você esconde sua mágoa por não querer revelar sua vulnerabilidade, o orgulho interferirá em sua felicidade. Não finja que está acima do sentimento da mágoa, pois perderá contato consigo mesmo. Seja honesto. Se a fonte de sua mágoa for sua própria decepção consigo mesmo, lide com isso, reconhecendo suas deficiências e procure melhorar.

Assim que for magoada por seu parceiro, diga-lhe: "Puxa! Fiquei magoada quando você disse/fez isso. Não estou nada feliz".

Caso seu parceiro a ignore, diga-lhe: "Quero que você saiba que acaba de me magoar". Se ele começar a dar desculpas ou continuar a ignorá-lo, diga-lhe: "Eu fui magoado. Um simples reconhecimento ou um desculpe-me bastarão para resolver a situação".

Caso seu parceiro se recuse, diga-lhe que você se ressente por ter sido magoado e que ser tratado assim o deixa indignado.

Não se engane com a obviedade deste exemplo. Da próxima vez, faça o que estiver a seu alcance para não esquecê-lo.

As pessoas incapazes de lidar com uma grande perda, algumas vezes mantêm sua mágoa viva durante muitos anos e sentem-na um pouco por vez. Isso é característico das reações que ocorrem em um aniversário, quando, na data da perda, as pessoas lamentam a parte residual dessa perda, em relação à qual elas ainda não manifestaram amplamente sua dor.

Manter a mágoa viva entregando-se à autopiedade é uma ação autodestrutiva que acaba por afastar as pessoas que a amam. A pessoa que não se livra da mágoa, freqüentemente, usa seu sofrimento como um meio de punir os outros. Se você perceber que está sentindo pena de si mesmo, reconheça o fato e ponha um ponto final na situação. Ainda que isso pareça excessivamente simplista, é o próximo passo que você terá de dar a fim de sentir-se melhor. Você pode adiar ou prolongar o momento de decidir afastar-se de sua mágoa. Poderá esperar a terapia ou a vingança, mas ainda assim terá de chegar à mesma decisão. Decida-se pelo que há de melhor em si mesma, perdoe e vá em frente.

Raiva

Raiva é a dor vivida no passado, o ressentimento por uma perda ou por ter sido magoado. O desejo de revidar e provocar mágoa está sempre implícito.

A forma mais suave da raiva é a irritação e a mais extremada é a ira. A raiva, normalmente, é dirigida contra a pessoa que o ofendeu. No entanto, quando sua expressão direta é bloqueada, a raiva acaba transbordando e se liga a atividades inocentes, revestindo-as de uma energia negativa. Fechar a porta de um carro pode tornar-se um gesto brutal, uma natureza afável se esvai e a irritabilidade substitui a paciência. O tom de voz se altera, o sarcasmo aumenta e até o cachorro da família se esconde. Para uma pessoa briguenta a retaliação é justificada, até mesmo merecida, pois todo mundo parece ser ríspido com ela.

Para poder lidar com sentimentos de raiva, expresse a mágoa que está por trás dela para a pessoa que o ofendeu. Explique que está ressentido por ter sido magoado. Não precisa explodir, basta indicar que se sente magoado e por quê. Converse diretamente com a pessoa que o magoou, telefone ou escreva para ela. Ou, então, finja que a pessoa está sentada em uma cadeira, então, grite, expressando seus sentimentos. Você poderá arremessar dardos no retrato da pessoa ou escrever seu nome em um muro e atirar pedras nele. Qualquer coisa que mobilizar sua raiva e facilitar sua expressão exterior é proveitosa. O ciclo de sentir-se magoado, conter a raiva e experimentar remorsos deve ser rompido. Exprimir figurativamente a dor, por meio de uma interjeição do tipo "Ai!", é o primeiro passo.

Roland desposou Gretchen ao formar-se em optometria. Pelo fato de não ter conseguido entrar na faculdade de medicina, e como as finanças apertadas se tornavam um problema, começava a desculpar-se por não ser um comerciante mais agressivo. Gretchen sempre o consolava. Ensinava dança moderna e era uma pessoa extremamente expressiva. Tinham filhos, ela contribuía com todo seu salário para as despesas da casa e era o apoio emocional de toda a família. Roland não suportava ser criticado ou que alguém pensasse que ele era uma pessoa inadequada. Nos primeiros anos de seu casamento Gretchen perdoava facilmente seus fracassos nos negócios, bem como sua indiferença, mas, para agir assim, ela reprimia demais seu ressentimento.

O fogo ardente que fora a atração do casal começou a diminuir, o que não era de surpreender. As crianças, que cresciam, solicitavam a maior parte da atenção de Gretchen e Roland ressentia-se com isso. O fato de ele ser uma pessoa muito defensiva também sugava a energia dela. Sempre que ela exprimia sua mágoa, Roland ficava profundamente ferido e usava sua dor e sua culpa como um escudo protetor, inibindo-a ainda mais. Por mais que Gretchen ficasse magoada, a reação de Roland à raiva dela sempre a superava e a desconcertava.

Quando Gretchen descobriu que Roland estava tendo um caso, enfrentou-o e ele ficou deprimidíssimo. Como ela persistia em expressar seu ressentimento, Roland começou a falar em suicídio. Surpresa com a realidade que ela não apreendera inteiramente até aquele momento, Gretchen explodiu: "Não foi você quem se magoou, mas eu! Não sou sua mãe. Sou sua esposa. Tudo o que você sabe fazer é tirar coisas de mim e quando o surpreendo enganando-me, você solicita minha solidariedade. Tenho o direito de estar com raiva. Você tem sido indigno, fingindo durante esses anos todos que é frágil, que está desesperado, só para disfarçar suas infidelidades. Deixe-me sentir raiva. Você me magoou!".

"Isso não quer dizer que sou mau", protestou Roland, sem prestar a menor atenção ao que ela dizia.

"Isso torna impossível o meu amor."

"Foi por isso que tive um caso", explicou Roland. "Nunca senti de fato que você se importasse comigo."

"Ninguém conseguirá amá-lo o suficiente para fazê-lo sentir-se bem em relação a si mesmo", disse Gretchen. "A questão não é esta. Você quer ter suas namoradas, ser um comerciante desleixado, deixar todas as responsabilidades nas minhas costas e, então, sente-se magoado porque eu não aprovo que você me magoe. A única maneira de eu vencer é perdendo. Estou indo embora."

"Isso vai me matar", disse Roland.

De repente, Gretchen começou a rir do ridículo da situação e, sobretudo, de sua própria credulidade. Pela primeira vez em muitos anos sentiu-se aliviada.

Refrear a raiva de seu parceiro solapará o amor existente entre ambos.

Culpa

A culpa é a dor de uma raiva não expressa.

Para conter a raiva é preciso bloquear sua expressão e dirigi-la para dentro. Uma raiva como essa não tem mais para onde ir. Com freqüência, tentamos lidar mentalmente com nossa raiva, elaborando fantasias de vingança. No entanto, pensamentos tão horríveis nos levam a perdermos a fé em nosso próprio valor. Nossos pensamentos e sonhos ficam repletos de emoções reprimidas. Nosso sono torna-se perturbado e sentimos que carregamos um fardo. O ódio infecciona, nos magoa.

Culpa é você estar zangado consigo. Algumas vezes os sentimentos de culpa são justificados, por exemplo, quando você magoa os outros ou quando infringe a lei. Se a raiva levá-lo a magoar pessoas inocentes, mesmo que essa não fosse sua intenção, poderá reforçar sua crença de que você é mau.

Lidar com a culpa implica acreditar que você é uma boa pessoa. O próximo passo é ter de admitir que você está com raiva por ter sido magoado. Como sempre, o passo crítico consiste em fazer com que a pessoa que o magoou tenha consciência de seus sentimentos. O simples fato de dizer: "Estou sentida com você porque me magoou" fará milagres. Quando as pessoas contiveram a raiva durante muito tempo, receiam que expressar qualquer parte dela provará ao mundo que são más. Tente lembrar-se de que qualquer um comete erros. Qualquer pessoa merece uma segunda oportunidade. Você é apenas humano e ainda precisa crescer. Em qualquer papel que tenha desempenhado, reconheça aquilo que houve de errado e vá em frente. Dê satisfações, repare as mágoas que provocou, procure e conceda perdão. Para início de conversa, corra o risco de ser aberto em relação a sua mágoa e deixe-a de lado. Isso o ajudará, e muito.

Depressão

A depressão é um padrão crônico de reagir a qualquer mágoa, não deixando que ela se extravase.

Como a raiva é um sentimento ativo que, naturalmente, procura se expressar, as pessoas levantam barreiras defensivas para aprisioná-la. Assim, contê-la debilita sua energia, sobrando pouco para ativar sua crença em si mesmo, realizar um trabalho positivo ou energizar seu corpo. A essa debilitação da energia dá-se o nome de depressão.

A depressão vai de um desencorajamento passageiro, devido a uma perda recente e específica, a uma imobilidade crônica, resultado de acontecimentos distantes e obscuros. A pessoa deprimida retém até mesmo as mágoas de menor importância. Para a pessoa que está explodindo de raiva a vida perde seu sentido.

Lidar com a depressão é semelhante a lidar com a culpa. É importante se dar conta de que sua raiva resulta do fato de você ter sido magoado. A depressão é uma manifestação de como você se sente, toda vez que é magoado. Conscientize-se de que, à medida que você começa a expressar o que está sentindo, sentimentos passados também podem vir à tona, tornando sua expressão um tanto exagerada. Ainda assim, persista e deixe seu parceiro saber como você se sente, de tal modo que possa novamente ser livre consigo mesmo.

Seu relacionamento é a melhor oportunidade de estar aberta em relação a seus sentimentos, pois, mais do que qualquer outra pessoa, seu parceiro deve importar-se com aquilo que você sente. Todo bom relacionamento é "terapêutico" na medida em que os parceiros se ajudam mutuamente no sentido de lidar com as decepções proporcionadas pela vida. Eles acreditam que tudo aquilo de bom que eles vivenciarão juntos é algo que vale a pena. Compreender os sentimentos é um pré-requisito para dominar a expressão do amor. Lidarmos juntos com nossas perdas liberta-nos para darmos.

DEFESAS CONTRA A DOR PROVOCADA PELA PERDA

As perdas que provocam dor encaixam-se em categorias claramente definidas.

A perda do amor: é a perda da crença na sua capacidade de amar, e inclui a perda da saúde, da vida, de um membro do corpo, de seus méritos ou de sua bondade. Inclui também a perda de alguém a quem você ama ou de cujo amor necessita para sentir-se apta a amar.

A perda de controle: inclui a perda de poder, da posição, influência, dinheiro, potência ou força.

A perda da estima: inclui a perda da aparência ou da capacidade de realizar, bem como a perda de *status* ou de reputação.

As defesas atuam como amortecedores entre uma perda e nossa mais ampla percepção e aceitação dessa perda. Concedem-nos tempo para nos ajustarmos a uma realidade penosa. Para aceitar uma perda e lidar com a dor precisamos desistir das defesas e sentir essa dor profundamente. Lamentamos uma perda sentindo a mágoa, expressando nosso ressentimento e nosso pesar, aceitando nossa sorte e indo em frente.

Negação: A negação constitui a primeira defesa contra a perda, sobretudo a rejeição, o abandono e a perda do amor. Quando sofremos semelhante perda dizemos: "Não, não pode ser". Essa negação desaparece gradualmente e permitimos que fragmentos da dor se manifestem, à medida que tentamos compreender nossa mágoa.

A negação não é uma defesa sutil. Nós a empregamos para bloquear aquilo que é impensável. Um bom exemplo é quando você descobre que seu parceiro está tendo um caso e você encara a situação como se nada tivesse acontecido. A mágoa está lá, atuando dentro de você, transforma-se em raiva e leva-o a ter medo de perder o controle sobre suas emoções. Como você também está negando a verdade, terá igualmente medo do desconhecido. A negação costuma dar lugar a um reconhecimento dos fatos e, então, lentamente, a dor se instala em nós. Você se sentirá mais triste, porém, mais aberto. Quando a negação tiver passado, você poderá direcionar sua raiva para seu parceiro, em vez de retê-la. Seu medo do desconhecido desaparece.

Embora todos usem a negação para atenuar o golpe de uma grande perda, comumente ela é a defesa mais usada por pessoas dependentes. Elas sentem-se por demais impotentes para lidar com a perda do amor e, assim, negam que isso esteja acontecendo. É o que explica por que alguns parceiros dependentes contemporizarão com ofensas e abusos, em vez de enfrentar a verdade e correrem o risco de tomar uma atitude que poderia resultar em ficarem sós. As pessoas que recorrem à negação não querem ser abandonadas. Elas têm de se dar conta de que precisam ser independentes, devem crescer e se arriscar, caso queiram estabelecer um relacionamento na base da igualdade.

*Desculpa*s: As desculpas abrangem uma ampla categoria de defesas intelectuais. Sempre que racionalizamos, justificamos ou culpamos os outros por nossas ações ou perdas, estamos usando desculpas e medindo uma perda, mais do que sentindo-a. Boa parte das disputas por dinheiro, que caracterizam os divórcios litigiosos, é uma tentativa de expressar a raiva pelo cônjuge, em vez de resolver a própria mágoa. A tristeza e a mágoa ainda procuram se expressar e, para liberar esses sentimentos, os parceiros precisam reconhecer que ainda se importam um com o outro. Infelizmente, esta costuma ser, com freqüência, uma posição por demais vulnerável e, assim, os parceiros ficam muito distanciados de seus sentimentos e de sua humanidade. Não é de surpreender que tantos divórcios sejam cruéis.

As defesas intelectuais são usadas para lidar com a perda do controle. Parceiros controladores são extremamente hábeis e usam desculpas para explicar suas deficiências. Apresentam todos os motivos imagináveis para magoar seus companheiros, porém, não reconhecerão que agiram assim movidos pela raiva. Os parceiros controladores culpam a outra pessoa, em seus relacionamentos. Em vez de assumirem a responsabilidade por suas decepções, são motivados para guardar ressentimentos, agir punitivamente e recorrer a um tratamento silencioso, enquanto alimentam seu ressentimento. Com freqüência, atribuem seu fracassos à falta de apoio ou de encorajamento por parte do parceiro. Sentem que não são reconhecidos, alegam que apenas estão trabalhando pela felicidade de seus parceiros e estão continuando à procura de desculpas que os aliviem da necessidade de serem companheiros e amigos. Essa atitude de auto-importância isola-os e afasta-os ainda mais. Precisam aprender que seu parceiro merece ser perdoado e que é possível que esse parceiro os magoe e, ainda assim, seja uma boa pessoa. Infelizmente, aqueles que recorrem a defesas intelectuais são, geralmente, críticos e acusam seus parceiros de ficarem irracionalmente enraivecidos, por mais que eles os tenham maltratado. Como raramente admitem que estão errados, não podem aceitar que a raiva de seus parceiros faça sentido.

Culpar os outros por sua mágoa sugere que você esteja desprovido de poder. Você só pode administrar os erros que admite ter cometido. Não precisa ser perfeito para ser bom, porém, terá de reconhecer suas deficiências, a fim de poder crescer.

Fingimento: Fingir é a defesa para não lidar com a perda da auto-estima ou do próprio mérito.

As pessoas fingem que não se importam quando querem manter as aparências. Fingindo que não tentaram de verdade ou que não estavam realmente interessadas, procuram evitar qualquer coisa que sugira que não são merecedoras ou suficientemente boas. Ao fingir, elas adiam o julgamento sobre seu desempenho ou sobre seu real valor. Os parceiros fingem que já não amam mais para não ter de lidar com a rejeição. Também fingem que não deram o melhor de si mesmos a fim de evitar o fato de que precisarão encarar seriamente seu fracasso. Dizem coisas do tipo: "Pode pedir desculpas que isso não me importa" ou "E daí? Eu não te amo mais". Ou "Com quem, então, você está tendo um caso? Fico contente em saber que alguém o ache atraente", em vez de enfrentar a mágoa implicada no fato de que não são amados conforme gostariam de ser.

Pode ser muito difícil viver com um parceiro que finge. Quando você pensa que ele irá reconhecer que seus sentimentos foram feridos, ele se afasta e parece não se importar. Quando você lhe diz que ele lhe magoou, encara seu comentário como um ataque.

Seria fácil admitir que você se importaria se soubesse que a outra pessoa se sentia da mesma maneira. Seria fácil acreditar em suas deficiências caso você realmente acreditasse em si mesmo.

Emprego o termo "débito emocional" para descrever qualquer mágoa que foi expressa de maneira incompleta. Sempre que você retém seus sentimentos está em dívida com suas emoções e limitado em sua capacidade de ser livre. As defesas que vigiam seus sentimentos negativos também aprisionam sua espontaneidade. Você receia que, caso se abra, acabará extravasando sua mágoa secreta. No entanto, pequenos fragmentos da mágoa sempre acabam por surgir, como uma conta vencida, relembrando-o de seu débito emocional.

Você precisa liberar-se para viver da melhor maneira possível e como você é. A melhor forma de quitar uma dívida emocional é sempre a mesma: exprima sua mágoa com toda honestidade para a pessoa que provocou sua dor. Quanto menor for o tempo entre sua mágoa e a expressão de sua dor, maior será sua paz de espírito. As discussões diminuirão, serão mais curtas e seu relacionamento será mais amoroso. Quando um dos parceiros se encontra em débito emocional, todo relacionamento está aprisionado.

APRENDER A COMPARTILHAR SENTIMENTOS

Caso seu parceiro seja a pessoa certa para você, aprender a expressar suas emoções fará maravilhas, no sentido de estimular os sentimentos de amor e de espontaneidade. Quando duas pessoas compartilham seus sentimentos, elas constroem a confiança. Quando os parceiros escondem suas emoções, cresce o temor ao desconhecido, criando suspeitas e dúvidas que macularão aquilo que existe de bom entre eles.

Os seguintes exercícios farão fluir a confiança entre você e seu parceiro, aumentarão a intimidade e encorajarão a abertura em seu relacionamento.

EXERCÍCIO 1
Compreender o que sinto

Compreender os outros exige compreender a si mesmo. As defesas que o isolam de seus sentimentos negativos também limitam sua capacidade de identificar-se com os outros. Sua capacidade de sentir empatia por seu parceiro é a medida da profundidade e do significado de seu relacionamento.

O primeiro passo, em se tratando de compartilhar os sentimentos com seu parceiro, consiste em compreender o que você sente e por quê.

Diário dos sentimentos
(Deve ser feito individualmente pelos parceiros)

Durante a próxima semana você e seu parceiro devem levar consigo um caderninho de anotações para nele registrar seus sentimentos. Para realizar este exercício vocês poderão registrar seus sentimentos durante três ou quatro dias, mas uma semana inteira, incluindo o trabalho e os momentos de lazer, lhes dará um quadro mais preciso de sua vida emocional. Ambos devem iniciar no mesmo dia, de tal modo que possam comparar como cada um de vocês reage aos mesmos acontecimentos. O diário ideal inicia-se na segunda-feira. Usem uma página nova para cada dia e toda vez que ocorrer um sentimento positivo ou negativo — sobretudo em relação a seu parceiro ou seu relacionamento, mas também em relação a qualquer coisa que considerem importante — registrem-no em seu caderno. Para todos os registros anotem a data, o dia da semana, a hora e o local. Usem, em seguida, o seguinte guia para identificar seus sentimentos.

Sentimentos negativos:

Medo: Expectativa de perda ou de ofensa.
Mágoa: A tristeza de ser ofendido.
Raiva: Ressentimento por ser ofendido.
Culpa: Raiva de si mesmo ou remorso por magoar outra pessoa.
Depressão: Sentir-se esgotado e sem esperanças.

Reflita sobre cada sentimento que registrar em seu diário:
O que despertou seu sentimento? Um acontecimento? Uma recordação? As ações ou o fracasso nas atitudes de alguém? Seu desempenho? O que você estava fazendo ou o que foi dito quando o sentimento teve início?
Há quanto tempo existe esse sentimento? Ele é velho, novo, recorrente? Ele fez com que você se lembrasse de algo? Do quê?
O que você fez em relação ao sentimento?
O que poderia ter feito? Por que não o fez?
Como foi que você expressou o sentimento? Completamente, parcialmente? Você o conteve? Procurou suprimi-lo, trabalhando? Agrediu

outra pessoa? Bebeu, drogou-se, comeu, fez compras, lidou com o fato, trapaceou ou sentiu pena de si mesmo? Culpou alguém, desculpou a atitude dessas pessoas, negou sua mágoa, fingiu não se importar? Quanto tempo durou esse sentimento? Sentiu-se bloqueado ao exprimir o sentimento? Por quê? Conte tudo a seu diário.

Sentimentos positivos: Você sente amor, felicidade e alegria quando suas reais necessidades são preenchidas honestamente. Ao anotar seus sentimentos positivos no diário, pergunte a si mesmo:

Que necessidades foram preenchidas? Como?
O que poderia ter aumentado sua sensação de prazer?
Alguma coisa interferiu em seu prazer? O que atrapalhou? O que você poderia ter feito em relação a isso?

Analisar os próprios sentimentos

Após completar seu diário, releia as anotações de cada dia, sentimento por sentimento, com a mesma curiosidade com que você teria encontrado a caderneta de anotações de um estranho. À medida que estiver fazendo isso, responda às seguintes perguntas:

Que tipo de pessoa é essa?
O que está perturbando essa pessoa?
Quais são os sentimentos negativos que sempre ocorrem?
Quais são as fontes da dor dessa pessoa?
O que essa pessoa está fazendo em relação às coisas que a magoam?
O que ela gostaria de fazer?
O que a impede?
Essa pessoa está fazendo suficientemente aquilo que o torna feliz? Por que não?

Leve também em consideração o seguinte:

Até que ponto vocês foram sinceros ao registrar o diário?
O que modificaram, omitiram e por quê?
Escrevam à margem o que sentiram realmente, mas não rasurem o comentário original.
Vocês podem perceber algum padrão quanto a essas modificações?
Quando e por que vocês provocam distorções, negando, dando

desculpas ou fingindo?
Repassando seus diários, quanto de sua mágoa ainda não foi expressa?
O que vocês receavam compartilhar?
O que vocês retiveram?

Compartilhar seus diários

Revise seu diário. Em seguida, encontre-se com seu parceiro e façam juntos essa revisão.
Alternem-se, lendo suas anotações em voz alta, um dia por vez. À medida que forem lendo, sintam-se com liberdade para explicar sua experiência ou aprofundá-la. Se houver perguntas a fazer, peça a seu parceiro que se estenda em seu relato. Use as seguintes perguntas como guia:
Que apreensão ou mal-estar você sente ao compartilhar seu diário?
À medida que lêem os diários, a cada dia, como é que vocês se diferenciam, em relação àquilo que sentem e como expressam esse fato, sobretudo, quando compartilham um acontecimento altamente emocional?
Com que rapidez cada um de vocês supera um sentimento? O sentimento persiste e procura se expressar o dia inteiro ou chega ao fim, assim que vocês o admitiram? Existe uma tendência a exagerar, minimizar uma situação, não se importar com um problema ou ignorá-lo?
Quando você tem um dia negativo, qual é o sentimento que predomina? Qual é a abertura de cada um de vocês, no sentido de reconhecer a mágoa, a raiva, a responsabilidade e o arrependimento? Vocês guardam rancor um do outro, ficam em silêncio, agem com extrema susceptibilidade ou sentem pena de si mesmos?
Depois de relerem juntos seus diários, cada parceiro deverá compartilhar sua compreensão daquilo que magoa o outro e procurará corrigir quaisquer mal-entendidos ou distorções que ainda existam.
Lembrem-se: o objetivo é conhecer um ao outro, ao tomar conhecimento do que cada um de vocês sente.

Temas dolorosos

Sentimentos não resolvidos: Em seu relacionamento existem sentimentos não-resolvidos ou inibidos?
Sentimentos inibidos tornam-se responsáveis silenciosos de atitudes negativas. Como os acontecimentos que provocaram tais sentimentos são freqüentemente remotos, essas atitudes parecem irracionais. Elas complicam nossa compreensão dos fatos presentes. As pessoas so-

frem com essas mágoas passadas, pois não acreditam suficientemente em si mesmas para serem abertas. Se por acaso seu receio de ferir seu parceiro o impedir de ser honesto, você estará dando maior importância aos sentimentos de seu parceiro do que aos seus; este é um alto preço a ser pago pela paz. Se você ou seu parceiro inibirem a discussão de qualquer tema, o relacionamento de vocês é restritivo e ambos correm o risco de deflagrar uma guerra pelo simples fato de serem abertos.

Tabus: Em seu relacionamento há assuntos que você não pode mencionar? O que acontece quando você fala a respeito delas? A maior parte desses tabus é unilateral. A submissão é reforçada pela intimidação. Um parceiro age de modo irracional, explosivo ou revida sempre que determinado tema é levantado. O tabu exige que você compartilhe com seu parceiro o ato de evitar um tema que ele percebe como algo ameaçador, mesmo que você não compartilhe sua insegurança.

Tentar reforçar um tabu é uma tática perigosa, pois compromete o direito do parceiro de ser ele mesmo. Tal restrição à liberdade é uma questão muito mais importante do que qualquer assunto que você esteja tentando evitar, pois enfraquece o relacionamento.

Eis alguns temas sujeitos a tabus:

Evitar reconhecer que um amigo, pais ou filho têm problemas. É assunto delicado, sobretudo, quando o filho nasceu de um casamento anterior.

Recusar-se a admitir que foi ofendido, como forma de evitar o confronto com os outros ou testar quanto a outra pessoa realmente se importa com você.

Evitar admitir que está sendo usado ou manipulado em um relacionamento.

Discutir ou admitir o comportamento viciado do parceiro, o uso excessivo de drogas ou de álcool, compulsão pelo jogo, pela comida e por fazer compras.

Problemas financeiros, inclusive a recusa em aceitar a responsabilidade pelo fracasso nesse campo, sobretudo quando a força de um parceiro, no relacionamento, depende disso.

Instabilidade emocional.

Limpeza e higiene.

Sexo.

Ao discutirem seus diários, levem em consideração as emoções e os temas que você e seu parceiro tentam evitar. Isso é importante, pois revelam suas vulnerabilidades. Em seguida, façam um ao outro as seguintes perguntas:

Por que você receia expressar abertamente seus sentimentos positivos ou negativos em relação a qualquer tema?
Como isso afeta o modo como você se sente em relação a mim?
E em relação a si mesmo?
Por que você tolera tal evitação?

EXERCÍCIO 2
Compartilhar suas preocupações e seu afeto

O que os faz viverem juntos, se vocês desconhecem o que os preocupa? É fácil interpretar equivocadamente um sentimento quando você não conhece sua fonte. Quando um tema é tabu, a frustração criada irá se expressar em outra instância, distorcendo os sentimentos e fazendo com que as outras mágoas pareçam exageradas. Este exercício tem por finalidade torná-los conscientes de tais distorções, de tal modo que vocês consigam resolver mais diretamente os problemas subjacentes.

Cada parceiro deverá fazer uma lista de todos os problemas que lhe ocorram ou que provoquem mal-estar, tenham eles origem no relacionamento do casal ou em outras instâncias. Escrevam cada problema em uma ficha separada e reservem um momento para se encontrarem e compartilharem o que foi anotado. Cada um de vocês deverá organizar suas fichas em ordem de importância, colocando-as em duas colunas: a dele e a dela.

Comece pela primeira ficha, em sua coluna, e faça um revezamento (uma ficha por vez), explicando a seu parceiro qual é a dor ou a perda que cada problema provoca em você. Diga por que cada questão é importante e o que ela significa. Compartilhe os sentimentos que você experimenta, mesmo que eles lhe pareçam pouco importantes ou triviais. Se você tem sentimentos que não exprimiu antes, diga por que os conteve. Indique, em seguida, o que gostaria que seu parceiro fizesse em relação a esse problema.

Quando chegar sua vez de ouvir, não discuta ou refute. Se, por acaso, seu parceiro disser que um determinado tema é doloroso, aceite esse fato sem fazer perguntas. Ouça e indique que você compreende. Caso contrário, peça explicações. Após tê-lo ouvido, diga o que você pode fazer para ajudar a melhorar a situação.

Proceda dessa maneira com todas as fichas. Em seguida, cada um de vocês deve reservar alguns minutos para resumir aquilo que sabem sobre o parceiro, de que ainda não tinham se dado conta. O que mais preocupa seu parceiro? O que isso lhe revela, em relação a ele? Que preocupações você compartilha? O que está disposto a fazer para atenuar a mágoa de seu parceiro? Como poderão resolver as preocupações que os perturbam?

Esclarecer o problema é parte da solução

Bert e Carol estavam se afastando um do outro. Bert parecia mais envolvido com seu trabalho e Carol vivia se queixando. Ambos completaram o exercício acima e eis suas colocações.

Lista de Bert:

Ela gasta dinheiro desnecessariamente.
Está sempre cansada demais para fazer amor.
Jamais ouve meus problemas.
Estou preocupado com as demissões em meu departamento.
Atrasei o pagamento dos impostos.
A mãe dela ainda causa problemas.
O patrão não tem consciência do quanto contribuo.
Será que tenho necessidade de aprender computação?
De vez em quando quero começar tudo de novo, ser só, não ter responsabilidades.
Ela é ocupada demais para cozinhar.
Preciso de férias de verdade.
Preencher estas fichas me deprime. Gostaria de ser como éramos.
Precisamos de mais tempo juntos.
Todos os encargos financeiros recaem sobre mim. Preciso da ajuda dela.
Ela nunca pergunta como me sinto.

Lista de Carol:

Precisamos de um alarme contra ladrões!
O quarto do bebê precisa ser calafetado.
A janela da sala não abre.
A coifa da cozinha precisa ser consertada.
Ele está ocupado demais para conversar.
Ele me solicita demais, no plano sexual.
Sinto-me inferior a minhas amigas.
Odeio trabalhar em turno parcial. Acho isso um tédio.
Minha contribuição em casa não é reconhecida.
Conto com pouca ajuda nas tarefas caseiras.
Minha mãe é sempre negativa e procura defeitos em mim.
Meu carro é uma lata velha.
Quero mais romance.
Nós raramente saímos.
Ele assiste demais à televisão.

Após compartilharem as listas, Bert e Carol ficaram surpresos ao descobrir quantas queixas suas tinham a mesma origem. Eles se deram conta de que esperavam que o outro parceiro lesse seus pensamentos. Bert constatou que Carol sentia-se insegura e que ele não a levava suficientemente a sério. Carol ficou surpresa ao notar que Bert era inseguro em relação a si mesmo e que ela poderia oferecer uma contribuição positiva à vida dele, organizando melhor as finanças da casa. Carol decidiu procurar um emprego melhor e Bert resolveu tirar vantagem do programa educacional da empresa onde trabalhava, aumentando sua capacidade e atenuando sua ansiedade em relação ao sucesso. Decidiram, também, passar mais tempo juntos. As mudanças que fizeram foram pouco dolorosas e positivas, e seu relacionamento se fortaleceu.

Examinar seus problemas e compartilhá-los com seu parceiro produz resultados muito positivos. Às vezes, o óbvio é mais difícil de se ver. No entanto, ao resolver o problema, não prometa fazer o que quer que seja que você não deseja fazer. Não retenha nada, devido unicamente ao despeito. Seja tão generoso quanto puder, mas dê sem qualquer expectativa de obter qualquer coisa em troca.

É importante que vocês compreendam a dor que cada um sente e o que estão dispostos a fazer, na tentativa de resolver cada problema que se apresente. A aceitação da realidade proporciona muito reconforto. Se vocês conhecerem os limites da capacidade de doação de cada um, então terão as melhores chances de chegar a uma solução que funcione e persista. É necessário ter um quadro bem claro do que pode ou não ser mudado, de tal modo que vocês possam tomar decisões baseadas naquilo que é real. É muito melhor saber que você está sozinho e tem de resolver um problema por seus próprios meios, do que ficar continuamente decepcionado quando a ajuda esperada não vem. Pelo menos, quando sabe que tudo depende de você, poderá motivar-se e fazer aquilo que é necessário. As soluções que apresentam a maior possibilidade de falhar são aquelas concessões insinceras que são feitas com o intuito de apaziguar ou manipular um parceiro, só para silenciar suas queixas. Compreenda esse fato e aceite-o.

Nota: O Exercício 2 pode ser repetido tantas vezes quantas vocês quiserem. Ele também pode ser usado para avaliar todos os lados positivos de seu relacionamento. Basta apenas fazer uma lista dos traços, ações ou ajuda que você aprecia, compartilhando-a da mesma maneira.

EXERCÍCIO 3
As conseqüências de uma discussão

Este exercício objetiva ajudá-los a compreender com maiores detalhes como cada um de vocês reage após um desentendimento. Se vocês tiverem consciência do efeito emocional que exercem um sobre o outro, terão maior clareza quando discordarem e, provavelmente, não se magoarão desnecessariamente.

Façam um acordo prévio; assim, da próxima vez que discutirem, ambos manterão um diário, registrando seus sentimentos pelo menos por um dia, revendo-os juntos, mais tarde.

Mapeando a ofensa

Quando vocês entrarem em conflito, sigam as orientações do Exercício 1, à p. 72, a fim de registrarem suas respostas em um diário. Não deixem de anotar a hora do dia e indiquem quanto durou sua reação emocional. Além disso, façam anotações para cada uma das seguintes reações:

Sempre que pensou na outra pessoa, indique o que sentiu ou o que desejava.

Quando teve remorsos, descreva com detalhes o que mais lamentou.

Faça anotações quando reagir à agressão ou sempre que se considerar quites com seu parceiro.

Faça anotações toda vez que discutiu o problema com a outra pessoa. Indique o que disse, e a quem. Os detalhes não são tão importantes quanto à colocação que você estava querendo fazer. O que você estava procurando: solidariedade, compreensão, reconforto, apoio à sua posição? O ato de compartilhar foi de alguma ajuda?

Anote sempre que sentir-se desencorajado.

Inclua aqueles momentos em que você voltou a ter pensamentos românticos em relação a seu parceiro. Algumas vezes, as pessoas tornam-se mais erotizadas após uma discussão, sobretudo se uma emoção foi desbloqueada. No entanto, o sexo também pode ser usado para manipular. Às vezes, os parceiros que desejam pôr um ponto final nas hostilidades tentam repará-las no plano erótico, antes de chegarem a um verdadeiro entendimento. Isso os tranqüiliza, no sentido de que o amor ainda se encontra presente. Mesmo que isso ocorra, vocês ainda terão de resolver o desentendimento.

Compartilhem também as manifestações de evitação, tais como o desejo de fugir, de procurar um antigo amor, de viver sozinho.

Indique toda vez que sua linha de pensamento for interrompida, bem como seu trabalho e sempre que se tornar irritado ou amuado por estar preocupado com o desentendimento. Certifique-se de que você não está exagerando a mágoa para fazer com que seu parceiro se sinta culpado.

Estime o tempo que durou o conflito, no contexto das vinte e quatro horas abrangidas pelo diário.

Rever os danos

Compartilhe seu diário com seu parceiro, no dia seguinte, após um desentendimento sério. Leiam seus diários um para o outro, sem interrupções. Quando acabarem, alternem-se, respondendo às seguintes perguntas:

Você ficou surpreso pelo modo com o qual reagiu? E como reagiu seu parceiro?
Ainda está se sentindo magoada?
Existe alguma queixa?
Você ainda está negando sua dor, apresentando desculpas para suas ações ou fingindo que não se importa?
Que nova compreensão o diário de seu parceiro lhe proporcionou?
O que você aprendeu sobre o estilo de seu parceiro em lidar com os problemas?
Existe ainda alguma questão que seu parceiro não compreendeu, no que se refere à sua reação? Esclareça-a agora.
Qual é o comportamento irracional que, agora, você consegue admitir? Que concessões pode fazer?
O que seu parceiro lhe disse, especificamente, que desencadeou sua raiva?
O que você poderia ter feito para diminuir seu sofrimento ou o de seu parceiro (poderia ter telefonado, dizer que sentia muito, reconhecer algo que negou anteriormente? O que o impediu de agir assim? Se você for como todos nós, o motivo pelo qual não fez um gesto de reconforto deve-se ao fato de ainda estar magoado)?

Vocês precisam assumir que ainda se amam. Se você souber que seu parceiro está sofrendo e que sente dificuldade em expressar seus sentimentos, leve em consideração o impacto que um telefonema, uma palavra gentil ou um abraço exercerão, no sentido de aliviar a tensão. Demonstre que você acredita no amor e que isso lhe importa o suficiente para continuar mantendo contato. Muitas vezes isso é o suficiente para ajudar a resolver as discordâncias entre vocês e para voltar a estabilizar seu relacionamento.

Lembrem-se de que, embora nenhum parceiro possa saber tudo aquilo que o outro sente ou pensa, a lacuna, em se tratando dessa compreensão, define a distância que existe entre ambos. Preencher tal lacuna por meio da confiança e do compartilhar é o objetivo correto de ambos os parceiros e a fonte de um crescente amor.

PERMITA QUE SEU DIÁRIO DÊ UM SENTIDO À SUA VIDA

Glen, filho de Christopher, havia abandonado os estudos no colegial, fazia alguns serviços, ocasionalmente, mas, a maior parte do tempo ficava em casa. Ao se divorciar, Christopher sentiu-se culpado por separar-se do filho. Assim, tentando reparar o efeito perturbador que o divórcio exercera sobre o filho, Christopher resolveu recebê-lo, de braços abertos, em seu novo lar. Embora Glen fosse um rapaz meigo e encantador, era também preguiçoso e usava o sentimento de culpa de seu pai para manipulá-lo, conseguindo que ele lhe desse um carro e um caro equipamento de som. Glen passava a maior parte do dia trancado no quarto, com o som no mais alto volume. Sua vida estava parada.

Após uma discussão acalorada, durante a qual Jessica, que era como uma segunda mãe para Glen, ameaçou ir embora, Christopher concordou que quando o rapaz completasse 21 anos, deveria estar se sustentando. Concordou também em prevenir Glen, de tal modo que ele pudesse arranjar um apartamento e tomar providências para dar início a uma vida própria. Daí a várias semanas, durante o café da manhã, Christopher, inocentemente, pediu a Jessica sugestões para comemorarem o aniversário de Glen. Ela perguntou como iam as coisas com o rapaz. Nenhum progresso fora realizado até então. Christopher tornou-se defensivo. Jessica sentiu-se derrotada e acusou-o de estar agindo com má-fé, traindo sua confiança. Ela retirou-se de casa após uma discussão que durou meia hora e estragou o dia de ambos.

Diário de Jessica:

8h45 — Vou à toda no trânsito. Ultrapassei dois carros. Peguei o caminho errado, no próximo cruzamento, e notei que estava seguindo em direção errada a caminho do trabalho. Parei em um posto para abastecer o carro e pôr ordem em meus pensamentos. Christopher é um boboca, sem personalidade e merece morar com o vagabundo de seu filho. O atendente do posto disse-me que um dos pneus da frente está um tanto gasto. Ele tem apenas 19 anos. Por que Glen não vai trabalhar em um posto de gasolina?

10h30 — Cheguei atrasada ao escritório e as coisas não estão dando certo em meu trabalho. Chris não me leva a sério. Por que estou nesse relacionamento? Por que Chris está papariciando Glen?

11h45 — Sinto muita pena de Glen. Na realidade, ele não tem muita coisa a seu favor.

12h30 — Almoço com um cliente. Queixa-se do comportamento de seus dois filhos. Não posso comparar Glen com outros garotos. Quero apenas que ele se sustente. Não fui muito eficiente durante o almoço e deixei que apenas o cliente falasse. Ele, provavelmente, nem notou.

1h45-15 h — Esqueci-me de telefonar para D. F. Bender Inc., sobre a renovação de um contrato. Que belo modelo de eficiência estou sendo hoje! Estou correndo para recuperar o tempo perdido... Parece que não consigo me envolver com o que faço.

Será que Christopher me ama, de fato?

16-17 h — Recusei duas sugestões perfeitas que um de meus funcionários me fez. Eu não sou desse jeito. Se continuar agindo assim, acabarei sendo considerada a bruxa do escritório.

Estou com tanta raiva!

17h30 — Perdi a paciência com Ema por ela ter arquivado uma pasta no lugar errado. Disse-lhe que ela "só atrapalhava". Pedi desculpas. Sei que esse comentário se referia a Chris!

18-19 h — Sinto-me infeliz ao voltar para casa. Não quero ir para casa hoje.

Diário de Christopher:

8h30-10 h — Laparatomia exploratória, praticada em uma mulher branca, obesa, de 54 anos, revelou a existência de cálculos no conduto biliar.

A cirurgia levou o dobro do tempo habitual e toda minha agenda se atrasou. Passei a manhã inteira no consultório aturando reclamações dos pacientes e de minhas duas enfermeiras. Sinto que todo mundo está implicando comigo.

Estou zangado. Tento fazer o que há de melhor por todo mundo e se acho que Glen precisa de um pouco mais de tempo, por que, então, não posso ter o direito de tomar uma decisão? Eu pago as contas e, portanto, devo dar um palpite sobre o que acontece nesta casa!

12 h — Cancelei o almoço com Ed Marcus, meu colega de profissão. Só faltava o patologista do hospital me dizer o que há de errado com minha técnica! Como no consultório, para recuperar o tempo perdido. Examino o prospecto de uma agência de turismo, sobre uma convenção de cirurgia na Grécia. Talvez eu devesse ir sozinho. Não quero viajar sozinho.

15 h — Localizei um tumor de uns dois centímetros de comprimento no exame retal que fiz em Genevieve, mulher de Calvin, meu melhor amigo. É duro como um câncer. Telefonei para ele e marquei uma série de exames para ela. Provavelmente, deveria tê-la encaminhado a um colega. Nestes últimos seis meses ela tem estado com péssima aparência, abatida, lívida. Por que fui escolher esta especialidade?

17 h — Perdi a paciência com um estudante de medicina incrivelmente preguiçoso, que está dando plantão. Mas de onde é que está surgindo essa garotada? É uma verdadeira escória! Será que ele não se dá conta de que estudar na faculdade de medicina é um privilégio?

Comecei a pensar em Glen e em sua preguiça... Talvez eu tenha sido duro demais com o estudante de medicina.

18h30 — Parado no trânsito, atrás do carro de um garoto que parece estar quase desmaiando ao volante. É bem provável que ele tenha tomado alguma droga. Buzinei, mas um outro motorista fez cara feia para mim! O que está me deixando tão impaciente?

Talvez eu esteja irritado com Glen.

Talvez Jessica tenha razão.

Não sei, apenas quero que isso dê certo.

Por que tenho de ser sempre o durão?

Por que Jessica censura isso em mim?

Gostaria que Glen saísse de casa por sua livre e espontânea vontade. Não quero rejeitá-lo, como o fez a mãe dele.

Sinto-me dilacerado. Tenho de fazer o que quero, mas o quê?

Quero que Jessica me ame e deixe-me tomar minhas próprias decisões.

E quero que Glen saia de casa.

E não é que ela está com a razão?

UMA DECLARAÇÃO DE DIREITOS EMOCIONAL

Cada parceiro tem o direito de expressar o que sente ou pensa.

Cada parceiro tem o direito de dizer a verdade.

Cada parceiro tem o direito de que confiem e acreditem nele.

Cada parceiro tem o direito de ser ouvido e compreendido.

Cada parceiro tem o direito de admitir sua fraqueza, sem ser ridicularizado.

Cada parceiro tem o direito de expressar suas necessidades, desejos e de ser levado a sério.

Cada parceiro tem o direito de ser ouvido no contexto do momento, sem que lhe joguem na cara aquilo que passou.

Cada parceiro tem o direito de crescer.

Cada parceiro tem o direito de procurar ajuda, amizade e apoio.

Cada parceiro tem o direito de ser perdoado.

CAPÍTULO CINCO

ELIMINAR A DISTÂNCIA ENTRE NÓS DOIS

De que vale um relacionamento, se vocês não se sentem próximos um do outro?

Existirá algo mais doloroso do que sentir um abismo entre você e a pessoa a quem ama? Quando você está separado da pessoa amada sente-se como se estivesse separado de uma parte amorosa de si mesmo. Quando uma mágoa não resolvida o distancia de seu parceiro, ela também o separa daquilo que existe de melhor em você.

Incentivamos tal distanciamento quando sentimos medo, quando não conseguimos reconhecer nossos erros, quando não nos sentimos amados ou merecedores de amor, quando sentimos que não conseguimos perdoar, quando não queremos perdoar. Usamos a distância como um fosso que nos proteja da dor, mas acabamos nos isolando do amor de que necessitamos.

QUANDO NOS SENTIMOS DISTANTES

Quando algo, por menor que seja, se interpõe entre nós e a pessoa amada, lamentamos a perda da proximidade que tivemos outrora. Já não nos sentimos mais livres para dialogar, compartilhar ou amar. Nosso desejo de proximidade apenas serve para provocar uma dor ainda maior. Desprezamos a distância que passou a existir entre nós. Odiamos não amar e não sermos amados. Queremos abandonar nossa dor, ainda que, para fazê-lo, tenhamos de desistir de nosso amor.

Abrimos um processo contra o amor. Aquele mesmo amor que outrora reverenciamos por sua perfeição, agora rejeitamos por suas falhas. Tentamos reduzir nosso investimento e limitar nosso envolvimento, deixando de lado a crença um no outro. Infelizmente, a abertura que abandonamos, em nosso relacionamento, será mantida em relação a todos os demais aspectos de nossa vida. Tornamo-nos preocupados e temos dificuldade de concentração no trabalho. Nosso acesso às idéias criativas e aos sentimentos positivos diminui e começamos a nos sentir mal em relação a nós mesmos. A lembrança de sempre estarmos amando se atenua. Sentimo-nos trapaceados, exauridos. O mundo parece neutro e desprovido de magia. A única coisa em que conseguimos pensar é no amor que nos falta.

A abertura que um dia criou em torno de nós uma sensação de espanto e admiração, não mais existe. Sentimo-nos desencorajados e cínicos em relação ao amor. Preferimos ficar sozinhos a tentar nos convencer de que não amamos aquela pessoa. A única coisa que desejamos é voltar a ser íntimos.

Estar juntos — é disso que trata o amor.

APRENDER A SER VULNERÁVEL

A proximidade depende da vulnerabilidade. Você se sente vulnerável a outra pessoa quando confia em que ela não o magoará. Somente quando você se sente seguro é que poderá desenvolver a confiança. Sua capacidade de confiar é limitada por sua capacidade de perdoar, de compartilhar seus sentimentos e de deixar suas mágoas de lado.

Ser vulnerável significa estar aberto a todos os sentimentos. Por mais que você ame a outra pessoa, não poderá prometer que jamais a magoará, nem poderá ter a certeza de que ela não voltará a magoá-lo. O melhor que você pode esperar é que, uma vez que seu parceiro conheça suas fraquezas, ele não o magoará intencionalmente.

Nos melhores relacionamentos, os parceiros trabalham continuamente para se tornarem o mais abertos possível. Ninguém gosta de ouvir que magoou o parceiro ou que fez algo errado. Aprender a ouvir abertamente todas as mágoas e raivas de seu parceiro é a melhor maneira de construir e preservar a proximidade entre vocês. Se, quando até mesmo obviamente provocado, você consegue permanecer distanciado e simplesmente solicita a seu parceiro que revele a mágoa que está por trás de sua raiva, não apenas manterá sua vulnerabilidade, mas também converterá um conflito potencial em uma oportunidade de se doar.

Aprender a ser vulnerável, até mesmo diante de uma hostilidade declarada, é a melhor das proteções. É uma maneira eficiente de reconstruir a proximidade. Permita que seu parceiro exprima suas emoções, sem encará-las pessoalmente e sem julgá-lo. Para isso, ouça com isenção e admita, imediatamente, qualquer mágoa que tenha provocado. Diga que sente muito que ele esteja magoado e que gostaria que ele tivesse comunicado o fato mais cedo. Pergunte em seguida a seu parceiro por que ele permitiu que seus sentimentos crescessem fora de proporção. Diga-lhe que reter os sentimentos cria uma distância e isso não é justo para nenhum de vocês.

Ser vulnerável significa estar aberto, quando se trata de compartilhar sua dor.

POR QUE É DIFÍCIL SER VULNERÁVEL

Se você se sente ameaçada por seu parceiro, é pouco provável que vocês possam ser vulneráveis juntos. Você se sente ameaçado quando se sente inseguro em relação a si mesmo; a responsabilidade de sentir-se bem é sempre sua. No entanto, se seu parceiro usar o conhecimento que obteve através da intimidade entre vocês para jogar com sua fraqueza, seu senso de segurança estará minado. Você receará ser agredido, rejeitado ou iludido; e essas são, todas elas, boas razões para sentir-se ameaçado.

A probabilidade de você se afastar de seu parceiro quando ele está triste é maior do que quando estiver hostil. A tristeza é menos ameaçadora do que a raiva. A depressão, entretanto, provoca dor. Como a depressão é um estado de fechamento, no qual a raiva está sendo contida, ela aliena o sofredor de si mesmo e de seu parceiro. Você também ficará enraivecido com alguém deprimido, porque isso diminui a pessoa a quem você ama.

Você pode tolerar e testemunhar uma grande quantidade de sofrimento, em se tratando da dor em outra pessoa caso ela seja aberta, mas sua tolerância diminuirá bastante se ela for uma pessoa fechada. Você poderá ser vulnerável expressando o que sente, aceitando a si mesmo e confiando no apoio que recebe em seu relacionamento.

O que o impede de abrir seu coração? Você é como a maior parte das pessoas. Teme a rejeição ou não ser levado a sério. Receia descobrir que seu parceiro não se importa com seus sentimentos ou que tem medo de iniciar uma discussão. Receia ser magoado; até mesmo as pessoas abertas se retraem após serem magoadas. A mágoa destrói a confiança. A função da mágoa é nos ensinar aquilo que é seguro. Aceitar que nosso parceiro possa nos magoar é o primeiro passo no sentido de construir uma confiança autêntica.

Paradoxalmente, apenas quando você não sentir necessidade de seu parceiro é que poderá confiar completamente nele e aceitá-lo. Quando você puder aceitar as deficiências de seu parceiro, conseguirá aceitar plenamente o que há de bom nele. Somente quando tiver consciência daquilo em que não pode confiar em seu parceiro é que terá condições de saber em que acredita.

Todos os relacionamentos passam por provações nas quais a confiança é testada. Não se desespere sempre que seu relacionamento passar por momentos difíceis, mas encare-os como uma oportunidade de aceitar e acertar as diferenças existentes entre vocês. Movido pelo desespero, você poderá concordar com qualquer coisa, só para fazer as pazes e convencer alguém a não abandoná-lo, porém, não conseguirá cumprir qualquer promessa que não seja a de ser autêntico em relação a si mesmo.

Se seu relacionamento merece alguma confiança, ele deve refletir sua força e suas fraquezas. Vocês precisam criar um espaço no qual cada um possa sentir-se à vontade, do jeito que cada um é. Vocês merecem ser amados por aquilo que são e somente conseguirão amar outra pessoa por aquilo que ela é. Não se pode amar uma promessa. O verdadeiro amor sempre está baseado na realidade.

COM QUEM VOCÊ PODE SER ABERTO?

Você só poderá ser aberto com um parceiro que não tirar vantagens dos segredos que você revelar, que não for desconfiado e tentar provar que você está errado. É difícil ser autêntico com alguém que tem uma idéia preconcebida de como você é, foi ou deve ser. Você sempre estaria se desculpando e se explicando. Seu parceiro não poderá aceitar seu crescimento caso ele mesmo não tenha crescido. Os relacionamentos íntimos são os mais dolorosos, pois quando você não tem autoconfiança poderá sentir-se desmoralizado e esgotado.

O RISCO DE SER ABERTO

Quando Richard sugeriu a Adrian que se mudassem de sua pequena comunidade rural para uma grande cidade, ela, inicialmente, demonstrou certa relutância, mas a idéia de voltar para a faculdade e obter um diploma de assistente social a motivou. Richard sempre soube negociar e, ao argumentar em favor dos benefícios que poderiam obter, acabava sempre sendo bem-sucedido em seu casamento. Assim que ele apresentou sua sugestão, Adrian estava convencida de que se mudariam para que ela pudesse retomar sua carreira. Convenceu-se também de que Richard estava desistindo de muita coisa só para lhe dar uma oportunidade.

Adrian não se sentia à vontade diante do que foi combinado, mas não conseguia explicar o que a incomodava. Preocupava-se em desistir de um sistema de apoio que levara a vida toda para desenvolver, que compensava suas deficiências no relacionamento com Richard e tornava-se desnecessário discutir com ele suas necessidades. Aquilo que ela não conseguia dele, um amigo ou um parente lhe proporcionavam. Tinha certos receios de depender apenas de Richard, mas não conseguia expressá-los.

Mudaram-se para um apartamento que Richard havia adquirido, em uma visita anterior à cidade. De imediato, ela sentiu-se incomodada. As duas crianças foram forçadas a dividir o mesmo quarto e as brigas entre elas aumentaram. A cidade parecia ameaçadora e restritiva. Adrian estava acostumada a grandes espaços abertos e a ir aonde quer que desejasse. Agora, preocupava-se com o crime, a violência, o tráfego e a poluição, além do que temia que os cursos que estava seguindo se situassem acima de sua capacidade. Para piorar a situação, era também difícil encontrar uma creche onde as crianças pudessem passar o dia.

Richard a convencera da mudança prometendo que a vida seria melhor e que seu novo emprego lhes traria mais dinheiro e oportunidades. Era, de fato, um emprego melhor, mas o preocupava e ele parecia ter menos consciência dos sentimentos de Adrian do que antes. Ele também ignorou sua promessa de ajudar mais em casa, dificultando assim, para Adrian, sentir-se mais à vontade e poder freqüentar a faculdade. Ela sentiu-se mais solitária do que nunca em seu casamento.

Como a creche que encontraram para as crianças não correspondeu àquilo que ela esperava, ir para a faculdade, a cada manhã, era algo que a dilacerava. As crianças suplicavam para não serem deixadas na creche. Adrian não conseguia concentrar-se e achava que não estava sendo uma boa mãe. Todos esses fatos acabaram prejudicando suas notas e a crença em sua capacidade desmoronou. Como Adrian acreditava que sua formação profissional havia sido o fator decisivo da mudança, sentia-se culpada por tudo o que estava acontecendo com sua família. Tentou disfarçar sua decepção, receosa de que Richard a censurasse por ser infeliz, especialmente após todos os sacrifícios que ele havia feito tendo em vista a carreira dela. Richard, porém, sequer notou que ela estava infeliz.

Quanto mais infeliz se sentia, mais Adrian tentava esconder seus sentimentos. Culpava-se por tudo o que havia de errado entre eles e desculpava-se por viver choramingando. Richard dizia que ela não deveria preocupar-se com o fato de interferir em sua carreira, pois ela estava indo bem. Tranqüilizou-a, dizendo que ela deveria concentrar-se unicamente na faculdade. Sequer perguntou o que a estava perturbando.

Depois que uma das crianças teve um entorse no tornozelo, enquanto Adrian estava na faculdade, ela ficou cheia de culpa e raiva. Desesperada, Adrian tomou um vidro de aspirina, na tentativa de chamar a atenção para sua dor. Com uma calma que parecia não se abalar com nada, Richard enfrentou esse gesto suicida da melhor maneira possível. Tranqüilizou Adrian, garantindo-lhe que não precisava sentir-se mal em relação ao que havia feito. Afinal, ele e as crianças não ficaram magoados. Ainda assim, ela passava o tempo todo se desculpando por ter feito uma coisa tão estúpida e, ao mesmo tempo, constrangendo e aborrecendo Richard.

Durante todo seu casamento Adrian receara correr o risco de ser vulnerável e de dizer a Richard como se sentia realmente. Conteve sua decepção em relação à mudança e disfarçou a raiva que sentia dele pelo fato de ele não prestar suficiente atenção nela. Acima de tudo, sentia raiva porque ele só se preocupava consigo mesmo. Richard tentava fazer parecer que ela era egoísta e que ele era o marido que vinha sofrendo há muito tempo. Como Adrian não confiava no amor de Richard, boa parte de sua auto-agressão era uma tentativa de testar indiretamente o quanto ele se importava com ela.

Adrian ainda não havia aprendido a ser vulnerável. Sentia que não podia confiar em Richard e não podia correr o risco de saber a verdade. Quando procurou minha ajuda, assinalei que ela havia sido magoada por Richard, que precisava abrir-se e dizer-lhe como se sentia. Ela não tinha certeza de que conseguiria, mas tentaria. Enfrentou Richard, ficou com raiva dele e explicou sua dor. Para sua grande surpresa, descobriu que Richard se importava, sim, mas isso não foi tão importante quanto o alívio que experimentou pelo fato de se abrir e de dar-se conta de que não era louca. Embora estivesse declaradamente zangada, sentiu-se mais próxima de Richard e capaz de lidar com ele em nível de igualdade. Embora ficasse pasmo com as acusações de Adrian, Richard foi capaz de atender às necessidades dela e de reconhecer como a havia manipulado, graças à fraqueza dela. Adrian e Richard começaram a aprender a confiar um no outro.

Você só conseguirá ser aberta com um parceiro que procure o que há de melhor em você. O que existe de melhor em nós não é perfeito, mas é perfeitamente consciente de seus próprios defeitos. Esta é a essência de uma personalidade que evolui. Quanto mais sensato se fica, mais disposições temos de reconhecer nossas deficiências. Quando você admitiu suas fraquezas, elas não mais bloquearão seu crescimento. Quando você não tiver necessidade de ocultar seus defeitos, você conseguirá perceber a si e aos outros como realmente são.

Seu relacionamento deveria ser um espaço seguro para reconhecer suas deficiências. Superar suas desonestidades, juntos, é o primeiro passo no sentido de maior abertura. Atacar o outro e tentar forçar uma confissão de fraquezas ou de maus procedimentos só serve para piorar a situação. Você precisa deixar seu parceiro saber que só consegue enxergar um eu bem melhor dentro dele, ao dirigir-se a esse mesmo eu.

É fácil demais ser negativa. Você poderá identificar-se com sua mágoa e com sua crença de que está sendo enganada. Poderá concentrar-se na questão de quão pouco está recebendo ou de como teria se saído muito melhor com outra pessoa. Pode se queixar, acusar e diminuir seu parceiro, mas, ao agir assim, você poderá estar passando por cima da percepção de que cada crise apresenta uma oportunidade. Antes de seguir o caminho da culpa e da recriminação, você deve dirigir si mesmo àquilo que existe de melhor em seu parceiro, ajudando-o a trazer isso para fora. Acredite que ainda existe algo de bom entre vocês e atue no sentido de protegê-lo.

SUPERAR A DÚVIDA EM RELAÇÃO A SI MESMO

Quando não acreditamos em nós, esquecemos que somos bons. Sentimos que dar o melhor de nós mesmos é um trabalho excessivo. Não queremos assumir responsabilidades, apenas desejamos ser salvos ou então queremos escapar. Acreditamos que nada merecemos e que somos um caso perdido. Nosso raciocínio e nosso julgamento são distorcidos e preconceituosos. Sentimo-nos pessimistas em relação a tudo. Podemos afirmar, da boca para fora, que podemos ser melhores, porém, nossas ações negam essa intenção.

A maior parte das pessoas padece de lapsos breves e ocasionais quanto à crença em si mesmas, mas períodos mais prolongados também são comuns. Quanto mais uma pessoa se desafia, mais ela se descobre deficiente. Uma vida plena de crescimento e risco também é cheia de excitação e de questionamentos. À medida que você luta para ser melhor, torna-se mais disposto a assumir responsabilidade por sua própria pessoa. Ainda assim, ninguém está imune à dúvida quanto a si mesmo. Somente quando há proximidade entre nós e não compartilhamos nossas dúvidas é que permitimos que elas criem um mundo negativo em torno de nós. Repelimos os outros, encontramos falhas em seus comentários solidários e solapamos sua capacidade de dar. Insistimos que não prestamos e que é inútil tentarmos.

De vez em quando, todo parceiro padece de dúvidas em relação a si mesmo. O melhor é não ficar alarmado com seu parceiro nesses momentos, mas fazer-lhe ver todo o bem que ele praticou e que tais episódios fazem parte do crescimento. Lembre também a seu parceiro que ele sempre tem uma escolha: duvidar ou acreditar em si mesmo.

PROCURAR ACREDITAR EM SI

Por mais atormentado que possa sentir-se, lembre-se de que sempre existe uma parte de você que é capaz de lidar abertamente com seus problemas. Assuma que existe algo que você pode fazer a fim de melhorar as coisas. Focalize o que existe de bom em sua vida e permita a si mesmo ser alimentado por isso. O que existe de melhor em você descobre tudo de bom que existe no mundo, mas não nega a dor. Confie em seus sentimentos. Confie em si. Isso lhe permitirá ser aberto em relação a sua dor e, ainda assim, ser forte. Quanto mais você acreditar em si, mais tal crença crescerá e mais forte você se tornará. Diga apenas a si mesmo: "Superarei isso de alguma forma", em vez de dizer: "Jamais conseguirei superar esta situação".

PROCURAR ACREDITAR EM SEU PARCEIRO

Dúvidas em relação a seu parceiro é algo tão destrutivo para um relacionamento quanto a dúvida em relação a si mesmo. Se você acreditar que seu parceiro também pode ser melhor, dirija seus comentários para aquilo que existe de melhor nele, como se ele já estivesse agindo. Confie nele e ele, por sua vez, confiará em você. Se acaso seus esforços forem censurados, conceda a seu parceiro o benefício da dúvida. Procure compreender e não criticar. Seja curioso, mas não desconfiado. Insista: você acredita em seu parceiro, mesmo que ele não pareça acreditar em si mesmo.

Acreditar em si e em seu parceiro é a força mais poderosa que existe em qualquer relacionamento. Por mais forte que seja, ela também é facilmente obstaculizada pela negatividade e pela dúvida. Assim sendo, acredite na luz, mesmo quando estiver escuro. Procurar acreditar nos outros é também a melhor maneira de encontrar a crença em si mesmo.

DÊ O MELHOR DE SI NUM RELACIONAMENTO

Um relacionamento é algo vivo. Ele cresce, se modifica, evolui. Em determinados momentos, é íntimo e os parceiros são inseparáveis. Telefonam-se, só para um ouvir a voz do outro. Em outros momentos, os parceiros encontram diferentes respostas à sua busca. Mundanos e, ao mesmo tempo, isolados, eles percorrem diferentes direções, são afastados, consumidos por si mesmos ou perdidos em suas carreiras. Então, quando as perdas solapam a crença em si, os parceiros voltam a se aproximar e se apóiam mutuamente. A confiança retorna e eles se aventuram novamente no mundo, porém, desta vez, estabelecendo um contato mútuo mais íntimo.

Um relacionamento deve expandir-se e contrair-se para adequar-se ao amor que ele contém. Precisamos que nossos parceiros compreendam que temos de continuar a ir atrás daquilo que existe de melhor em nós e que eles confiem no amor que flui entre nós, de tal modo que possamos correr riscos, sem o temor de sermos abandonados. No melhor de todos os mundos possíveis, seríamos solicitados a ajudar. Quando nos sentíssemos plenos, nossas contas seriam saldadas tão logo tivéssemos dinheiro para pagá-las e seríamos correspondidos pelo nosso amor quando nos sentíssemos amorosos, porém, o tempo e a natureza têm outros planos. Compete a nós nos adaptarmos, para que nossa proximidade floresça em um relacionamento.

Lembre-se de seu amor, mesmo quando sua lembrança lhe parecer tênue, mas não permita que suas necessidades gerem uma crença que nasce do desespero ou de uma intimidade que nasça de suas ânsias. Você pode se convencer de que é amada, mesmo quando não conseguir recordar-se da última vez que foi abraçada e beijada, como uma demonstração de simples amizade. Você poderá fingir que está próxima de seu parceiro, mesmo quando não compartilharam um único pensamento durante meses. Você poderá viver anos a fio na expectativa de que seu parceiro se modifique, mas então perde a fé em seu próprio futuro. Mais importante do que tudo é sobreviver sendo o que existe de melhor em si mesma. Você não pode criar unilateralmente um relacionamento e não pode sacrificar sua vida com promessas vazias.

Em um relacionamento nos sentimos tanto mais abertos quanto mais nos aceitarmos. Quando estamos convencidos de nosso próprio mérito, aceitamos as críticas com maior facilidade. Infelizmente, precisamos ser mais abertos quando estamos sob grande tensão, o exato momento em que apresentamos todas as probabilidades de estarmos mais fechados. Se você conseguir aprender a confiar em si nesses momentos e decidir que conseguirá encarar o que quer que lhe aconteça, então, criará o cenário ideal para dar o que você tem de melhor. No entanto, dar o que há de melhor não significa que você não se sinta magoado e enraivecido ou que não pode voltar atrás e decidir ser insensato ou magoar-se. Dar o melhor de si significa acreditar em si e escolher o que é melhor para você. Dar o melhor de si, em um relacionamento, significa acreditar em seu parceiro e trabalhar para conseguir o que for melhor para ele.

As condições ideais para esse tipo de alívio não se apresentam quando você está livre de tensões e encontrou a segurança, mas quando a estrada parece árdua, há goteiras no telhado, as contas estão acumuladas e vocês se dão conta de que, apesar de tudo, ainda têm um ao outro. Acreditem na possibilidade de lidar com a situação, juntos, e compartilhem essa crença. Acredite em si e no outro. A solidariedade é algo tranqüilo, silencioso, que nasce do amor e da aceitação. Tudo se resume em dizer: "Estou aqui, para você" e ser sincero ao dizê-lo. Tais são as condições que lhe permitem acreditar.

Capítulo seis

DAR

O amor é sempre uma dádiva.

Você não o merece por fazer algo; você o merece sendo você mesmo. A essência do amor é que ele é gratuito. Quando o amor é usado como recompensa ele se degrada. Quando é usado para adquirir, torna-se objeto de barganha. Já não é mais uma dádiva e, portanto, já não é mais amor. Você não pode amar se é obrigado a fazê-lo. A única condição para dar seu amor é que você esteja sempre livre para amar ou não. Quando o amor é devido, a conta não é paga.

Você sempre se sentirá empobrecido quando for subornado em vez de ser amado. Como é que você pode racionalizar, aceitando aquilo que lhe foi dado com o objetivo de possuí-lo? Nenhuma dádiva feita para comprar seu afeto conseguirá fazer com que você se renda totalmente. Você se conterá com o objetivo de não perder a si mesmo. Você se ressentirá por desconfiar da outra pessoa, já que ela está se aproveitando de sua fraqueza. A única coisa que provocará em você um ressentimento ainda maior do que o fato de pôr um preço em seu amor é concordar com isso.

As dádivas deveriam refletir o amor e não medi-lo.

Quando o amor é dado livremente, ele enriquece e alegra quem o recebe, fazendo da aceitação a única resposta necessária.

A DÁDIVA DO AMOR

Saber que alguém que você respeita e confia acredita em você irá ajudá-lo, e muito, a acreditar em si mesmo. No plano ideal, você não deveria precisar de quem quer que fosse para aumentar sua auto-estima, mas, às vezes, acabamos duvidando de nós mesmos. A dádiva do amor ajuda-nos a superar essa dúvida.

Se tal dádiva for retida ou se for oferecida condicionalmente, em momentos de dúvida em relação a si mesmo, então seu parceiro está tirando uma vantagem desleal, de uma situação vulnerável, diminuindo a probabilidade de que você seja aberto no futuro. Ainda assim, é difícil conter comentários negativos quando seu parceiro finalmente começa a admitir aquilo que você vem lhe dizendo há anos. Resista a essa tentação. Permita que seu parceiro exprima seus temores com ampla liberdade e sem retaliações de sua parte. Se, durante discussões posteriores, você trouxer à tona essas fraquezas, então trairá uma confiança que deve ser a mais profunda possível. Assim como você é a melhor de todas as confidentes quando vocês são amigos, será a mais injusta de todas as possíveis adversárias quando a situação se modificar. Ninguém melhor do que seu parceiro sabe como amá-la ou magoá-la mais profundamente.

Expressar com insinceridade sua crença em seu parceiro é outra maneira de dizer que você não acredita nele. É desmoralizante dizer que o trabalho dele é bom, quando você sente que não é. Paternalizar com o único objetivo de não magoar seu parceiro apenas servirá para ofendê-lo ainda mais e reduzirá sua credibilidade. O motivo pelo qual seu parceiro duvida de si mesmo se prende ao fato de que ele enxerga seus defeitos. É sempre melhor dizer a verdade com um amor que tranqüiliza.

Deixe seu parceiro expor suas dúvidas sem interrompê-lo prematuramente por meio de frases feitas e que visam proporcionar-lhe segurança. Ouça o que ele tiver a dizer. Se acaso seu parceiro começar a bater no peito e a sentir pena de si mesmo, não dê muita importância a isso. Faça-o ver que ele perdeu momentaneamente a confiança que tinha em si.

Pergunte-lhe o que, em sua opinião, não deu certo. Faça com que ele indique as possíveis soluções. Encoraje-o a seguir seus instintos, apesar de suas dúvidas. Se ele reagir negativamente, não leve a coisa no plano pessoal. Apenas faça-o ver que sua dúvida passará, como sempre passou.

Não recompense a negatividade dele com um excesso de atenção. Ouça simplesmente e tente compreender. Acima de tudo, exprima seu amor e sua crença nele com honestidade e sinceridade. É a maior dádiva que poderá lhe oferecer.

A DÁDIVA DA SEGURANÇA

O apoio, seja ele financeiro ou emocional, deve ser dado gratuitamente. Você apóia outra pessoa porque deseja que ela seja capaz de sobreviver sem você, não porque quer que ela dependa de você. Embora um marido possa querer proteger sua mulher isolando-a de preocupações financeiras, quem sabe, estará lhe trazendo preocupações desnecessárias, pois ela sabe que não está aprendendo a se preparar para enfrentar adversidades. Nos relacionamentos antiquados, os homens controlavam o dinheiro como parte de seu papel protetor. Nos dias de hoje, eles ainda tendem a esconder das companheiras suas atividades profissionais. Querem manter o controle e evitar perguntas do tipo: Quanto dinheiro você empregou nisto? Quanto ganharemos e quando? É um negócio seguro? Como é que você sabe? Por que não podemos usar esse dinheiro para consertar a casa? Quanto mais problemas um relacionamento tiver, mais o marido tenderá a sonegar informações financeiras.

Antes que um relacionamento possa ser igual, os parceiros precisam compartilhar o controle sobre o dinheiro. Ser sustentado financeiramente é um empecilho, caso isso o impeça de desenvolver o senso de independência. A capacidade de ser flexível na adversidade nasce do fato de enfrentarmos essa adversidade. A paz de espírito não nasce do fato de que alguém cuida de nós, mas do fato de sabermos que somos capazes de cuidar de nós mesmos. A melhor segurança, em um relacionamento, deve-se ao fato de encorajarmos nosso parceiro a desenvolver sua força e compartilhá-la em todas as decisões importantes. Este é o único modo de certificar-se de que você tem um parceiro em quem pode confiar.

A DÁDIVA DO TEMPO

Seu relacionamento significa todos os momentos, bons e maus, que vocês passam juntos. É o tempo durante o qual vocês desejam estar juntos ou separados; de amar e de brigar; de dar, e de precisar de alguém; de completar-se e do vazio. É o tempo da comemoração e do luto; de compreender o que é a aceitação e o ciúme; de dar carinho e de solapar esse carinho. Acima de tudo, é o tempo que vocês passam próximos um do outro.

O motivo pelo qual vocês juntaram forças foi, antes de mais nada, dispor do tempo necessário para discutirem seus sentimentos. O tempo que passam juntos não deve ser definido por uma agenda rígida; deve ser livre, moldado de acordo com as necessidades de ambos, descobrindo-as e compartilhando-as. Pedir a seu parceiro que não o aborreça com suas preocupações é uma postura perigosa, que torna-se rapidamente um mau hábito. Ela sempre aumenta o ressentimento.

Vocês estão juntos, mesmo que, no momento, a situação não esteja boa. Aceite o tempo que vocês passam juntos conforme ele se apresenta. Não fique comparando-o com aquilo que você gostaria que fosse. O modo de tirar o melhor proveito possível do tempo que vocês passam juntos é eliminar toda a negatividade que paira no ar. Esta deverá ser, sempre, sua prioridade. Confie em seu amor. Ele surgirá novamente quando a negatividade passar. Se você permanecer aberto durante os momentos difíceis e permitir que seus sentimentos se expressem, os bons tempos virão.

Nenhuma desculpa — o trabalho, os filhos, encontros — que possibilite o acúmulo de sentimentos não resolvidos, é aceitável. O parceiro que se sacrifica pelo bem do outro, mas não se dá a si mesmo para que o relacionamento funcione, na verdade, não está dando o que quer que seja.

    Ainda assim, o tempo que vocês passam juntos não deve assemelhar-se a uma clínica para casais em conflito, na qual você está violentando continuamente suas necessidades e parece não se divertir nem um pouco. Esses relacionamentos, excessivamente analíticos, são mais auto-indulgentes do que terapêuticos. Vocês estão juntos para viverem juntos, não para falarem sobre o que é viver juntos. Vocês não têm de resolver todas as diferenças. Exponham a preocupação de serem honestos um para com o outro. É preciso que procurem um equilíbrio. Vocês podem ser adultos e resolver por si mesmos suas preocupações pessoais ou então compartilhá-las com seus parceiros e aproveitar o tempo para se divertirem.

    Para isso, não existem regras. Sigam aquilo que lhes parecer correto. Não se escondam, mas também não façam confidências toda vez que seu ego suscetível for arranhado. Tentem divertir-se sendo honestos. Lembrem-se por que estão juntos: para compartilhar o amor que existe entre vocês.

A DÁDIVA DE ESTAR PRESENTE

    De todas as dádivas existentes em um relacionamento nenhuma é tão confirmadora quanto o fato de estar presente para seu parceiro. Estar presente significa ser testemunha dos sentimentos da outra pessoa, permanecendo em contato com ela, à espera, sem reagir, sem comentar. Estando presente, você compartilha o impacto emocional da vida. Dá espaço para as reações da outra pessoa, sem acrescentar suas próprias reações. Você se contenta diante da intimidade que significa estar juntos.

    Ouvir a outra pessoa, dar-lhe tempo e espaço para se expressar é uma dádiva maravilhosa e necessária, mas ouvir é apenas parte do estar presente. Estar presente é prestar atenção aos sentimentos de seu parceiro e a suas respostas interiores, sem fazer julgamentos. Sequer é necessário verbalizar suas respostas, a fim de as compartilhar. O fato de estar alerta e interessado naquilo que seu parceiro diz cria a proximidade que você tanto deseja. Estar presente significa vivenciar através da outra pessoa. Assim sendo, não deixe sua mente divagar. É fácil dizer quando seus pensamentos estão em outro lugar.

    Quando você tem uma necessidade a ser compartilhada, não existe maior solidão do que descobrir que a pessoa cuja atenção você mais necessita não está interessada naquilo que você tem a dizer.

    Estar presente para seu parceiro começa pelo fato de você estar à vontade consigo mesmo. Você tem necessidade de dispensar carinho, de ser curioso, quer compartilhar, mas só consegue aceitar aquilo que não signifique uma ameaça. Você não pode fingir que está presente pelo simples fato de manter-se em silêncio. Estar presente exige atenção ativa. Você permanece em contato com a outra pessoa, ouvindo com ela o silêncio, seguindo suas respostas interiores aos comentários que ela faz, permanecendo sensível à mudança e estando alerta a cada descoberta. A disposição caracteriza seu silêncio. Você está ouvindo e aguarda a aproximação de uma resposta à pergunta que não faz, por não dispor de suficiente informação a respeito dela. Quando se expressar, falará como uma amiga que compartilha suas dúvidas e sua vulnerabilidade e não como uma rival que está tentando ganhar a partida.

O propósito de estar presente é o de encorajar seu parceiro a compartilhar seus mais sensíveis segredos, oferecendo-lhe a compreensão. É somente nesses momentos que vocês conseguem se conhecer. Quando você rememora o que existe de melhor em seu relacionamento, os tempos de que você se recorda são aqueles em que ambos estavam presentes um para o outro, os momentos em que estavam juntos.

A DÁDIVA DA LIBERDADE

Você não pode dar a seu parceiro a dádiva da liberdade. Somente ele poderá libertar-se.

Você apenas diminui a liberdade de seu parceiro impondo-lhe restrições, e estas sempre causam dano ao relacionamento. Quando sua liberdade está comprometida, esta é a única questão que importa. É mais provável que seu parceiro rompa o relacionamento, a fim de ser livre, do que por qualquer outro motivo que se apresentar.

Se você não for livre para ser você mesmo, não conseguirá amar.
Se você não for livre para arriscar, não conseguirá crescer.
Se você não for livre para rejeitar, não conseguirá aceitar.

A menos que cada um de vocês seja livre para tomar suas próprias decisões e viver como escolheram, seu relacionamento será apenas temporário.

Você não pode controlar o amor e a fidelidade de outra pessoa.
Você não pode fazer outra pessoa amá-lo!
Você não pode se agarrar a seu parceiro por causa do medo. Ele se liberará só para testar os laços que o prendem.

Você não pode restringir os amigos, horários ou a carreira de seu parceiro sem, com isso, preparar o cenário para uma traição.

Você não pode impedir o direito da outra pessoa de ser ela mesma e não pode tomar decisões por ela.

Você precisa encorajar seu parceiro a assumir riscos e a agir por si só, não apenas para ajudá-lo a ser livre, mas para manter sua própria independência. Como é que você poderá ser livre, se precisar ser responsável não somente por sua própria pessoa, mas também pela de seu parceiro?

A DÁDIVA DO RECONHECIMENTO

Não existe dádiva tão fácil de dar ou de que tanto se necessite quando o apreço, especialmente por parte da pessoa a quem você ama. O amor é a forma mais sincera de apreço. Você ama alguém porque está atraído por sua capacidade de dar, de compreender, por seu estilo, sua abertura, sua dedicação. E, no entanto, as pessoas se esquecem, com freqüência, de exprimir seu apreço. Recusamo-nos a fazer elogios quando estamos decepcionados, magoados ou zangados. Recusamo-nos a elogiar alguém quando não gostamos de nós mesmos. Só poderemos apreciar plenamente outra pessoa quando estivermos em paz conosco. Recusamos o elogio devido à inveja, quando não nos valorizamos e quando acreditamos que aquilo que outra pessoa tem, nós jamais conseguiremos por nós mesmos.

Recusar-se a fazer elogios e a exprimir o apreço é algo que diminui nosso amor. Demonstrar amor é uma forma de apreço. Além de procurarem a verdade, a maior parte das pessoas se retira de seus relacionamentos porque não se sente reconhecida.

Compartilhar o apreço é algo que ocorre com simplicidade e naturalidade. A exemplo da expressão de qualquer sentimento, o apreço é melhor compartilhado no momento em que é sentido.

A melhor demonstração de apreço é uma pequena cerimônia de amor. Reserve alguns momentos para dizer "Obrigado", "Gosto disso" ou "Você me faz sentir maravilhosamente bem!" Evite dar demonstrações invasivas, que só servem para perturbar ou provocar constrangimentos. Lembre-se de que o truque é ser acessível, autêntico e oportuno. Um elogio insincero soa pior do que a ausência de elogio. Assemelha-se ao suborno. Você não precisa ir comprar algo para demonstrar seu apreço mas, caso o faça, deve ser algo apenas simbólico. Os presentes se desgastam e o apreço constrói o amor. O que mais importa é que você agradeça da maneira mais apropriada possível. Conseguir a atenção de seu parceiro, abraçá-lo e beijá-lo toda vez que sentir vontade de demonstrar seu apreço é algo que opera milagres.

Logo que nos apaixonamos somos tomados pela descoberta e pelo deslumbramento. Entusiasmados, demonstramos nosso apreço pelas boas qualidades do parceiro. Com o passar do tempo, temos a tendência a nos tornar um pouco *blasés* e a acharmos que tudo está resolvido e definido com nossos parceiros. Assim, é importante que você se distancie por um momento, a cada dia que passa, e observe a pessoa a quem ama. Permita que seus atributos positivos voltem a impressioná-lo e compartilhe sua admiração.

Fazer amor é parte contínua de um bom relacionamento. As pessoas que se importam umas com as outras expressam esse sentimento o tempo todo. Estão dispostas a correr o risco de serem rejeitadas, ao interferirem nas ocupações do parceiro só para dizer: "Eu te amo". Sua recompensa está no fato de que elas sabem que não precisarão pesquisar muito para lembrar-se daquele momento em que amaram alguém e esse amor foi retribuído. Seu amor sempre é a melhor maneira de demonstrar seu apreço.

A DÁDIVA DA ACEITAÇÃO

O melhor, num relacionamento, é sentir-se à vontade. Deve-se permitir a aceitação, sem se vangloriar por isso e sem ter de ser o que você, no fundo, não é. Um relacionamento deve ser sempre o melhor lugar para você estar. É nele que você é aceito quando não está em sua melhor forma, quanto atravessa momentos de ansiedade, quando se sente enlouquecido e age como um louco, quando fracassa, bem como quando triunfa.

O fato de ser aceito não significa que suas deficiências sejam perdoadas. Significa, ao contrário, que você não está sendo rejeitado porque certas facetas suas são inaceitáveis. Assim como você quer ser aceito, também precisará saber aceitar. As deficiências de seu parceiro nunca constrangem você tanto quanto naqueles momentos em que sua própria aceitação depende delas.

A aceitação não é uma concessão mútua. Aquilo que você aceita deve ser aceito sem restrições. Você não pode permitir que aquilo que não aceita diminua seu amor. É a dádiva da aceitação que nos permite amar um ao outro perfeitamente, apesar de nossas imperfeições.

Em seu relacionamento você precisa aceitar:

Este momento: Por mais que você queira voltar ao passado para esclarecer certas situações, ou por mais que anseie pelo dia em que terá o que deseja, saiba que vivemos apenas no presente. Você está vivo somente agora. É preciso aceitar-se como é, aqui, neste momento. É agora que você é aquilo que é, não aquilo que foi e não aquilo que será.

Este lugar: É onde você está agora. Não sonhe de olhos abertos em relação ao lugar onde quer estar. Faça planos para chegar até ele, mas faça planos a partir deste lugar. Reúna suas forças aqui. Aceite o fato de que está aqui e dê o próximo passo a partir do lugar onde se situa. As pessoas dão mais passos falsos por se enganarem em relação ao lugar onde estão do que por não saberem para onde vão.

Esta pessoa: Você é você e só você. O que você será não importa, bem como o que você foi. Somente sua plena aceitação poderá lhe proporcionar o ímpeto para mudar e crescer. Negar aquilo que você é, seus defeitos e suas qualidades, apenas obscurece sua capacidade de motivar-se e de gratificar-se. Você somente poderá dar algo aos outros a partir da verdade de quem você é. Você é tudo aquilo que o levou a ser aquilo que é. Não negue suas partes para ser íntegro. Aceite-se como uma pessoa válida.

Esta outra pessoa: A pessoa a quem você ama é também aquilo que ela é, nem mais, nem menos. Seu fracasso em aceitar seu parceiro é o fardo que você carrega em seu relacionamento, o obstáculo a seu amor e a resistência a serem felizes juntos. Aceite com liberdade, sem reservas. Você não precisa gostar das deficiências de seu parceiro, mas precisa aceitar que elas existem. Não diminua sua aceitação estabelecendo condições. Para que seu relacionamento funcione, ele precisa de espaço para tudo aquilo que constitui você e seu parceiro.

A aceitação é a catalisadora do crescimento, a maior de todas as dádivas.

Capítulo sete

SUPERAR DÚVIDAS

Conceder o benefício da dúvida é algo fácil, caso você confie em seu parceiro. Caso contrário, será impossível. Não há como contornar essa questão. Se você não confiar em seu parceiro, não faz muito sentido fingir que isso acontece. Se não confia em seu parceiro você deve, provavelmente, ter bons motivos para tanto.

Talvez você não confie em si mesmo, mas ache mais fácil acusar seu parceiro do que reconhecer que duvida de seu próprio afeto, de que já é infiel em espírito ou através de atos.

Talvez você não confie em seu parceiro porque não valoriza a si mesma. A desconfiança é apenas uma extensão lógica de sua deficiente autoimagem. Em essência, você está dizendo: "Por que não iriam me trapacear ou se aproveitar de mim? Afinal de contas, não sou lá dessas coisas".

Talvez você tenha sofrido e ache difícil confiar em alguém. É difícil confiar nos outros quando a raiva o leva a detectar a malícia em ações ou observações inocentes. As pessoas enraivecidas descobrem a raiva em torno de si; a própria raiva está extravasando, mas elas não conseguem enxergar sua fonte.

Esperar a traição é um convite a ela.

Quando, sem ter motivos para tanto, você desconfia da pessoa a quem ama, poderá magoá-la profundamente, pois não existe dor maior do que não ter credibilidade junto àqueles de quem mais precisamos. Se duvidam de você, quer você seja ou não uma pessoa leal, então terá poucos incentivos para ser bom. Assim, sua falta de confiança levará seu parceiro a revidar. Existe triunfo maior para ele do que fazer com que seus piores temores se transformem em realidade? Ele agirá assim por sentir-se atingido por sua suspeita e não porque é má pessoa. A desconfiança torna seu parceiro um intruso, no relacionamento entre ambos.

Você não poderá amar se não confiar. Não poderá confiar se não perdoar. Não importa quão inocente você foi ou quão cruelmente os outros lhe trataram. Você precisa perdoar. Não se trata de libertar os outros, mas de libertar-se para amar sem desconfianças.

Se você tiver motivos para não confiar em seu parceiro, ponha isso em discussão. Se, por acaso, seu parceiro não aliviar suas dúvidas ou se você não conseguir acreditar naquilo que ele lhe diz, então, questione por que estão juntos. Você não pode ficar com uma pessoa em quem não confia.

Para proporcionar a seu parceiro o benefício da dúvida, reaja a situações presentes como se vocês não tivessem vivido juntos todo um passado. Por exemplo, acolha com alívio seu parceiro quando ele chegar tarde, em vez de enfrentá-lo indignada, por meio de uma fantasia que esteve elaborando. Diga que preocupou-se com seu bem-estar e desabafe. Afinal, agora seu parceiro está bem. Não procure álibis nem tente envolvê-lo através de mentiras. Aceite os motivos que ele apresenta por ter chegado tarde.

A confiança reaviva a paixão. Embora seja difícil acreditar na história que se segue, ela aconteceu exatamente conforme será narrada. Jill era uma mulher insegura e vivia questionando Ben, seu sofredor marido, a respeito de suas atividades. Ele procurava ser o mais pontual possível em suas atividades, para chegar em casa sempre a tempo. Caso se atrasasse cinco minutos, Jill mostrava-se amarga e impaciente. Se, no escritório, Ben não pudesse atender a um telefonema, era o suficiente para que Jill se indignasse. Certa vez, Ben teve de ir ao pronto-socorro, pois havia se cortado muito. Jill não conseguiu falar com ele durante uma tarde inteira e estava pronta para deixá-lo, mesmo depois de ele ter-lhe contado o que havia se passado. Embora Ben ainda a amasse, suas desconfianças o afastavam dela e eles começaram a se desentender. Ele ameaçou ir embora. Suas necessidades eram sempre postas em segundo plano devido à ansiedade e à falta de confiança de Jill. Ben havia chegado a uma situação-limite. Jill entrou em pânico. Sugeri-lhe que, da próxima vez que Ben telefonasse, ela deveria expressar o quanto apreciava o fato de ele a amar o suficiente para procurá-la. Nesse momento ela deveria expor seus temores. Sugeri também que ela deveria mostrar-se grata pelo fato de ele tolerar sua insegurança durante todos aqueles anos, algo que ela jamais havia feito. Ela seguiu minhas sugestões e Ben ficou surpreso, quase chocado, ao tomar conhecimento de que Jill compreendia toda a dor que havia provocado. Ben tornou-se imediatamente mais terno, deixou de lado suas defesas e a desconfiança deu lugar ao afeto. Em vez de chegar em casa prevendo uma discussão, conforme sempre acontecia, Ben trouxe flores para Jill e, pela primeira vez em muitos anos, fizeram amor espontaneamente, em pleno dia.

FALSAS ACUSAÇÕES

Lembre-se de que, embora a maior parte dos atrasos seja inocente, a maior parte das acusações não o é.

A maioria das suspeitas nasce das dúvidas que a pessoa abriga em relação a si mesma. Se seu parceiro começar a chegar tarde em casa, provavelmente isso tem mais a ver com o fato de como vocês convivem do que com aquilo que ele está fazendo a caminho do lar. Assim, pergunte-lhe o que ele está tentando evitar e tenha coragem de ouvir sua resposta. Seja aberta, deixe a crítica de lado e, então, ouvirá a verdade.

Você acusa seu parceiro de querer estar com determinada pessoa, mas provavelmente essa é a parte de sua personalidade que ele não se sente com liberdade para revelar em sua presença. Toda vez que uma pessoa tiver de reter uma parte de si mesma, em um relacionamento, ela se sentirá incompleta, estando junto com seu parceiro. Algumas pessoas sentem-se sozinhas quando estão com seus parceiros. Percebem que algo lhes falta, mas não conseguem detectar exatamente do que se trata. Sentem falta daquilo que seus parceiros inibem nelas, talvez aquele eu que se assemelha a uma criança e que quer brincar, talvez o poeta, talvez o garanhão ou a sereia. Freqüentemente, as pessoas tomam atitudes equivocadas ao procurar os outros, devido a essa solidão, mas, na verdade, estão à procura de si mesmas.

Uma desconfiança infundada prejudica mais um relacionamento do que a verdadeira traição. Os parceiros guardam segredos mais para evitar uma crítica injustificada do que para ocultar uma atividade errônea. Quando você acusa falsamente seu parceiro, revela não ter condições de afirmar quando ele está sendo sincero. Você está pedindo que ele acrescente algo à verdade, para torná-la aceitável. Qualquer coisa que altere a verdade existente entre os parceiros os distanciará um do outro.

Quando a confiança se altera, o relacionamento vacila. Assim, se você se surpreender duvidando continuamente de seu parceiro e sem ter motivos para tanto:

Exponha abertamente sua desconfiança.
Não acuse.
Dê a seu parceiro a permissão de apontar suas dúvidas e aceite esse fato como um problema seu.
Permita que ele declare sua inocência, sem contradizê-lo.

Em todo relacionamento sempre existem provas que podem ser usadas para servir de motivo de desconfiança. Assim, quando estiver procurando encrenca, por certo, poderá encontrá-la. Caso desconfie de que algo não esteja correto, diga imediatamente. Coloque sua opinião e liquide de vez com o assunto. Caso não se satisfaça, vá fundo na história. Se não descobrir nada, esqueça.

Quando duvidamos de nosso parceiro, e estamos magoados ou zangados, afastamos o amor de nossos relacionamentos. Ainda que por um breve momento, nos fechamos para imaginar outras soluções para nossa inquietação. Desejamos ser outra pessoa e divagamos, enquanto alimentamos fantasias em torno de pessoas de verdade. Talvez jamais possamos chegar a agir em relação a esses sentimentos, mas precisamos ter liberdade para expressá-los. Eles simplesmente refletem como nos sentimos.

É natural fantasiarmos que estamos com outra pessoa quando o relacionamento atravessa maus momentos. Pode ser uma pessoa sem rosto, um ex-amante, um estranho que chamou nossa atenção ou até mesmo um amigo. Você encontra alívio em sua fantasia, do mesmo modo que seus sonhos processam sentimentos que não foram expressos. Isso se assemelha a pensar em um emprego diferente, quando algo não está indo bem em seu trabalho. Você usa sua fantasia com a finalidade de distanciar-se para poder examinar seu problema.

Infelizmente, só podemos expressar tais fantasias para um parceiro que seja seguro de si. Um parceiro inseguro é um fardo. Você não pode se permitir expressar seus sentimentos naturais sem correr o risco de ser rejeitado. Tais fantasias não são sinal de traição e muito menos constituem declaração de futuras intenções. Elas apenas refletem sua mágoa e seus anseios. Quando você não é livre para expressar esses pensamentos, sente-se prisioneiro. Quando pode compartilhá-los, sente-se livre e íntimo de seu parceiro.

Compartilhar fantasias aumenta a confiança; escondê-las só serve para solapá-las.

CIÚMES

O ciúme é a crença de que você não é único e que os sentimentos que alguém experimenta por você podem ser facilmente transferidos a outra pessoa.

O ciúme sempre é um reflexo da baixa auto-estima.

As pessoas que se valorizam não perdem tempo preocupando-se com o fato de que podem ser substituídas, mas, quando você precisa de outra pessoa para sentir-se bem em relação a si mesmo, experimentará o temor constante de perder essa pessoa. Esse apreço por si mesmo que, na verdade, lhe é exterior, é fugaz e é ele quem alimenta a obsessão. É frágil e é a primeira perda provocada pela dúvida.

A possessividade desesperada dos amantes ciumentos tem sempre mais a ver com o medo de perder a auto-estima do que com o receio de perder um parceiro. Pessoas ciumentas encaram seus parceiros como testemunho necessário de seu valor, como enfeites de sua personalidade e não como indivíduos. As pessoas ciumentas procuram possuir seus parceiros e exibir sua dominação. Não estão dizendo: "Olhem só o que tenho, como meu parceiro é maravilhoso!", mas "Olhem, para ter um parceiro assim, devo ser uma pessoa maravilhosa!" O parceiro se ressente pela falta de reconhecimento e pelo fato de estar sendo usado. Não é de surpreender que uma pessoa ciumenta sinta-se facilmente constrangida quando seu parceiro está com má aparência.

Estar em companhia de um parceiro ciumento sempre provoca mal-estar. Quando o parceiro ciumento se sente inseguro, imagina que você o está rejeitando. Caso você precise de seu apoio, provavelmente, o deixará assustado ou será rejeitado, pois provoca constrangimento. Para que a vida flua sem obstáculos, com um amante ciumento, tudo deve ser perfeito, pois ele interpreta o que acontece de forma equivocada. Sua insegurança leva-o não apenas a exagerar os defeitos do parceiro, mas a se ofender diante do menor aspecto negativo. Conseguir uma mesa mal-posicionada em um restaurante é motivo suficiente para precipitar uma discussão acalorada, freqüentemente, baseada no seguinte argumento: "Se você realmente me amasse, agiria com mais eficiência". Os ciumentos relacionam sua pessoa a tudo o que acontece. Têm tamanha consciência de si que acham que os outros os estão observando a cada passo. Como conseqüência, acreditam que quaisquer deficiências que percebam no comportamento do parceiro será notada por outras pessoas e consideram isso um insulto. Para piorar ainda mais a situação, as pessoas ciumentas tendem a não perdoar e a não esquecer. Até mesmo quando uma antiga ferida parece estar curada, a dor original pode ser evocada, diante da mínima provocação, e as acusações distorcidas voltam à tona.

A raiva provocada pelo ciúme assemelha-se ao pânico da criança que se sente abandonada, descontrolada e incapaz de defender-se sozinha. Os parceiros, cegos de ciúmes, imaginam o abandono e encaram-no como prova de um demérito que eles só conseguem admitir com relutância. Os amantes ciumentos agem, freqüentemente, movidos por seus sentimentos de insegurança, ligando-se rapidamente ao primeiro amante que conseguem encontrar. Podem alegar, aparentemente, que estão agindo assim para ficar em situação de igualdade, mas, na verdade, estão tentando aplacar as dúvidas que têm em relação a si mesmos e procuram tranqüilizar-se, provando que ainda são atraentes. Receiam, acima de tudo, o abandono.

As pessoas ciumentas precisam, constantemente, ser tranqüilizadas quanto ao fato de serem merecedoras de amor, porém, parecem extremamente indignas desse mesmo amor quando se mostram inseguras e necessitadas. Suas solicitações, provavelmente, serão recebidas com sarcasmo, pois seus parceiros, há muito exasperados com tais pedidos, já não as levam mais a sério. O parceiro ciumento enxerga uma traição ainda maior nessa atitude e vê nela um motivo a mais para duvidar.

É compreensível que os parceiros de amantes ciumentos pensem continuamente em ir embora. Aborrece-lhes ver que seu amor é testado. Ressentem-se diante do fato de que todos os problemas sejam reduzidos a uma simples formulação: se amam seus parceiros ou não. A pessoa ciumenta, em geral, não tem a menor idéia de como sua insegurança monopoliza discussões e aprisiona seu parceiro. Embora a pessoa ciumenta possa estar consciente de que seu parceiro quer partir, ela jamais percebe que é seu ciúme que faz com que ele se afaste.

Ter um parceiro ciumento leva-nos a sentir como se estivéssemos sendo injuriados. Diante de suas suspeitas, você sempre tem sua importância reduzida. Seus sentimentos, necessidades e desejos serão sempre secundários diante da insegurança de seu parceiro. Os temores dele é que comandam tudo. Em resumo, os sentimentos do parceiro ciumento são sempre mais importantes do que os seus. Qualquer que seja a dinâmica subjacente da situação, ela não se assemelha ao amor. Quaisquer objeções que você levantar quanto ao fato de ser tratado desse jeito serão acolhidas com reações tão desproporcionais, com tamanho pânico, que nem parece valer a pena tentar melhorar a situação.

Ninguém gosta de ser objeto de desconfiança, mas os parceiros das pessoas ciumentas acabam enfrentando uma situação na qual enxergam a ansiedade e a dor de seus parceiros como uma punição adequada ao crime das falsas acusações que tais pessoas formulam. Devido à frustração, as pessoas acusadas podem ser tentadas a se fechar, a criar dúvidas adicionais e a permitir que seus parceiros ciumentos sofram um pouco mais, só para que elas fiquem quites. Caso permaneçam juntos, ambos os parceiros serão prisioneiros do relacionamento. É claro que quando o parceiro controla também as finanças do casal, a prisão torna-se insuportável.

COMO LIDAR COM UM PARCEIRO CIUMENTO

A fim de lidar com o ciúme de seu parceiro:
  Aceite a situação e não se constranja com ela.
  Faça-o ver que o problema é a insegurança e não a infidelidade. É algo que precisa ser repetido muitas e muitas vezes. É claro que quando você precisa do amor de seu parceiro e ele reage a essa sugestão fechando-se em si mesmo, está montado o cenário para um conflito.
  Seja paciente, ainda que precise manter certa distância para permanecer calmo.
  Aceite a fraqueza de seu parceiro, mas não capitule diante dela ou não permita que ela interfira em sua capacidade de dar e em seu apoio.
  Manter essa distância e essa capacidade de observação, sem reter seu amor, é a atitude mais importante e mais difícil de ser tomada quando se lida com um parceiro ciumento, mas funciona. Perder a paciência e tornar-se irritável, embora seja algo natural, é visto por um parceiro ciumento como prova de que você não o ama e apenas contribuirá para agravar a situação.

O ciclo do ciúme

A auto-estima, quando rebaixada, leva ao temor de ser substituído.
Duvidar do amor de seu parceiro faz com que ele retenha seu amor.
Não se sentir amado diminui ainda mais seu auto-apreço.

EXAMINANDO O CIÚME MAIS DE PERTO

Como ninguém é sempre seguro de si, e como de vez em quando todos nós temos a tendência de depender de outra pessoa no que se refere ao auto-apreço, todos somos inclinados a sentir ciúmes. Saber quando tais sentimentos ocorrerão o ajudarão a compreendê-los e a lidar com eles. Mesmo que você raramente sinta ciúmes, as seguintes reflexões o ajudarão a entender um parceiro ciumento.

Diário de um ciúme

Mantenha um diário e registre nele quando e por que você sente ciúmes. Se você não for uma pessoa particularmente ciumenta, provavelmente, fará poucas anotações durante a semana. Se tem tendência a ser ciumento, as anotações que fizer em um único dia poderão ser superiores à sua capacidade de lidar com elas. Os seguintes exemplos mostram como o ciúme pode consumir totalmente uma pessoa.

Elena era oito anos mais nova do que Constantine. Divorciara-se para casar-se com Constantine que, por sua vez, abandonara a mulher e as três filhas para ficar com ela. Ele trabalhava em uma empresa de pesca e ia para o trabalho às 3h30. A partir do momento em que saía de casa, até a hora de voltar, preocupava-se com a possibilidade de Elena lhe ser infiel. Foi com grande relutância que concordou em manter um diário. O que se segue é uma transcrição da fita que gravou, embora estejam faltando muitas anotações e algumas estejam incompletas.

4h30 — Estou indo para o trabalho. Não vejo qual é a finalidade de tudo isso, Elena. Tudo o que quero de você é que preste atenção em mim e dê aquilo que mereço. Levanto-me cedo e dou duro para que você leve uma vida confortável. Por acaso, fico me queixando pelo fato de não poder ter minhas próprias filhas a meu lado? Sacrifiquei-me para ficar com você. Não acho que esteja errado ao pedir que você faça algumas sugestões razoáveis. Mereço saber onde você se encontra. Quero que você fique bem. Será que minha paz de espírito não conta para nada?

5h — Hoje as lagostas estão chegando em quantidades enormes. Eu não deveria estar desviando minha atenção com essa atividade tão estúpida. Afinal de contas, o que vou aprender com isso? Você provavelmente ainda nem se levantou...

5h15 — Acabo de telefonar para saber se você já se levantou. Afinal, onde é que você estava?

5h20 — Ora, vamos, onde é que você está?

5h45 — É preciso coragem para gritar comigo desse jeito ao telefone. Fiz uma pergunta razoável. Onde é que uma pessoa vai a essa hora?

6h20 — Artie e Cosmos estão paquerando a garota que começou a trabalhar no almoxarifado. Por acaso, você duvida que eu saiba o que se passa na cabeça deles? O que todos os homens pensam? Além do mais, ela é um bagulho.

6h45 — O novo comprador de uma cadeia de restaurantes fez um lance excessivo e comprou uma grande quantidade de bacalhau. Sujeito incompetente! E eu tenho de pagar por sua estupidez, cobrindo o lance. Como é difícil ganhar a vida! Se eu contasse a você metade do que acontece aqui...

7 h — Acabo de comprar e de vender 13 mil quilos de lagosta a um entreposto coreano. Cada uma delas pesava mais de dois quilos! De fato, eles queriam as lagostas. Tratei-os a pão-de-ló. Telefonei para lhe dar a boa notícia. Nenhuma resposta. Você ligou assim que eu pus o telefone no gancho, zangada porque estava no chuveiro. Como é que eu poderia saber? Por que ficou tão zangada? Só queria lhe dizer que hoje já ganhamos alguns dólares... Sinto que não mereço nem um pouco de seu apreço. Seu irmão, provavelmente, vai aparecer hoje à noite pedindo dinheiro emprestado e você tentará me convencer. Afinal de contas, de onde é que você acha que sai o dinheiro? Tudo o que eu peço é um pouco de reciprocidade.

8 h — Estou com dor de estômago. Acho que tomei café demais. Quem sabe você esteja com vontade de conversar!

8h15 — Que sorte a minha! Você parecia estar muito receptiva. Consegue me fazer sentir tão bem... basta tentar um pouco.

10h45 — Fiquei pensando a manhã inteira... O que há de errado em pedir que vá fazer compras com minha irmã em vez de ir sozinha? Acredito em você quando me diz que não irá encontrar-se com ninguém lá. Confio em você. Apenas estou tentando lhe facilitar as coisas. Mas, então, por que está sempre resistindo? Com quem foi que me casei? Com uma feminista?

11h30 — Telefonei e você estava fria, muito fria. Garanto que alguma coisa está errada. Você parecia realmente distante. Detesto isso. O que há com você, transformando-se desse jeito?

11h45 — Telefonei e fui muito mal-recebido. Mereço coisa muito melhor do que essa sua grosseria.

11h55 — Você saiu. Telefonei cinco vezes!

14 h — Não deixei nenhum recado na secretária eletrônica porque não quis correr o risco de alguém ouvir os termos que eu usei, mas sinto-me agredido. Estou profundamente magoado, pois você não liga para mim. Você sabia como eu me sentiria. Sabia que meu estômago está me matando. Poderia ter telefonado para saber como estou passando. Nenhuma palavra!

15h30 — Estou indo para casa. Não quero brigar. A única coisa que desejo é minha recompensa. Uma refeição saborosa, uma mulher carinhosa, um lar feliz. Será pedir demais? Gostaria de saber, sinceramente, se você acha que estou pedindo demais. Hoje à noite, se você não quiser ir fazer compras com minha irmã, eu a acompanharei, só para mostrar que não guardo rancor.

Notem como um pouco de afeto permitiu que Constantine, tranqüilizado, se concentrasse no trabalho, após telefonar às 8h15 para Elena, mas em seguida entregou-se a sua lógica distorcida, confundindo o fato de controlar Elena e querer protegê-la. Provavelmente, porque mencionar a dor de estômago já havia funcionado, Constantine conseguiu a solidariedade dela e voltou a queixar-se de que estava passando mal, mas dessa vez foi para deixá-la com sentimento de culpa. Se ela teve o poder de fazê-lo sentir-se melhor, ele presume que ela também tem o poder de levá-lo a sentir-se pior. O destino dele está nas mãos dela. Ele a ama tanto que se queixa de que ela é responsável pelos seus sentimentos. Seu raciocínio é de que se Elena fosse uma boa pessoa, não o deixaria sofrer.

É óbvio que o relacionamento desse casal vai acabar em problemas e confusão. A única abordagem por parte de Elena, e que funcionaria, seria ela manter uma atitude de ternura, tranqüilizando-o e não enfrentando-o, mas ele é tão preconceituoso e provocador que a deixa desgastada. Para ela não é fácil permanecer calma. Constantine precisa perceber como sua insegurança alimenta seus ciúmes, como suas suspeitas e acusações a magoam e levam-na a afastar-se dele; essa atitude, por parte dela, aumenta ainda mais sua insegurança. Ambos são prisioneiros do ciclo do ciúme, mas reler o diário de Constantine os fez perceber o problema. Assim, foram capazes de dar passos construtivos no sentido de resolvê-lo.

Embora o que se segue possa servir como orientação que lhe permitirá completar o diário de um ciúme, é importante que você aprenda seus verdadeiros sentimentos. Assim sendo, seja o mais natural possível. Embora Constantine não tomasse o cuidado de seguir a orientação, ela pode ajudá-lo, consideravelmente, a compreender melhor os motivos de sua ansiedade e de suas suspeitas. Para cada anotação em seu diário, registre quando o sentimento teve início, o que o levou a tomar consciência dele, o que o levou a piorar e o que o aliviou. Anote detalhes específicos, comentários que provocaram dúvidas, promessas que não foram mantidas etc.

Não deixe de identificar e anotar o seguinte:

Quando você duvidou do amor de seu parceiro.
Quando sentiu que seu parceiro estava prestando excessiva atenção em outra pessoa.
Quando pensou que seu parceiro era infiel.

Após detectar um sentimento de ciúme, relacione as seguintes perguntas ao incidente e responda-as:

Quão realistas eram seus sentimentos? Eles foram despertados por um acontecimento real ou por sua própria ansiedade?

O que estava acontecendo antes de você sentir ciúmes? O que mais poderia ter provocado a desconfiança? Uma sugestão: Pense em qualquer coisa que o tenha levado a duvidar de si mesmo.

Você compartilhou seus sentimentos com alguém? Com quem? Isso ajudou ou agravou a situação? Compartilhar sentimentos de ciúme com amigos invejosos é algo capaz de piorar as coisas, ao passo que amigos solidários poderão ajudá-lo a lidar com seus temores.

Você compartilhou seus sentimentos de ciúme com seu parceiro? Caso contrário, por que não? Receava não ser ouvido ou não ser levado a sério? Ou, tinha consciência de que seus sentimentos eram injustificados e sentiu que expressá-los seria uma tolice? Questão importante: Você poderá compartilhar até mesmo sentimentos injustificados de ciúme sem causar danos a seu relacionamento, caso diga a seu parceiro que sabe que ele é inocente e caso assuma toda responsabilidade por suas dúvidas. Diga-lhe apenas que gostaria de alguma ajuda, no sentido de auxiliá-la a perceber melhor seus sentimentos. Qualquer colocação que não seja acusatória reduzirá a dúvida e abrirá a comunicação.

Se a reação de seu parceiro aumentou sua dúvida, examine estas perguntas: Em que tom de voz e em que circunstâncias você expôs suas dúvidas para seu parceiro? Você presumiu que ele era culpado? Ponha-se no lugar dele. Como se sentiria se acaso ele a acusasse de algo que você não fez? Sua atitude e suas suspeitas poderiam ter criado a resposta que seu parceiro lhe deu, mesmo que ele fosse inocente? Se você respondeu "não", provavelmente estará enganando a si mesma.

À medida que for revendo cada incidente em seu diário, presuma que seu parceiro não tem culpa alguma. Se você presumir que sua atitude de desconfiança tinha muito a ver com a reação negativa dele, provavelmente, estará com a razão. Se está sendo traída tanto quanto imagina, por que continua a relação? A resposta, provavelmente, é porque você apenas se sente traída, não porque tenha sido traída.

Volte a examinar as anotações em seu diário para ver se consegue detectar quaisquer semelhanças.

Você se torna ciumenta após determinados acontecimentos? Quais?

Quando é que você se sente insegura?

Quando é que se sente mais segura? Se você experimenta tal sentimento apenas quando está com seu parceiro, precisa aprender mais a ficar sozinha.

Agora, escreva apenas uma página para seu parceiro, que começará assim: "Preciso que você me tranqüilize e ajude quando..." Indique, em seguida, quando você se sente menos segura de si e, portanto, com maiores probabilidades de projetar seus medos em seu parceiro. Indique, também, como gostaria de ser tranqüilizada, as dúvidas que tem em relação a si mesma e a responsabilidades que assume. Finalmente, faça uma lista das falhas que você precisa corrigir.

Compartilhe seu diário com seu parceiro. Dêem-se tempo suficiente e analisem todos os sentimentos de desconfiança mútua.

Se você tiver problemas com ciúme, repita este exercício a intervalos regulares. O objetivo, aqui, é fazer com que você fale a respeito de sua insegurança, tornando seu parceiro consciente do problema. O pior dano que o ciúme pode provocar em um relacionamento é cada parceiro deixar de levar a sério as emoções do outro. Trata-se de uma adaptação natural a acusações irracionais. Compreender e compartilhar sentimento, levando-se em conta as acusações e suas reações a elas pode conduzir à compaixão mútua e ao reconforto necessários a um relacionamento duradouro.

Terceira parte

LIDAR COM O AMOR

Capítulo oito

TIPOS DE PESSOAS E COMO ELAS SE LIGAM UMAS ÀS OUTRAS

As pessoas se protegem em se tratando dos sentimentos que mais lhes importam — das questões às quais são mais sensíveis. O que constitui tais questões e como as pessoas se protegem contra sentimentos dolorosos refletem seu tipo de caráter. Existem três tipos de caráter: o dependente, o controlador e o competitivo. Cada um deles participa de um relacionamento com o objetivo de satisfazer necessidades emocionais. Em um relacionamento, cada um deles lida com questões emocionais importantes de maneira diferente.

Será fácil para você se perceber nas três descrições que se seguem. Todos nós temos traços dependentes, controladores e competitivos, mas, em situações de tensão, um dos tipos predomina e, em sua maioria, as pessoas pertencem ao mesmo tipo durante toda a vida. O objetivo não é mudar, mas tornar-se mais honesto, quando se trata de lidar com as emoções. Ao identificar seu tipo, você poderá lidar diretamente com o mundo, sem se esconder de suas defesas. Compreender seu estilo e o de seu parceiro o ajudará a assumir um número maior de interações significativas e permitirá que vocês se aceitem e se apóiem mais completamente.

O TIPO DEPENDENTE

As pessoas dependentes precisam assegurar-se de que são amadas ou de que podem ser amadas. Necessitam de contato freqüente com alguém que lhes expresse carinho. Precisam que lhes digam, repetidamente, que são boas. Necessitam de carinho físico e ligam-se rapidamente a alguém que lhes demonstre afeto. O afeto é sua dádiva e sua busca. Ligam-se íntima e completamente a alguém, sem se darem tempo suficiente e terem a certeza de que aquilo que estão fazendo é o que há de melhor. Parecem hipnotizadas diante da perspectiva de estarem próximas a uma pessoa, assim como o animalzinho que fica imobilizado diante do farol de um carro que se aproxima.

As pessoas dependentes são calorosas, amorosas e, algumas vezes, se excedem. Seu afeto, muitas vezes, parece ser motivado pela necessidade de terem seu amor retribuído. Dada essa necessidade, as pessoas dependentes e carentes são inclinadas a se ligar indiscriminadamente aos outros. Elas confundem o apego excessivo com a ternura e o controle com o envolvimento. Até mesmo quando a qualidade do relacionamento se deteriora, tendem a insistir, pois sentem que ter alguém a seu lado é melhor do que ficar sozinhas. Isso explica por que algumas pessoas dependentes, que deveriam ter maior consciência, continuam a manter relacionamentos, até mesmo autodestrutivos.

A ligação das pessoas dependentes é tão forte quanto é débil sua autoestima. Ainda assim, podem crescer. Quando descartam um relacionamento pouco saudável, precisam superar uma grande dose de culpa, pois ligaram-se a alguém mais pelo medo de ficarem sozinhas do que por amor. Como a pessoa de quem querem se afastar é, muita vezes, tão dependente quanto elas, a ruptura poderá ser traumatizante, cheia de dúvidas, recriminações, pânico e remorso.

Como todos nós somos dependentes ao iniciarmos nossas vidas, temos uma inclinação natural a nos ligar a qualquer pessoa que prometa tomar conta de nós. Não é de surpreender que, quando jovens, nossos relacionamentos apresentassem problemas de dependência. As pessoas dependentes precisam tornar-se mais independentes; mas, com freqüência, esse crescimento é encarado como uma traição por seus parceiros, que contam com a fraqueza para que, em contrapartida, possam sentir-se mais fortes.

As mulheres, em geral, são mais dependentes do que os homens. Até certo ponto, isso é resultado do condicionamento social e das expectativas familiares, mas também reflete uma realidade biológica. Até mesmo mulheres independentes tornam-se dependentes quando seus filhos são pequenos, pois elas precisam do apoio de outra pessoa para dar conta de suas funções maternais. Apesar de todos os ganhos que obtiveram no plano social e em suas carreiras, ainda se espera que as mulheres adotem um papel dependente, tal como o esteio do lar. Elas devem ser o centro da família, devem socializar e humanizar seu marido e seu filhos.

A sociedade, em geral, e muitos homens, em particular, esperam que a mulher seja a parte dependente em um relacionamento. Na verdade, porém, com freqüência é o homem quem é dependente. No plano ideal em um relacionamento, a dependência deveria ser mutuamente reconhecida e satisfeita. O traço de dependência, quando positivamente realizado, se reflete na pessoa, no homem ou na mulher, que proporciona aos outros carinho e amor. No extremo negativo, os tipos dependentes tendem a sufocar os outros com seu afeto, a manipulá-los por meio da culpa, a fracassar em reconhecer a legitimidade dos direitos da outra pessoa admitindo apenas os seus.

Todos nós temos inclinação à dependência. Mesmo quando lutamos pela independência, ainda esperamos que alguém nos ajude seguirmos em frente. Esse desejo de dependência define a necessidade que temos de outra pessoa. No entanto, a dependência extrema ou unilateral torna impossível amar com liberdade, sem possessividade ou medo do abandono.

O TIPO CONTROLADOR

Na realidade, as pessoas controladoras sentem que não conseguem controlar as forças mais importantes de suas vidas, isto é, os próprios sentimentos e, assim, querem controlar o modo como as outras pessoas se sentem. Querem que as outras pessoas as amem, mas não querem lhes dar a escolha de agirem no sentido inverso. As pessoas controladoras insistem em assumir tudo e em tomar todas as decisões. Quando seus parceiros discordam, a pessoas controladoras tendem a intimidá-los, espicaçando-os, desafiando-os a ir adiante, contanto, é claro, que se sintam confiantes na falta de ousadia de seus companheiros. O afeto do parceiro declina aos poucos, pois independentemente do fato de as necessidades da outra pessoa serem preenchidas, ninguém ama seu carcereiro. Qualquer retenção do afeto assusta profundamente as pessoas controladoras, pois acreditam, em segredo, que se acaso seus parceiros fossem livres, eles iriam embora. Seu temor em relação ao abandono é o motivo que as leva a tentarem controlar os outros.

A pessoa controladora é por demais fechada e orgulhosa para admitir qualquer fraqueza ou o fato de que depende de seu parceiro para não ficar só. A pessoa dependente proclama a necessidade que tem do outro; a controladora nega tal necessidade, mas não deixará o outro se libertar. Quando o parceiro lhe opõe resistência, torna-se irracional e pouco razoável, censura e pune. Na verdade, não compreende qualquer sentimento que não seja a solidão e se deprime com freqüência.

Compreensivelmente, muitos daqueles que se ligam a pessoas controladoras são pessoas dependentes. A atração que existe entre eles, muitas vezes, nasce da necessidade de socorrer alguém e de ser socorrido. As pessoas dependentes percebem as dádivas do parceiro controlador como uma prova de amor. As controladoras, com freqüência, são excelentes ganhadoras, mas tendem a confundir o fato de dar apoio financeiro com dar afeto.

As pessoas controladoras insistem em ganhar, em estar com a razão, em ter a última palavra, em fazer com que a outra pessoa pareça estar errada, colocando-se acima de qualquer censura. Acreditam que sabem como agir melhor e atribuem todos os seus erros àqueles que não cumpriram suas ordens. Adoram dar ordens e fazer proclamações. Tentam passar uma imagem de perfeição e, em conseqüência, aceitam muito mal qualquer crítica. Tendem a desmerecer os outros, fazer pouco de seus dons e desvalorizar seus sentimentos.

O grande paradoxo é que as pessoas controladoras podem ser magoadas com muita facilidade e profundamente. Não podem admitir a dor, pois poderão ser vistas como pessoas fracas e, assim, tendem a guardar rancor. Não podem correr o risco de serem rejeitadas. Alguém que as abandone ou que saia de sua esfera de influência, significa uma ameaça à integridade do sistema em que acreditam e à lógica que rege seu mundo. Apresentarão uma lista de questões e tentarão lhe provar que você as aprecia, quando, na verdade, você está fazendo as malas, pronto para tomar o próximo avião. Recusam-se a levar a sério quem discorda delas, sobretudo quando a pessoa é objeto de seu afeto. Dirão que você não está falando a sério, quando ameaça ir embora. Esconderão a chave do carro, dirão que estão lhe fazendo um favor e até acreditam nisso. Não é de surpreender que seus parceiros, muitas vezes, se rebelem com a finalidade de provar seu ponto de vista e de desafiar a pessoa controladora.

As pessoas controladoras consideram a obediência a melhor prova de amor. O fato de não concordar com elas é prova de que você não se importa. Essas mesmas pessoas se revelam absolutamente egoístas quando se trata de permitir que seus parceiros as controlem sexualmente. Isso apenas serve para despertar o que existe de pior nesses parceiros, levando-os a um revide, negando-se ao sexo e exercendo, assim, o único poder de que não desistiram completamente.

As pessoas controladoras fazem com que seus parceiros se apeguem a seus direitos. Encenam confrontos em torno de questões sobre as quais não parece valer a pena brigar, e o parceiro mais fraco, que prefere viver em paz a conflitar-se, acaba fazendo concessões. Ao longo de um determinado período, são realizadas interferências vitais em relação à liberdade do parceiro mais fraco. Direitos que outrora eram considerados naturais agora são exigidos pelo parceiro controlador. Até parece que um elaborado plano de invasão está sendo executado o tempo todo. Essa anexação dos direitos é uma função do estilo controlador. Reflete uma pessoa fraca tentando adquirir poder em todas as instâncias que puder obtê-lo. Seu desespero leva tal pessoa a ultrapassar todas as fronteiras da fraqueza. Ela confunde a vulnerabilidade com fraqueza e a disposição de assumir um compromisso com licença para realizar uma invasão. Na pior das hipóteses, esse tipo de relacionamento pode ser repressor e desumano.

Com freqüência sentem que seus companheiros não as apreciam ou as encorajam, o que é compreensível. Por que alguém haveria de querer ajudar a pessoa que o controla a se tornar ainda mais poderosa? Na realidade, os parceiros de pessoas controladoras, muitas vezes, guardam um ressentimento que não se expressa; concordam, em atitude desprovida de qualquer alegria, e têm o desejo secreto de que a pessoa controladora não alcance êxito.

As pessoas controladoras jamais se sentem íntimas porque não se permitem ser vulneráveis. Se acaso se sentirem sós, deve-se ao fato de terem-se isolado de seus sentimentos, a fim de não se deixarem magoar e por terem ignorado os sentimentos alheios. Nunca se dispõem a ouvir o que outros pensam realmente, exceto quando tal pensamento é exposto por meio da raiva. O modo como os parceiros lidam com pessoas tão difíceis é ilustrado pelo conselho de uma mulher sobre como tratar homens controladores: "Simplesmente lhes digo: 'Quero amá-lo'. Acho-o maravilhoso, mas alguma coisa, que não sei o que é, me impede. Então, fico esperando que os presentes cheguem".

Tais palavras podem parecer grosseiras e não encerram mais mérito do que a própria pessoa controladora, mas demonstram como os valores podem deteriorar-se em um relacionamento com alguém controlador. Tentar controlar os outros sempre mina sentimentos positivos e sinceros que estão construindo a verdadeira confiança.

O TIPO COMPETITIVO

As pessoas competitivas gostam de ficar por cima, o que talvez seja sua força, mas também sua fraqueza. Estão sempre tentando mostrar ao mundo que são melhores do que os outros. Receiam testar seu próprio valor e, assim, encontrar um oponente a quem possam derrotar facilmente, em vez de desafiarem a si mesmas. À medida que se tornam mais seguras, podem escolher oponentes de maiores méritos, mas ainda assim receiam enfrentar suas próprias deficiências. Precisam aprender a correr o risco de desenvolver o que têm de melhor, não apenas de ser melhores.

Tais pessoas, normalmente, são bem-sucedidas no mundo dos negócios, onde sua forte necessidade de vencer é recompensada por meio de salários elevados. Ironicamente, sentem que não os merecem. A própria auto-estima, carregada de incertezas, leva-as a uma existência muito tensa, pois cada nova ação oferece, ao mesmo tempo, a possibilidade de sucesso e a descoberta de que não são aquilo que fingem ser.

A auto-estima das pessoas competitivas está continuamente ameaçada por fatores externos. Algumas vezes, podem perder-se trabalhando exclusivamente para a estima e adoração dos outros. Cobertas de elogios, perdem sua motivação e se dão por vencidas muito antes de terem alcançado seu verdadeiro objetivo. Tendem a empenhar-se mais pelos efeitos do que pelos objetivos em si. Essa busca de uma prova exterior de seu valor as inspira, mas também as limita. Sua lição de vida é a de que precisam aprender a ser suas próprias críticas, estabelecer seus próprios objetivos e padrões e ouvir sua voz interior, que lhes dirá se agiram bem ou não.

A necessidade de um reforço externo torna-se um problema especialmente difícil em um relacionamento, pois não apenas essas pessoas querem ser estrelas, mas desejam que seus parceiros também sejam seus principais fãs e divulgadores, o que pode até dar certo à medida que esses parceiros não tenham vida própria. Viver com pessoas competitivas, muitas vezes, se assemelha ao ambiente do camarim de um artista, repleto de excitação que a pessoa centra em si mesma. Seu desempenho tem precedência sobre tudo o mais. Essas pessoas sempre insistem em que as coisas sejam feitas como elas determinam, pois acreditam que aquilo que estão fazendo é mais importante do que todo o restante. Tal preocupação pode ser compreensível quando o desempenho envolve uma grande negociação, um julgamento que está por vir, uma operação difícil ou a apresentação de uma coleção. As pessoas competitivas, no entanto, mostram-se menos intensas quando estão se preparando para o exame que lhes permitirá tirar a carteira de motorista ou até mesmo quando se vestem para uma festa onde acham que serão notadas. Tornam-se facilmente preocupadas com elas mesmas e relegam o resto a segundo plano.

As pessoas competitivas vivem em um mundo governado por aquilo que imaginam. São grandes sonhadoras, o que fica muito bem para Michelangelo contemplando o teto, sem nenhuma pintura, da Capela Sistina. Infelizmente, num relacionamento, a pessoa competitiva recorre muitas vezes a sua imaginação para fingir que algo tem extraordinária importância, simplesmente porque ela necessita sentir-se valorizada.

É a característica de exagerar a importância de questões banais que dificulta o relacionamento com pessoas competitivas. Elas exigem, com tamanha freqüência, estar no centro do palco em relação a assuntos de menor importância, que seus parceiros logo perdem a capacidade de estabelecer discriminação entre o que é realmente importante e o que é imaginário. Em conseqüência, acabam perdendo o apoio do companheiro, que pára de acreditar nelas. Isso só serve para reforçar a dúvida que têm em relação a si mesmas e que as devora secretamente. Tendem a atribuir seus fracassos à falta de reconhecimento do parceiro e tornam-se fonte de conflitos.

As mulheres competitivas tendem a usar sua sexualidade como mercadoria. Exigem que seus parceiros as cubram de aprovação e que comentem o quanto são atraentes. Esperam atenção, mas quando a recebem, agem como se estivessem muito surpresas e, com falsa modéstia, se desmerecem, dizendo: "Oh, você deve estar cego. Hoje não estou com aparência muito boa", como se estivessem implorando mais elogios. No entanto, ficam profundamente magoadas se não recebem elogios e o ofensor tem de fazer tudo para merecer seu perdão. Se o parceiro não lhe der atenção, ela provocará seu ciúme e lhe dirá o quanto as pessoas a adoram e quão bela os outros a consideram.

As mulheres competitivas usam, freqüentemente, seus encantos sexuais para conseguir o que desejam. Sabem intuitivamente o que excita o parceiro e, muitas vezes, fingem estar sexualmente excitadas. Quando o parceiro corresponde, freqüentemente perdem o interesse e tentam tratar sua sedução como se fosse uma brincadeira sem conseqüências. Não é de surpreender que tais pessoas tenham grande dificuldade em chegar à intimidade.

Além de fingirem estar sexualmente excitadas, muitas vezes representam outros sentimentos, por exemplo, a mágoa, a raiva, a culpa, o remorso, o medo. Agem assim para extrair dos outros a emoção que querem exprimir, sem ter de assumir responsabilidade por ela. Poderão alegar que estavam apenas fingindo. Freqüentemente, tocam em questões sensíveis, que incomodam seus parceiros. Não é de surpreender que tenham dificuldade em perceber se a reação que estão presenciando é verdadeira ou se é apenas uma reação a sua fantasia.

Quando interrogadas sobre sua própria sinceridade, as pessoas competitivas ficam profundamente ofendidas e perdem facilmente o controle. Ameaçam ir embora ou fazer o que quer que seja, só para evitarem ser questionadas e para poderem ter a última palavra. Algumas das cenas mais brutais do relacionamento ocorrem durante tais confrontos, quando a raiva que provocam leva à violência física.

Como se poderia esperar, as pessoas competitivas são profundamente sensíveis ao constrangimento. Qualquer exibição pública de suas deficiências é uma fonte poderosa de mágoa. Muitas brigas com pessoas competitivas são precipitadas "inocentemente" pelo elogio público de seus parceiros à aparência ou às realizações de outra pessoa, sobretudo se elas atuam no mesmo campo da pessoa em questão. Na lógica distorcida da vingança, elogiar outra pessoa torna-se a arma secreta de seus parceiros.

O homem competitivo está sempre imbuído de seu trabalho e, sobretudo, de seu envolvimento emocional. Fala incessantemente sobre quem é e onde se situa sua força. Menospreza quem com ele compete. Divide seu tempo acreditando que é maravilhoso e duvidando de si mesmo. Os homens competitivos assemelham-se a colegiais, que cresceram demais, e suas preocupações com os próprios méritos torna impossível amá-los. O amor, em seus termos, significa elogiá-los por seu desempenho e apoiar seus egos fracos. O único momento em que realmente prestam atenção naquilo que os outros estão dizendo é quando o assunto lhes diz respeito. A necessidade de autovalorizar-se limita sua dedicação aos outros.

COMO OS TIPOS VIVEM JUNTOS

Independentemente de seu tipo de caráter ou do tipo de parceiro, ainda assim é possível ter um relacionamento duradouro e amoroso. No entanto, quando as pessoas dependentes, controladoras ou competitivas entram em colisão, suas dificuldades são previsíveis. Compreender tais problemas poderá ajudar a resolvê-los.

Tenha em mente que, em todos esses conflitos, a solução sempre se obtém ao se dizer a verdade sobre seus sentimentos. Lembre-se de que você é uma pessoa, antes de ser uma parceira. Você deverá fazer aquilo que for preciso para garantir que poderá afastar-se de qualquer coisa de que não goste. Sua primeira obrigação é sempre descobrir e desenvolver sua força, ressaltando para seu parceiro aquilo que você vê e sente, de maneira amorosa.

O relacionamento entre pessoas dependentes

Quando duas pessoas dependentes se unem, estão motivadas pela segurança e pela permanência, mas desejam a segurança a ponto de, freqüentemente, não se permitirem assumir os riscos necessários para crescerem e se sentirem à vontade em companhia um do outro. A regra não-escrita que governa tais relacionamentos é a de que cada parceiro é propriedade do outro, responsável pelo outro e diante do outro. Como existe pouco espaço para refletir as necessidades de independência de uma pessoa ou para satisfazê-las, em breve o relacionamento transforma-se em uma prisão. Como a maior parte desses laços de dependência é formada entre duas pessoas jovens que ainda precisam crescer, existe, nesses relacionamentos, um aspecto de ansiedade. Os parceiros ainda sentem necessidade de crescer, mas receiam ser abandonados.

Quando um dos parceiros adquire a força para ser mais independente, o outro fica aterrorizado. Prevalecem então os resmungos, o sufocamento, o afeto forçado, o policiamento, as solicitações de contínuas demonstrações de amor e de confiança. Isso provoca, ao mesmo tempo, sentimentos de culpa e de afastamento.

Para o resto do mundo, os relacionamentos de dependentes com dependentes parecem algo tedioso, pois apóiam-se na manutenção do *status quo* que existia quando o casal começou a se firmar. Podem, também, dar a impressão de que é o mais íntimo de todos os relacionamentos, caracterizado por um mútuo sistema de apoio. Na verdade, podem ser rígidos à medida que tentam convencer um ao outro de que nada têm a recear, de que ambos estão bem e vivem no melhor de todos os mundos possíveis. Querem acreditar que são felizes.

Barry e Julie casaram-se logo após terem concluído o segundo grau. Eles tinham sido eleitos "O Par Romântico da Turma". Barry foi trabalhar com seu pai e moravam em um apartamento em cima da garagem da casa dos pais de Julie. Barry referia-se a si mesmo como alguém que vivia um casamento feliz, que tinha uma vida sólida, com apenas dezoito anos de idade. Entretanto, receava assumir certos riscos sozinho e necessitava da proteção de seu pai e da estabilidade da família para sentir-se bem em relação a si mesmo.

Aos vinte e dois anos, Julie tinha dois filhos e engordara vinte quilos. Ficava sempre em casa. Barry não tinha objeções quanto a isso, pois sempre sabia onde ela estava, o que lhe proporcionava segurança; nesse sentido, viviam um para o outro.

Barry queria ter uma casa só deles, mas Julie relutava em desistir das conveniências e do apoio que tinha da mãe na educação das crianças. Barry saía-se muito bem como vendedor, sua autoconfiança aumentava e ele sentia que estava na hora de se mudar. Ele insistiu e acabaram encontrando uma casinha a menos de um quilômetro de distância dali, o que só contribuiu para aumentar ainda mais sua auto-estima.

O pai de Barry morreu de repente. Barry assumiu os negócios e, embora demonstrasse estar confiante, precisava de mais sinais materiais para mostrar às pessoas que agora era ele o chefe. Um carro maior era o primeiro item de sua lista e, embora estivessem na casa nova havia apenas um ano, Barry desejava uma casa maior, em um bairro melhor. Julie queixou-se, pois receava que uma casa maior acabasse exigindo mais dela. Barry voltou a insistir e, antes que ela pudesse encontrar objeções, eles se mudaram pela segunda vez.

Quando Barry fez planos para expandir os negócios e quis que Julie viajasse com ele, ela começou a ter ataques de pânico, receosa de que algo de terrível acontecesse com as crianças, caso ela se afastasse de casa. Inicialmente, Barry ficou preocupado, mas, à medida que os sintomas de Julie aumentavam, ele começou a se sentir confinado. Ficou com raiva dela e ressentido diante dos problemas com as crianças que, segundo sua maneira de ver, Julie parecia inventar. Ela começou a se queixar de que ele já não a amava mais. Quando finalmente ele explodiu dizendo que ela havia ficado obesa e já não era mais tão atraente como outrora, Julie ficou arrasada.

Barry começou a passar mais tempo no trabalho e quanto mais ele se afastava, mais Julie se apegava a ele, exigindo continuamente provas de amor e solicitando que ele repetisse que jamais a deixaria. Ele queria ter uma vida social mais intensa, Julie recusava-se a sair de casa. Barry sentiu-se sozinho e abandonado.

Quando Barry descobriu várias garrafas de vinho vazias na lata de lixo e Julie confessou que beber era a única coisa que a reconfortava por ficar sozinha, ele experimentou profundos sentimentos de culpa. Achando que havia sido o único responsável por todos os problemas dela, ficou muito abalado e começou a chorar. Explicou que, embora ainda sentisse necessidade de Julie, queria que ela fosse uma mulher de verdade e ampliasse seus horizontes. Ela não compreendeu. Tudo o que ela queria era que Barry a amasse, a exemplo do que ele sempre havia feito. Ele havia mudado e não era justo que lhe pedisse para ser diferente.

Em um momento de grande coragem, Barry disse a verdade. Confessou sua raiva diante da atitude de confinamento de Julie e de seu fracasso em tomar conta de si mesma. Disse-lhe que se ela não melhorasse acabaria perdendo-o. Barry sentia que seu amor diminuía, mas afirmou não querer que isso acontecesse.

Indignada, Julie foi correndo para a casa de sua mãe, mas as boas-vindas logo deixaram de ser tão calorosas. Sua mãe disse-lhe que agora seu lugar era ao lado de sua própria família. Julie receava o divórcio, mas foram necessários vários meses para que ela manifestasse todo seu desamparo e, finalmente, se desse conta de que estava atraindo aquilo que mais temia. Motivada inicialmente pelo desespero, resolveu tentar mudar. No decorrer de um ano perdeu boa parte do peso e começou a trabalhar na loja de uma amiga, que vendia cartazes artísticos. Deu-se tão bem, que quando a amiga decidiu abrir uma segunda loja, Julie assumiu a gerência e começou a organizar exposições, providenciando a publicidade e tomando a iniciativa de procurar artistas gráficos. Quando ela insistiu em ter alguém que a ajudasse a tomar conta das crianças em período integral, Barry começou a levantar objeções. Agora era ele quem começava a sentir-se ameaçado diante da crescente independência de Julie. Afinal, eles não haviam tido experiências com mais ninguém e agora que Julie estava tão bonita, explicou Barry, ela poderia querer ter experiências com outros homens. Julie tranqüilizou-o. Não apenas não queria ter tais experiências, mas compreendia perfeitamente tudo aquilo por que ele havia passado em sua tentativa de fazer com que ela se motivasse. Foi um momento maravilhoso para ambos.

As pessoas dependentes só se arriscarão à mudança quando o desastre lhes parecer certo. Se os parceiros puderem acreditar no amor mútuo, correndo o risco de se abrirem em relação a seus temores, verdadeiros passos em direção à independência poderão ser dados juntos.

DINÂMICA DO RELACIONAMENTO ENTRE PESSOAS DEPENDENTES

Por que se relacionam: Necessidade mútua de apoio.
Forças que solapam: Qualquer movimento à independência.
Conflitos: Deixar de dar apoio, amor ou demonstrações de confiança.
Por que se separam: Um deles, finalmente, supera o outro.
O que cada um precisa do outro: Demonstrações de confiança, quando não estiverem crescendo.
Indicações para o crescimento: Ver seu parceiro como uma pessoa independente.

Relacionamento entre pessoas dependentes e controladoras

Mais comum do que os relacionamentos entre pessoas dependentes, o relacionamento entre pessoas dependentes e controladoras parece ser ainda mais estável; porém, quando surgem problemas, as coisas se tornam um verdadeiro pesadelo. As pessoas dependentes, freqüentemente, testam o amor de seus parceiros. As controladoras, no entanto, são de tal forma intelectualizadas que, apesar de toda proteção e segurança que oferecem, ainda assim seus parceiros dependentes não se sentem amados. Sentem que lhes falta algo, mas não têm a necessária coragem ou maturidade para tomar uma iniciativa.

Algumas das pessoas mais frustradas e desesperadas, em tais relacionamentos, são os parceiros dependentes. Limitaram a tal ponto seu crescimento que perderam a confiança em si mesmos e, quando se sentem abandonados, podem ficar completamente desamparados ou ameaçar se suicidarem. Se conseguem tornar-se auto-suficientes, também é visto como uma ameaça ao parceiro controlador. Se uma parceira dependente se der conta de que não está obtendo o afeto de que necessita e, inocentemente, for buscar apoio junto a outras pessoas, então o parceiro controlador, que contava com a obediência de sua parceira e o fato de que ela precisava dele, tenta estabelecer regras ainda mais rígidas. A parceira dependente voltará a submeter-se, pois, caso contrário, o relacionamento poderá se tornar um verdadeiro campo de batalhas. Cada tentativa feita pela parceira dependente no sentido de desenvolver suas capacidades, de trabalhar ou de ter uma vida própria é vista como uma rebelião. O relacionamento entre uma pessoa dependente e uma pessoa controladora só está livre de problemas quando ambos aceitam seus papéis e não têm o menor desejo de mudar.

É estranho que quando o amor acaba em tais relacionamentos, os parceiros sentem grande dificuldade em deixá-lo. O controlador não consegue desistir daquilo que controla, e a parceira dependente se vê acabrunhada diante do pensamento de ter de começar tudo de novo.

O que se segue é uma transcrição resumida de um telefonema que recebi em meu programa de rádio. Ela ilustra como uma pessoa dependente se apega a um parceiro controlador, unicamente pelo falso senso de segurança que este último cria, e de maneira rígida. Os parceiros dependentes continuam insistindo, mesmo sabendo que o fato de agir assim não é bom para eles. Sentem que, por pior que sejam tratados, isso não é tão temível quanto o desconhecido. Tal receio é, com freqüência, o laço mais forte que prende duas pessoas.

M: Meu nome é Márcia. Tenho sessenta anos. Quero lhe fazer uma pergunta: Meu marido pode me deixar fisicamente doente?
V: Por que está perguntando?
M: Sinto muita dor na coluna, mas noto que quando ele está por perto a dor sempre piora.
V: Ele nunca viaja?
M: Algumas vezes, durante várias semanas.

V: E daí?
M: A dor passa.
V: Por que é tão difícil para você se dar conta disso? Há quanto tempo tem esse problema?
M: Dezoito anos.
V: Dezoito anos? Há quanto tempo está casada?
M: Há pouco mais de dezoito anos.
V: Como é viver com esse homem?
M: Bem, ele não conversa comigo. Sonega dinheiro. Eu praticamente tenho de implorar dinheiro para comprar comida. Quanto a dinheiro para comprar roupa, nem pensar. Ele diz que eu tenho roupa suficiente.
V: Você lhe diz como se sente em relação ao modo como ele lhe trata?
M: (ri) Acha que ele ouviria? Ele jamais ouve.
V: Vocês têm um relacionamento sexual?
M: Não, minhas costas estão sempre doendo quando ele está presente.
V: Como é que ele reage quando suas costas estão doendo?
M: Ele simplesmente me ignora.
V: Imagino que isso não lhe importa, não é mesmo?
M: Ahan.
V: Têm filhos?
M: Só de meu primeiro casamento. Ele não gosta de meus filhos.
V: Mencione alguns pontos positivos nele.
M: (pausa) Bem, ele é um organizador eficiente. Sempre me deixa listas do que preciso fazer em casa, quando se ausenta, que encanador devo chamar, qual o número de seu telefone. Isso só acontece, porém, quando há algum vazamento sério. Só mesmo quando as coisas ficam muito complicadas é que ele me dá dinheiro. Ele também toma conta das finanças e não me deixa a menor iniciativa.
V: Você o ama?
M: Primeiro teria de gostar dele.
V: Estou tendo dificuldade em entender por que você continua com ele.
M: Para onde eu iria?
V: Como assim, para onde iria? Já ouviu falar em arranjar um emprego e sustentar-se?
M: Tentei, mas minhas costas são um problema.
V: Quando ele está por perto. Quando você fica sozinha parece que suas costas melhoram.
M: Imagino que sim.
V: Como assim, imagina? Você não me disse a verdade? Não sabe, no fundo de si mesma, que sempre está melhor longe dele?
M: Suponho que sim.
V: Você não supõe, Márcia. Você sabe.
M: Suponho que saiba.

V: Como era sua vida antes de se casar com ele?
M: Eu trabalhava e, depois que meu primeiro marido morreu, consegui formar meus filhos. Detestava trabalhar e sentia-me muito desesperada. Foi por isso que me casei com ele. Ele se ofereceu para cuidar de mim.
V: Muito irresistível, não?
M: (suspira)
V: E então, o que vai fazer?
M: Na minha idade?
V: Na sua idade. Há quanto tempo você vem dizendo isso a si mesma? Dez, quinze anos?
M: (ri) Durante toda minha vida.
V: Você não é feliz.
M: Não, não sou.
V: Mas merece ser.
M: Mas, então, por que ele não me trata melhor?
V: É o jeito dele.
M: Acha que ele poderá mudar?
V: Ele mudou alguma coisa nesses dezoito anos?
M: É, o senhor tem razão.
V: Márcia, baseado no seu bom humor e no tom de sua voz, posso afirmar que você ainda tem muitos anos pela frente e que merece vivê-los feliz. Não são as restrições opostas por seu marido que a imobilizam, mas seus próprios temores. Você vendeu sua liberdade a esse homem, ao evitar assumir a responsabilidade por sua própria pessoa. A dor que sentiu durante todos esses anos deveria tê-la levado a ir embora há muito tempo, mas em vez disso você usou essa dor para se proteger. Você se permitiu tornar-se uma pessoa debilitada e se ver como alguém que se encontra em uma situação desvantajosa.
M: É verdade. Estou sempre indo aos médicos e eles até chegam a me dizer que eu deveria ir embora.
V: É preciso você dar um primeiro passo.
M: Mas eu não consigo me sustentar.
V: Talvez agora não, mas deve haver um jeito. Alguma vez disse a seu marido que queria ir embora?
M: É a ameaça que ele me faz.
V: Pois tem de ser seu objetivo, ainda que seja apenas para provar a si mesma que você se sente melhor sem ele. Você vem usando há tempo a dor como uma arma, que agora sente-se perdida sem ela. Você tem de reconhecer a dor das próprias circunstâncias de sua vida em vez de concentrar tudo nas costas. Apegou-se de tal forma a sua dor que acabou esquecendo que ela é um aviso, uma inspiração para que se possa arriscar. Ela está presente para obrigá-la a se mexer e a enxergar que precisa tornar a vida melhor para si mesma.

Infelizmente, não sei que atitude Márcia acabou tomando, mas espero que ela tenha conseguido entender que é melhor sentir um pouco de medo do mundo do que sentir-se desamparada em relação a sua vida e a seu corpo.

DINÂMICA DO RELACIONAMENTO ENTRE PESSOAS DEPENDENTES E CONTROLADORAS

Por que se relacionam: Fraqueza mútua, reconhecida pelo tipo dependente, negada pela pessoa controladora.

Forças que solapam: Qualquer coisa que signifique um acréscimo à força da pessoa dependente; qualquer coisa que diminua o poder da pessoa controladora.

Conflitos: A pessoa dependente torna-se um fardo ainda maior ou decide crescer. A pessoa controladora retém o apoio emocional e material.

Por que se separam: A pessoa dependente desenvolve a auto-estima, os filhos crescem; a pessoa controladora pode ir embora sem se sentir culpada.

O que cada um precisa do outro: As pessoas dependentes precisam de espaço para crescer; as controladoras precisam conceder maior liberdade.

Indicações para o crescimento: Conceder direito à pessoa de ser quem ela é.

O RELACIONAMENTO ENTRE AS PESSOAS DEPENDENTES E COMPETITIVAS

Os relacionamentos entre pessoas dependentes e competitivas são instáveis porque os dois parceiros se encontram nas extremidades opostas do espectro do crescimento. A pessoa dependente não quer correr nenhum risco, enquanto que a competitiva parece estar assumindo riscos demais. O nível de ansiedade da pessoa dependente, nesses relacionamentos, é alto e o ciúme é comum, o que é compreensível. O parceiro competitivo, muitas vezes, sente-se refreado por sua companheira.

As pessoas competitivas, inseguras, são atraídas por esses relacionamentos antes de conseguirem se afirmar no mundo. Usam seus parceiros para lhes proporcionar uma base emocional. Embora, muitas vezes, superem seus parceiros, fingem que não podem partir já que seus companheiros têm tanta necessidade delas. Nesses relacionamentos entre pessoas dependentes e competitivas, ambos os parceiros se vêem às voltas com as infidelidades, com casos duradouros por parte do parceiro dependente e com indiscrições de menor duração que servem para construir o ego por parte do parceiro competitivo. Existe um equilíbrio delicado entre a estabilidade e a efusão nesses relacionamentos e eles só funcionam quando ambos os parceiros se dispõem a desempenhar os papéis que lhes foram designados e não sentem necessidade de mudar.

Chet e Pauline eram casados há 15 anos e, durante esse período, a carreira de ator dele havia se desenvolvido. Ele havia conseguido papéis de primeira linha na Broadway, nos palcos londrinos, em vários filmes e em minisséries na televisão. Pauline, inicialmente, trabalhava em fotojornalismo, mas sua timidez a impedia de ser suficientemente agressiva para conseguir fotos realmente expressivas. O sucesso financeiro de Chet e a capacidade de Pauline no sentido de administrar os investimentos tornaram-nos ricos. As aparências indicavam que tinham uma vida feliz. Porém, havia problemas. Ao longo dos anos Pauline começou a passar um tempo cada vez maior em casa, escrevendo um romance que não parecia progredir. Chet apoiava muito suas ambições artísticas quando se dedicava a pensar nela. De vez em quando, sua atitude parecia um tanto paternalista e seus elogios soavam como a exibição de uma aprovação obrigatória, a que ele se entregava para garantir a paz e permitir-lhe falar a respeito de si mesmo. A vida que levavam girava, em grande parte, em torno de Chet e, para manter seu senso de independência, Pauline freqüentemente exagerava na importância do que fazia. Passava horas se vestindo, fazia com que Chet perdesse a hora e, certa vez, por culpa dela, atrasou-se muito para um jantar em sua honra, o que lhe causou grande constrangimento. Chet, finalmente, foi sozinho para o jantar.

Pauline era sensível o suficiente para perceber que eles estavam passando por dificuldades. Assim, certa noite, quando Chet lhe telefonou de uma outra cidade, sem que ele soubesse, ela gravou o diálogo com a finalidade de ilustrar os problemas que estavam enfrentando. Ela vinha tentando fazê-lo ouvir suas queixas, mas em vão.

C: Olá, meu bem.
P: Olá.
C: Estive fantástico esta noite. Sentia-me aberto, livre... A platéia ficou encantada. Cheguei a ponto de me tornar o personagem, George, sem ser George, realmente. Você entende o que estou querendo dizer, não é mesmo? Senti-me casado com Martha, a outra personagem. Algumas pessoas acham que Albee, o autor da peça, é superado, mas é possível dar tanta vida ao personagem... É um veículo perfeito para mim e sempre estou descobrindo algo novo. Hoje tudo foi perfeito e eu estive ótimo. Trabalhar no palco me traz tanta energia... Não sei por que ainda me preocupo em fazer filmes...
P: E como é que foi hoje à noite?
C: O quê? (pausa, constrangimento). O que está acontecendo?
P: Nada.

C: Então, por que você fez essa pergunta?
P: Porque estou interessada.
C: Mas eu acabo de dizer.
P: É mesmo?
C: Você parece estar zangada.
P: Será?
C: Olhe, estamos a quinhentos quilômetros de distância. Se estou telefonando é para que tenhamos um pouco de contato, de amor e de apoio.
P: Parece que você tem toneladas de amor e de apoio no lugar onde está.
C: Deixe disso, você sabe muito bem o que quero dizer.
P: Não sei, não. Explique-se.
C: Mas o que é isso? O que está acontecendo com você?
P: Será que você não percebe que pega no telefone, não se importa comigo e simplesmente começa a dizer como é maravilhoso?
C: Mas é que eu estive bem esta noite. Você se sentiria orgulhosa de mim. Queria apenas compartilhar o que aconteceu.
P: Sinto orgulho de você, sempre compartilhamos, eu te amo, mas sou sua mulher e não sua espectadora. Você vive causando confusão entre nós.
C: Ora essa, você não vai começar tudo de novo.
P: Começar o quê?
C: Não tem importância.
P: Não tem importância porque não tem a ver com você.
C: Estou vendo que vou ter de desligar e telefonar mais tarde.
P: Como quiser.
C: Mas não quero. Quero apenas conversar com você.
P: Então, vamos escolher alguns assuntos. Interrompa-me quando eu mencionar seu assunto preferido.
C: Ora, por favor...
P: Que tal o pagamento dos impostos, hein? Acho que vou comprar algumas ações de um *spa* da moda... Que tal falarmos sobre minha depressão na semana passada? Não está interessado? Bem, tenho uma ótima idéia. Vamos falar sobre como você esteve maravilhoso esta noite. Você começa a falar e eu vou pôr um ovo para cozinhar. Quando estiver cozido eu volto a pegar no telefone. Quem sabe até lá você já terá dito tudo o que queria.
C: Mas o que foi que eu fiz?
P: Você me faz sentir que, em seu mundo maravilhoso, nada mais importa, a não ser sua pessoa.
C: Você importa.
P: Seja mais persuasivo... Fale devagar, meça as palavras e convença-me de que sente necessidade de mim.
C: Pare com isso. Você acha que não me importo com você?
P: É de se imaginar, não é mesmo?

C: Isso não leva a lugar algum.
P: O que você quer dizer com "isso"? Nosso casamento ou esta conversa?
C: Mas o que está acontecendo com você desde ontem? Você fica insegura e põe toda a culpa em mim. Está bem, reconheço. Sou autocentrado, egoísta, egomaníaco. Me interne em uma clínica, mande-me fazer uma lobotomia, mas sou ator e um ator fantástico. Lutei durante anos e agora estou apreciando meu sucesso. Isso por acaso é crime?
P: Pedirei a nosso advogado que examine o código penal amanhã cedo.
C: Paulie, Paulie... (ele se emociona e sua voz começa a falhar).
P: Você tem razão... É realmente um ator incrível.
C: O que você quer de mim?
P: Quero saber se você sente falta de mim. Quero saber se você pensa em mim.
C: Mas, eu penso em você! Afinal de contas, estou telefonando, não é mesmo?
P: É só para se vangloriar, não para saber como estou. Tudo isso é cansativo. Preciso que você queira estar comigo porque se sente melhor em minha companhia. No passado houve muita intimidade entre nós.
C: Sim, quando você era tão insegura que sequer conseguia sair de casa. Nós crescemos. Agora você é mais independente. Olhe só para as coisas boas que você conseguiu: a casa, o romance que está escrevendo...
P: E por que tudo isso não me faz sentir melhor?
C: (suspira) Porque não estou sendo sincero, porque não estou sendo gentil. Paulie, de vez em quando eu fico desligado. Eu te amo, sou todo seu e quero que você seja toda minha.
P: É só o que eu preciso saber. Você sabe que esqueço com muita facilidade.
C: Sinto muito. Eu também esqueço.
P: Que bom que você esteve bem esta noite...
C: Eu também fiquei contente. Achei que não daria certo.

Pauline mostrou a gravação para Chet e ela serviu para abrir os olhos de ambos. Ele sabia que era competitivo, mas não percebia quanto manipulava Pauline para que ela desse a seu ego o apoio de que precisava. Pauline sabia que era dependente, mas também não tinha percepção do modo como manipulava Chet, levando-o a lhe dar o apoio de que necessitava. Ambos estavam fazendo o mesmo jogo há anos e, agora, eram capazes de admitir um para o outro que, no íntimo, se ressentiam disso. Uma vez que foram honestos em relação a suas necessidades e sentimentos, seu relacionamento modificou-se e começou a melhorar.

Na medida em que os parceiros aceitarem mutuamente sua vulnerabilidade e se dispuserem a ser abertos, haverá espaço para o crescimento, mesmo em relacionamentos entre pessoas competitivas e dependentes. No entanto, quando o parceiro dependente se torna muito preocupado ou enciumado pelo sucesso do parceiro competitivo ou quando o parceiro competitivo fica tão preocupado consigo mesmo que se esquece das necessidades do parceiro dependente, o relacionamento pode tornar-se, permanentemente, prejudicado.

DINÂMICA DO RELACIONAMENTO ENTRE PESSOAS DEPENDENTES E COMPETITIVAS

Por que se relacionam: Necessidade de amor e de admiração por parte da pessoa competitiva; necessidade de apoio e segurança por parte da pessoa dependente.
Forças que solapam a relação: A necessidade, por parte do parceiro competitivo, de ser o centro das atenções, leva o parceiro dependente a apegar-se a ele e a testá-lo; a ansiedade do parceiro dependente sufoca seu companheiro.
Conflitos: O parceiro dependente tende a carregar todo o fardo emocional. O parceiro competitivo é incapaz de proporcionar segurança e apoio emocional ao parceiro dependente.
Por que se separam: Excesso de insegurança para que a pessoa dependente consiga lidar com ela. A pessoa competitiva se torna sobrecarregada, entediada e quer ir embora.
O que cada um precisa do outro: A pessoa dependente precisa se arriscar mais e tornar-se mais atuante e mais independente; o parceiro competitivo precisa lidar melhor com a preocupação que sente em relação à própria pessoa.
Indicações para o crescimento: A aceitação das necessidades do parceiro em uma atmosfera de honestidade, na qual a pessoa competitiva possa reconhecer sua dependência em relação à estabilidade do parceiro, e na qual a pessoa dependente consiga admitir que manipula o outro fazendo o papel de desamparada.

O RELACIONAMENTO ENTRE PESSOAS CONTROLADORAS

Essa espécie de relacionamento requer muito respeito mútuo para que possa sobreviver. A postura controladora é irracional e cada um dos parceiros poderá racionalizá-la para si mesmo. Nesse tipo de relacionamento, os parceiros precisam aceitar o fato de que aquilo que acreditam ser verdadeiro talvez nada tenha a ver com aquilo que é certo para o outro. Infelizmente, quando uma pessoa controladora une-se a uma outra pessoa, também controladora, desencadeia-se a luta pelo poder. Em situações de estresse, projetam dúvidas que sentem em relação a si mesmos e enxergam traição e ameaças onde elas não existem. Brigam como dois advogados que querem defender seus clientes.

Em tais relacionamentos, o sexo tende a ser mecânico e os parceiros, ambos com tendências obsessivas, confundem a freqüência com que fazem sexo com intimidade e desenvolvem essa capacidade sem o envolvimento de sentimentos profundos.

Quando o relacionamento é bom e existe compreensão e aceitação, o casal pode trabalhar junto, ganhar muito dinheiro e nem notar que é viciado em trabalho ou que não é especialmente afetuoso.

Quando o casal não é especialmente bem-dotado ou suficientemente maduro, o relacionamento pode se deteriorar em situações de estresse. Cada um tenta controlar o outro no sentido de testá-lo, estabelecendo regras ou manipulando, distorcendo situações, lutando pelo poder e criando conflitos em todas as situações.

Leonard e Myrna adiaram três vezes seus planos de casamento para renegociar o pacto antenupcial. Cada um deles vivia descobrindo segundas intenções nas entrelinhas e chegavam a brigar até mesmo em relação à colocação das vírgulas. Casaram-se. Então, brigavam por causa da colocação dos quadros, da mobília e de qualquer coisa que exigisse uma decisão. Por menor que fosse seu conhecimento em relação a determinado assunto, cada um deles tinha uma opinião. Uma vez adotada, tinham uma lógica própria e a defendiam. A vida a dois consistia em discussões intermináveis, organização de agendas, notas e listas. Cada um deles sempre tinha de estar com a razão.

Às vezes, discutiam acaloradamente a respeito de algum assunto banal, pois era raro discutirem algo pessoal. As piores brigas ocorriam em torno dos talões de cheques. Jamais estavam de acordo em relação aos procedimentos bancários que cada um deles adotava. Durante anos relacionaram-se bem no nível intelectual; um defendia o outro em seus contatos com o mundo exterior e viviam em relativa paz. Seus problemas começaram quando nasceu Stephanie. Myrna não gostava da idéia de amamentar. Ser uma fonte de alimentos lhe provocava náuseas. Leonard achava que a amamentação era essencial para a segurança e saúde do bebê. Discutiam em relação a tudo que tivesse a ver com Stephanie. Myrna não queria desistir de seu cargo de gerência na empresa em que trabalhava e ficar em casa. Ela achava a qualidade mais importante do que a quantidade do tempo de atenção que pudesse dar ao bebê. O único motivo pelo qual ela não se queixava de que Leonard se mostrava obcecado pelo trabalho era o fato de ela sempre estar muito ocupada para notar se ele estava ou não em casa. Concordavam apenas em relação a um único ponto: Stephanie era brilhante, e cada um deles atribuía a si a responsabilidade pelos genes que haviam dado inteligência à menina.

A cada novo sinal de inteligência de Stephanie, vangloriavam-se diante dos amigos que possuíam. Com o intuito de documentar para a posteridade o fato de Stephanie ser tão especial, bem como o de ter pais tão excepcionais, Myrna providenciou para que a menina participasse de um programa de pesquisas que analisava o perfil do aprendizado de crianças bem-dotadas. Conseguiu manipular os pesquisadores e estes permitiram que ela lhes desse assistência ao escreverem a tese. Durante anos Stephanie foi o laço mais forte que existia entre eles. Embora Myrna e Leonard tivessem alcançado todos os objetivos de suas carreiras, não eram felizes juntos. O único motivo pelo qual não se divorciavam é que não queriam que Stephanie passasse pelo sofrimento ocasionado por um lar desfeito.

Duas semanas antes da formatura no curso colegial, Stephanie, que era a primeira aluna, foi presa por vender maconha. Conseguiu ficar em liberdade vigiada após alegar que agira assim para chamar atenção, pois seus pais jamais conversavam com ela ou a ouviam de verdade. Leonard e Myrna ficaram atônitos, constrangidos e desolados. Embora secretamente se sentissem responsáveis, começaram a atacar-se e culpar-se perante o juizado. Dessa vez, as emoções que exprimiram foram profundas.

Na verdade, estavam indignados com Stephanie por expô-los tanto, mas como até então ela havia sido o farol de suas vidas, não conseguiam reconhecer sua raiva ou expor diretamente à filha a decepção que experimentavam. Dar-se conta de que Stephanie fracassara era algo que lançava dúvidas sobre seu próprio senso de perfeição. Isso os perturbou de tal maneira que eles não conseguiram se unir para defender os interesses da filha. Aquele casal, que discutia a respeito de tudo, não tinha meios de conversar sobre seu problema mais importante, sobre o tipo de pessoas e de pais que eles eram.

Stephanie, finalmente, enfrentou-os e declarou o quanto se sentia aliviada por ser normal. Tê-los como pais era um fardo, disse ela, acrescentando que a perspectiva de entrar na faculdade era algo que desejava muito, sobretudo porque assim se livraria deles. Eles jamais esperariam ouvir tais palavras da boca de sua própria filha. Foi a primeira vez que encararam a possibilidade de que poderiam estar errados.

Este relato demonstra a dificuldde básica de um relacionamento entre duas pessoas controladoras. Cada um dos parceiros vive em seu mundo particular, fechado. Sua comunicação básica consistia em definir determinados ajustes, não em viver abertamente. Muitas vezes, uma adversidade serve para derrubar esses muros.

Para que dois parceiros controladores cresçam é necessário que ambos corram o risco de ser vulneráveis. Precisam assumir um compromisso de não tirarem vantagens das fraquezas que descobrirem no outro, pois sua inclinação natural é culpar o parceiro pelas próprias deficiências. A fim de se aproximarem, devem se arriscar a ser manipulados. Este é seu maior temor. A menos que ocorra uma tragédia, custam a mudar, o que é compreensível.

Por que se relacionam: Ambições, objetivos e estilo intelectual semelhantes.
Forças que solapam a relação: Opiniões conflitante sobre como alcançar seu objetivo e qualquer modificação que altere o equilíbrio de poder entre eles.
Conflitos: Dinheiro, controle, permissão, autonomia.
Por que se separam: Um ou outro não suporta ser controlado ou a situação de baixa auto-estima que a manipulação provoca.
O que cada um precisa do outro: Maior liberdade e autonomia.
Indicações para o crescimento: Aceitar as próprias imperfeições e dar espaço à outra pessoa para ela ser imperfeita.

O relacionamento entre pessoas controladoras e competitivas

Quando esse relacionamento funciona, cada parceiro oferece ao outro aquilo que parece estar faltando em sua vida. O parceiro controlador, em geral mais velho, mais rico ou influente, dá ao parceiro competitivo a oportunidade de ter sua grande chance. O competitivo introduz a paixão e a excitação no relacionamento. É a relação do mecenas e de seu protegido. Eles podem formar casais surpreendentes!

Quando a vida se torna difícil, quando o poder da pessoa controladora se atenua ou quando a pessoa competitiva deixa de obter sucesso, esse relacionamento pode se tornar tumultuado e insatisfatório. Quando a carreira da pessoa competitiva começa a não dar certo, ela, em geral, acusa o parceiro controlador de não apoiar, não fazer o suficiente por ela ou tentar limitar seu sucesso. Por outro lado, um grande sucesso na carreira poderá ameaçar o parceiro controlador, que reterá seu apoio a fim de reafirmar seu controle sobre o parceiro competitivo. Este revida rapidamente, procurando alguém que o aprecie verdadeiramente e esteja disposto a lhe dar aquilo que lhe foi negado.

Sempre que o parceiro controlador deixa de cumprir o que prometeu, o parceiro competitivo tende a sair da relação amorosa criando pânico. Existe uma considerável barganha nesse relacionamento: a paixão e o dinheiro são as principais mercadorias negociadas. A dor da recusa pode tornar-se insuportável. Assim como o parceiro controlador pode tornar-se rígido e manipulador, o parceiro competitivo também pode se tornar manipulador ou indiferente. Tais pessoas podem pôr para fora o que existe de pior e de melhor nelas mesmas.

Eva encontrava-se, há poucas semanas, nos Estados Unidos com um visto de estudante, quando conheceu Dennis na inauguração de uma exposição de pintores expressionistas em um museu. Eva tinha trinta e poucos anos e alegava pertencer a uma família da nobreza alemã. Dennis tinha quase cinqüenta anos, era herdeiro de uma grande fortuna e pertencia a uma família que se estabelecera nos Estados Unidos antes da guerra da Independência. Não trabalhava, mas tinha grande cultura, era ativo no campo das artes e ocupava posição de destaque na sociedade. Apesar de ser um tanto corpulento, era encantador e possuía uma desenvoltura inata, que lhe permitia circular na alta sociedade. Eva, de imediato, achou-o atraente e ao descobrir que dois Monets, um Cézanne e um pequeno Van Gogh da exposição ali estavam por empréstimo da família de Dennis, este lhe pareceu quase irresistível. Algumas perguntas discretas revelaram que ele acabava de se divorciar e morava em uma bela casa sem mobília. Precisava, e muito, de um toque feminino, decidiu Eva. Ela conseguiu conversar com o curador da exposição assegurando-lhe de que os quadros de Dennis eram os melhores, tomando cuidado para que este a ouvisse. Ele então percebeu Eva, que realmente chamava a atenção, e assinalou, com seu charme todo particular, que os quadros emprestados pelo Instituto de Arte de Chicago eram muito melhores do que os dele.

Em uma semana Eva já havia se mudado para a casa de Dennis.

Dennis jamais havia conhecido uma paixão como aquela. Eva era completamente desinibida no plano sexual, e o fez sentir-se vivo. Lisonjeava-o, declarando que fazer amor com ele era como "ter o paraíso na terra". Não era difícil convencê-lo. Começou a emagrecer, sem se dar conta de que Eva o obrigava a seguir uma dieta. Ela começou a escolher as roupas que ele vestia e a decorar a casa com o dinheiro dele. Sem o menor constrangimento, manifestava certos desejos quando faziam compras, e ele lhe dava pequenos presentes. Em seguida, ela demonstrava amor e afeto. Eram atitudes manipulativas, que Dennis reconhecia, mas às quais não fazia objeções. Se sua ex-esposa tivesse agido daquela maneira, ele a teria acusado no ato, mas considerava adoráveis as pequenas manobras de Eva.

Dennis, por natureza, era mão fechada. Desde a infância ensinaram-lhe que embora a família tivesse muitos bens, eles haviam sido adquiridos antes que existisse o imposto de renda. Se fossem esbanjados não haveria como adquiri-los novamente. Tinha aprendido a viver de juros e jamais vendia seus ativos. Eva descobriu seu ponto fraco. Ele era entediado e ela era a personificação de suas fantasias sexuais. Eva sabia como lhe dar segurança, no que havia de mais profundo em seu ser e, portanto, tinha o poder de ameaçá-lo. Embora Dennis pudesse ser rígido e intimidante com seus sócios, com Eva ele se mostrava dócil e cordato.

Eva era ambiciosa, brilhante, altamente competitiva, mas, quando se sentia insegura, mostrava-se uma pessoa de extremos. Ia do receio a uma histeria incontrolável. Seu ponto fraco era o fato de sempre se apoiar nos outros e, assim, jamais desenvolveu a confiança no sentido de ser uma pessoa especial ou a crença de que poderia conseguir as coisas por seu próprio valor. Em vez de recorrer a si mesma, buscando forças para ser bem-sucedida, achou mais fácil usar Dennis, o que não é de surpreender. Dennis, por sua vez, sentia orgulho da beleza dela, de seu bom gosto, de seu estilo, e tudo isso refletia em seu favor. Quando, porém, queixou-se timidamente de que Eva estava gastando dinheiro demais ou que o levava a festas de que ele não gostava especialmente, só para exibir um vestido ou uma jóia novos, ela ficou profundamente magoada e teve uma reação excessiva, fazendo uma cena histérica, que o levou a deixar de lado suas queixas. Ele sempre estava disposto a fazer uma trégua. Eva sabia como ter a palavra final e Dennis acabava sentindo-se bem por ter concordado.

Dennis não era um homem fraco, mas não tinha controle algum sobre Eva, sentimento que não conseguia suportar. Unicamente por esse motivo, adiava a decisão de casar-se com ela, mas continuava permitindo que ela gastasse seu dinheiro como bem entendesse. Eva o dominava completamente e, para manter seu amor, fazia tudo o que era preciso.

Certa tarde, os advogados de Dennis o informaram que retiradas imprudentes de suas aplicações haviam diminuído o capital e reduzido sua renda. Ele agora tinha de se sujeitar a um orçamento frugal. Dennis esperava que o amor de Eva compensasse a privação que teriam de enfrentar. Afinal de contas, ainda tinham um ao outro.

Sem estar inteiramente seguro de sua posição, Dennis levou Eva para almoçar em um restaurante da moda a fim de explicar-lhe sua nova situação financeira. Esperava que, em um ambiente público, ela moderasse suas reações. Antes que ele abrisse a boca, Eva disse que precisava de um vestido novo para um baile de caridade. Quando Dennis sugeriu que ela usasse um de seus vestidos, Eva se aborreceu e declarou que não poderia comparecer a um acontecimento tão importante usando um vestido que já havia sido visto. Preferia ficar em casa. Dennis disse que, nesse caso, iria sozinho. Ela levantou-se, jogou um copo de água no rosto dele e, enfurecida, retirou-se do restaurante. Ao chegar à rua Dennis a viu correndo em direção ao carro, mas quando a alcançou ela reagiu como se ele a estivesse atacando. Seguiram-se lágrimas e insultos, enquanto eles se retiravam. Eva acusou-o de tê-la maltratado e ficou tão descontrolada que saiu do carro assim que o farol fechou, e correu cegamente pela rua, onde o tráfego era intenso. Os carros brecaram bem em cima dela. Assim que chegaram em casa ela acusou Dennis por quase ter sido atropelada.

Quando Eva se apercebeu de que Dennis agora tinha rendimentos muito reduzidos e não podia mais controlar seu dinheiro, a relação deteriorou-se. Embora declarasse que o amava, qualquer dificuldade financeira por que passavam acabava em discussão. No entanto, o nome de Dennis ainda significava poder e continuavam a receber muitos convites. Eva usava sua influência para penetrar em círculos sociais, recorria a seu nome e elogiava-o em público, embora, na intimidade, maldosamente, o ofendesse. Diminuía-o até ele ficar a ponto de explodir e, então, acalmava-o por meio de sua magia sexual. Ele começou a se odiar por precisar dela, mas ainda acreditava que não conseguiria viver sem ela.

Em meio a todos esses fatos, uma pessoa da família de Dennis faleceu e ele se viu novamente cheio de dinheiro. Sua confiança voltou e, com ela, suas suspeitas. Sabia que não conseguiria enfrentar Eva e fez segredo em torno da herança recebida. Assim, ela não ficou sabendo que a correlação de forças entre eles havia se modificado.

Com essa nova consciência de poder, Dennis tornou-se mais cauteloso e começou a afastar-se de Eva. Ao surpreendê-lo conversando com uma jovem em uma festa no iate clube, Eva imediatamente ficou com dor de cabeça e insistiu para que ele a levasse para casa. Dennis, com muita calma, sugeriu que ela estivesse com ciúmes. Ela ficou indignada e, quase gritando, exclamou: "Como é que você pode dizer semelhante coisa?" Retirou-se às pressas, mas tomando cuidado para que ele a alcançasse a tempo.

Dennis voltou-se para a jovem com quem conversava e cuja fisionomia refletia o calor, a simpatia, a atenção que as pessoas geralmente lhe dispensavam, bem como o respeito que, recentemente, começara a faltar em sua vida. Resolveu acabar de beber e perdeu a noção do tempo. Quando chegou em casa Eva estava fazendo as malas, mas, em vez de enfrentá-la, ele preparou um drinque. Pela primeira vez durante meses sentia-se em pleno controle da situação e ficou sentado, pacientemente, na sala-de-estar, esperando que Eva, frenética, batesse em retirada. Antecipando-se a ela, chamou um táxi e mandou o motorista subir até o quarto, a fim de ajudá-la com a bagagem.

Eva havia calculado mal quanto de manipulação e de humilhação Dennis toleraria. Ele precisava do amor e do apoio de uma mulher, e receava desesperadamente ficar só. O que Eva não entendeu é que pessoas controladoras como Dennis deixam de amar com a mesma precipitação com que se apaixonam. Quando Eva lhe telefonou, daí a duas semanas, pronta para retomar seu antigo relacionamento, usando seus melhores argumentos, uma jovem atendeu ao telefone. Morta de curiosidade, pediu-lhe que se identificasse. Ela respondeu que era a nova esposa de Dennis.

A capacidade de um parceiro controlador no sentido de fazer demonstrações de força, em geral, é prejudicada em um relacionamento com um parceiro competitivo. Se não fosse pela herança, que não esperava, Dennis talvez jamais tivesse recuperado a coragem. Seu dinheiro era sua verdadeira fonte de poder, pois ele jamais havia se destacado por seus próprios méritos. Muitas pessoas controladoras não têm poder pessoal, à parte seus meios financeiros. Uma vez que sua situação voltou a se firmar, Dennis conseguiu distanciar-se de seu envolvimento e se ver separado de Eva. Assumiu o poder, recuperado, e a sensação positiva que isso lhe proporcionava. Seu súbito casamento não passava de mais uma manobra, demonstrando a liberdade que tinha em relação a si mesmo. Quanto a Eva, calculou mal ao presumir que as necessidades sexuais de Dennis eram maiores do que sua necessidade de controlar.

DINÂMICA DO RELACIONAMENTO
ENTRE PESSOAS CONTROLADORAS E COMPETITIVAS

Por que se relacionam: Sentem-se incompletas sem a outra pessoa.
Forças que solapam a relação: Mudanças quanto ao valor do amor ou do poder.
Conflitos: Cada um deles retém aquilo que o outro quer.
Por que se separam: As mercadorias não foram entregues, conforme foi contratado.
O que cada um precisa do outro: Maior compreensão e disposição de satisfazer as necessidades mútuas.
Indicações para o crescimento: Aprender a agirem sozinhos, e ainda estarem juntos.

O relacionamento entre pessoas competitivas

Se seus compromissos puderem ser acertados e se a tendência ao autoenvolvimento puder ser superada, as pessoas competitivas que se relacionam poderão levar uma vida muito interessante e repleta de desafios. Os problemas, neste caso, são previsíveis. Se existem duas carreiras e uma delas vai melhor do que a outra, a inveja, e sua companheira, a dúvida em relação a si mesmo, contaminam o relacionamento. Compartilhar a luz do mesmo refletor é um problema contínuo. O amor tem de superar a diferença e modificar a pergunta: "Por que não eu?" por "É bom para ele/ela". Trata-se de uma transição difícil para duas pessoas que tendem a ser inseguras e a basear seu bem-estar no vigor com que são aplaudidas. Se duas pessoas competitivas conseguiram superar sua mútua insegurança e usar sua vulnerabilidade compartilhada a fim de se compreenderem, seu relacionamento poderá ser um dos mais fortes e vibrantes.

Erik e sua mulher, Martina, eram duas pessoas competitivas e suas carreiras iam muito bem. Ele trabalhava na indústria aeroespacial, como analista de custos. No dia em que eles comemorariam cinco anos de casamento, teria de apresentar um orçamento para um novo sistema de lançamento de foguetes e tinha um prazo para entregá-lo.

Martina acabara de ser promovida gerente de marketing de uma grande empresa na área de saúde. A empresa desenvolvia uma nova estratégia de marketing e, naquele mesmo dia, Martina foi encarregada de fazer a apresentação do projeto.

O que se segue é uma reconstituição da comunicação entre o casal durante esse dia:

10h20 — Para Erik: (recado) Sua esposa telefonou-lhe e disse que o ama. Ela espera, com impaciência, que a noite chegue.

11 h — Para Martina: (recado) Erik telefonou-lhe para dizer que também a ama. Tentará entrar em contato antes do almoço.

12 h — Para Martina: (recado secretária) Erik telefonou-lhe. Disse que seus planos para o almoço haviam mudado, pois você teria de ir a um encontro.

13h45 — Para Erick: (a secretária o chama ao telefone) Sua mulher telefonou-lhe e disse que continuaria tentando entrar em contato, mas está tendo alguns problemas na reunião e, ao que parece, ficarão ocupados até às 16 horas. Eu lhe disse que, nesse horário, o senhor tem outros compromissos. Ela sugeriu que telefonaria às 17 horas, mas acha que poderá se atrasar. Por uma questão de pontualidade, achou melhor passar para as 20h30 a reserva no restaurante.

17 h — Para Erik: (recado) Martina disse que não há dúvidas quanto ao encontro às 20h30, mas que a reunião está se prolongando. Disse, também, que hoje de manhã o senhor estava uma graça.

18 h — Para Erick: (recado) Que dia ocupado, meu bem! Ainda estamos tratando dos detalhes finais. Tudo indica que o sujeito a quem estou substituindo era mais lento do que uma tartaruga. Estou examinando alguns documentos que acabamos de descobrir. Acho que o fulano jamais entendeu o problema que deveria resolver. Por que estou o chateando com todos esses detalhes? Espero que não tenha esquecido a data de hoje. Mal consigo esperar o momento de nos vermos. Agora estou achando que vou ficar aqui até as 19 horas, mas não passará disso. Ao que parece, você também está tendo um dia muito corrido.

19h30 — Erik telefona para o escritório de Martina. Nenhuma resposta.

19h31 — Para Martina: (secretária eletrônica da casa de ambos) Surgiu um problema realmente muito complicado. Telefonarei mais tarde.

19h50 — Para Martina: (secretária eletrônica da casa de ambos), Talvez você ainda esteja no escritório. Tentarei ligar para lá.

19h55 — A Martina (recado para um sócio que, por acaso, atendeu o telefone dela) Diga a ela que ligue para o ramal 5505. Estou com problemas.

20h30 — Eles finalmente estabelecem contato.

Martina: Meu bem, estou acabando.

Erik: Surgiram problemas.

Martina: Não fale deles durante um segundo. Meu bem, eu te amo. Senti muito sua falta durante o dia todo.

Erik: Eu também. Estou em uma situação complicada.

Martina: Dá para perceber. O que aconteceu?

Erik: O pior que poderia acontecer. Alguns dos dados que usamos pertenciam a um programa antigo. Foi preciso mudar de programa e os resultados são desanimadores. Nossos custos reais, ao que parece, aumentaram 11%. Se

eu trabalhar com as cifras originais, então nossa margem de lucro diminuiu muito. Ainda não disponho das cifras exatas.
Martina: Por que não aumenta os custos em 15% e vai embora para casa?
Erik: (rindo). Engraçadinha... Você tem muito senso de humor.
Martina: Quanto tempo você vai demorar?
Erik: Antes das nove não dá para saber. Provavelmente, mais uma hora, uma hora e meia.
Martina: Hummmm...
Erik: Decepcionada?
Martina: O aniversário também é seu. Ouça, vou cancelar a reserva no Giardino's e reservar uma mesa naquele restaurante grego que freqüentávamos quando estávamos namorando. Fica aberto até as 3 horas.
Erik: É o Sophie, não é mesmo? Ótima idéia!
Martina: Vou para casa, tomarei um banho e me aprontarei. Venha quando puder. Tenho uma surpresa que o deixará enlouquecido.
Erik: Você acha que alguém notaria se eu programasse o computador para apagar todos os dados?
Martina: Todo mundo notaria.
Erik: Tem certeza?
Martina: Não se apresse. Vá com calma. Estarei em casa. Erik?
Erik: Hummmmm?
Martina: Quem sabe você tenha sorte.
Erik: Já estou com sorte.

Quando em um relacionamento os parceiros são intensamente competitivos e os dois trabalham, a importância do modo igualitário com que lidam com as tensões existentes não pode ser superestimada. A comunicação entre Erik e Martina poderia ser usada como fonte de decepções, que acabariam em discussões ou incompreensões. Em vez disso, um tem consciência da realidade do outro. Confiaram no amor e na boa intenção do parceiro e lembraram-se de que tais qualidades também existiam nele.

DINÂMICA DO RELACIONAMENTO ENTRE PESSOAS COMPETITIVAS

Por que se relacionam: Acreditam que ambos encontraram o tipo de pessoa com quem sempre quiseram estar.
Forças que solapam a relação: O fracasso ou o sucesso excessivo criam um desequilíbrio na igualdade que eles compartilharam um dia.
Conflitos: Não dispensar ao parceiro tempo e atenção, devido à intensa preocupação consigo mesmo e com sua carreira, sobretudo quando a carreira do parceiro encontra-se estagnada.
Por que se separam: A insegurança torna-se tão grande que o apoio e o apreço que obtêm não lhes basta. Procuram, então, outra pessoa que satisfaça suas necessidades.

O que cada um precisa do outro: Aplauso, respeito mútuo, tolerância para com os estados de espírito negativos durante os períodos de dúvida em relação a si mesmo e paciência.

Indicações para o crescimento: Confiar em si e no amor do parceiro, perdoar comentários e atos praticados durante momentos em que a pessoa se encontrava sujeita a tensões.

Qualquer que seja o traço que predomina em seu caráter ou no de seu parceiro, foi a atração mútua, sua esperança de satisfazer suas próprias necessidades e sua disposição em satisfazer as necessidades de seu parceiro que os atraíram. No entanto, quando a balança se desequilibra, quando apenas as necessidades de um parceiro adquirem importância ou quando as necessidades de ambos são totalmente irreais ou não podem ser preenchidas, o relacionamento jamais poderá ser completamente feliz.

Capítulo nove

ESTILOS DE CASAIS E COMO ELES RESOLVEM PROBLEMAS

Um casal feliz e um casal infeliz têm os mesmos tipos de problemas: eles apenas são resolvidos de maneira diferente. Uma abordagem aberta, tendo em vista a resolução dos problemas, reflete o empenho do casal de trabalhar em conjunto as diferenças, comunicando-se com franqueza e honestidade, compartilhando sentimentos, reforçando a intimidade, dando apoio e aprendendo a confiar. Uma abordagem fechada ignora o problema, permite que os sentimentos negativos se acumulem e leva os parceiros a se censurarem mutuamente e a se tornarem isolados.

Traços de personalidade que indicam dominação ou dependência, controle ou competição são acentuados em um relacionamento que esteja atravessando momentos de tensão. Quando os parceiros retomam seus padrões defensivos característicos, em vez de se mostrarem abertos, tornam-se rígidos, tendem a agravar o problema, e fazem com que ele pareça insolúvel. É fácil ver-se presa dessas reações tão rígidas.

Existem momentos, em um relacionamento, em que duas pessoas que outrora se amaram muito não conseguem se recordar de um dia recente em que não tenham brigado ou de uma conversa que não tenha terminado em discussão. Há ocasiões em que cada problema parece despertar novamente questões não resolvidas relativas ao último desentendimento. A simples menção a alguém da família de um dos parceiros, as notas baixas do filho na escola ou uma conta não paga é suficiente para fazer vir à tona a última discussão. O passado invade o presente e nos perdemos em nossos sentimentos, incapazes de perceber o que é real e o que é simples ressentimento, pelo fato de não nos sentirmos amados.

Coragem: todos nós já passamos por isso. Todo mundo já ficou olhando solitário por uma janela, em um dia chuvoso, sentindo-se desesperançado e perdido, imaginando aquilo que ainda vem pela frente, questionando se a única coisa que existe é a dor provocada pelo atual relacionamento, refletindo se deve ou não ir embora. Afinal, quando as coisas não vão bem, ficar sozinho não seria a melhor solução?

Surgem, então, aqueles temores de solidão, a tristeza de deixar a outra pessoa, o medo de estarmos fazendo a coisa errada. Paira também aquela dúvida torturante, pois outra pessoa poderia redescobrir a pessoa maravilhosa que um dia conhecemos e ela reavivará aquela intimidade que outrora compartilhamos. Assim, prosseguimos com o relacionamento, mas nem sempre lidamos com ele.

POR QUE NÃO LIDAMOS COM O RELACIONAMENTO?

Algumas vezes, esperamos que a situação melhore como num passe de mágica. Nosso olhar volta-se para o futuro, para aquele dia em que teremos mais dinheiro, quando nossos problemas profissionais estarão resolvidos, quando perdermos vinte quilos e formos sexualmente mais atraentes, quando nosso parceiro superar sua depressão, quando nossos pais, finalmente, nos aceitarem como somos. E esperamos... esperamos. Independentemente do que fizermos, quando um problema parece estar se atenuando, surge um outro e toma seu lugar. Nossas expectativas podem se realizar, mas, de certo modo, ainda somos os mesmos, na companhia um do outro, ainda esperamos em vão que algo aconteça e torne possível nossa felicidade.

Qualquer casal pode ser feliz quando todos os seus problemas foram trabalhados. O que caracteriza um bom relacionamento, verdadeiramente, é o fato de sermos felizes resolvendo nossos problemas juntos, tendo consciência de que estamos comprometidos com uma solução. Um casal feliz mede sua felicidade por sua disposição de compartilhar o fardo que é a vida a dois, enfrentando abertamente quaisquer problemas que surjam. Tudo é passível de discussão. Todos os sentimentos são importantes. Nenhuma questão é considerada de menor importância, caso ela possa diminuir o fluxo de amor que existe entre um casal. Os casais felizes assumem com seriedade os sentimentos mútuos, não retêm seu amor nem questionam se estão obtendo o suficiente um do outro. Caso sintam falta de algo, sua primeira reação é dar mais amor a fim de preencher o vazio. A natureza do amor é preencher todos os espaços e dar-se.

Os casais felizes se aceitam. O amor se expressa pelo modo como eles são naquele exato momento, não por aquilo que esperam ser um dia. Não sentem que estão sendo submetidos a um julgamento, que serão rejeitados se cometerem um erro ou se fracassarem. Não existe nada experimental quando se trata da verdadeira felicidade. Se você tiver de ser feliz em seu relacionamento, é necessário ser feliz com seu parceiro, exatamente agora, do modo como ele é, como vocês são, estando juntos. Se estão juntos apenas devido à esperança de que a situação melhorará, quando, na verdade, ela nunca foi boa, então podem ter a certeza de que se decepcionarão. Sua esperança tem mais a ver com seu medo da solidão do que com uma avaliação realista de sua situação.

A palavra "se" nada tem a ver com a declaração "Eu te amo". As condições para alguém ser amado já foram preenchidas ou jamais o serão. É preciso aceitar esse fato antes de ir adiante. A única mudança que pode ocorrer com as pessoas é que elas crescerão ou não, no sentido de atingir o que existe de melhor nelas. A fim de desistir de seu modo de ser negativo e defensivo, você precisa desenvolver a confiança em si, como uma pessoa amorosa, digna de ser amada. Duvidar de si é algo negativo, do mesmo modo que culpar os outros por não conseguir aquilo que você pensa merecer.

Com poucas exceções, você consegue o que merece nesta vida. Se não acreditar nisso, então ainda não assumiu responsabilidade por sua vida. A verdadeira mudança não é possível até que você perceba que foi em grande parte seu procedimento que o trouxe para este lugar e para este momento com outra pessoa.

Quando você participa de um relacionamento com outra pessoa, vocês ainda são duas individualidades, mas também são um casal. Cada casal tem seu próprio estilo de lidar com os problemas. Tal estilo reflete o modo como o casal funciona e poderá fortalecer ou destruir o relacionamento.

Casais fechados

É muito raro que um casal fechado discuta sinceramente seus problemas. Os parceiros tendem mais a reagir às situações depois que elas se tornaram um fato do que a intervir no problema, enquanto ele está ocorrendo. Como desejam evitar problemas, existe uma esperança silenciosa de que as coisas melhorarão se não se tocar em tais problemas. Cada um dos parceiros tem um conhecimento geral do que o outro está sentindo. No entanto, o que existe de específico nesse sentimento é, freqüentemente, muito vago. Um exemplo típico é o do marido que chega em casa irritado, em silêncio, vai assistir à televisão, enquanto sua mulher ordena aos filhos: "Papai teve um dia difícil, não façam barulho". Ao mesmo tempo, através de sua atitude, ele está indicando que ela não deve se aproximar e que este é um problema que cabe a ela resolver. Em um relacionamento fechado, cada parceiro se vê desempenhando um papel específico e leva adiante esse teatrinho sem fazer muitos comentários. As refeições são preparadas. As crianças devem fazer as tarefas escolares e, em seguida, irem para a cama. O marido é paparicado para que, livrando-se um pouco de sua ansiedade, possa dormir bem e volte a batalhar naquele mundo impiedoso. Tais parceiros demonstram gratidão mútua, o que engana quem está de fora e pergunta: "Como é que eles conseguem lidar com essa situação?" A alegria desses casais repousa em sua mera sobrevivência.

Nos relacionamentos fechados, os sentimentos não são expressos e as únicas questões discutidas, regularmente, têm a ver com a mecânica da sobrevivência. A atitude predominante é a de que todos devem ser gratos por não serem piores. Recorre-se ao termo "maus momentos" para se referir a dificuldades econômicas e não a desentendimentos emocionais. Há pouco espaço para o prazer e apenas momentos temporários de paz em meio à luta. Evocar problemas nesses momentos de "felicidade", tais como a pouca freqüência com que a família sai nos fins de semana, poderia parecer algo injusto. Estóicos, sofredores há muito tempo, esses parceiros tendem a deixar a vida passar sem questionarem sua dor ou sem desfrutar o prazer de estarem juntos todos os dias. Embora superficialmente plácidos, tais relacionamentos podem estar repletos de raiva não-expressa, de ansiedade ou ressentimento e, especialmente, sujeitos a crises na meia-idade, quando a súbita insatisfação e a dúvida levam um ou ambos os parceiros a questionar se realmente possuem tudo aquilo que a vida tem a lhes oferecer.

Casais abertos

Um casal jamais é completamente sincero. Entretanto, a franqueza será sempre seu objetivo. Se os casais fechados jamais abordam questões importantes, os casais abertos discutem tudo aquilo que lhes importa.

Os parceiros abertos confiam um no outro para assinalar aquilo de que sentem falta, o que não conseguem ver ou não querem encarar. Seu compromisso com a honestidade e com a abertura foi o que os atraiu um para o outro. Se, em um relacionamento aberto, um dos parceiros se fecha, o outro sente uma perda e imediatamente exprime seu mal-estar e sua desilusão. Os conflitos vêm à tona na medida em que o outro parceiro é confrontado. O casal trabalha essa questão até que o parceiro fechado, finalmente, se dispõe a discutir seus sentimentos. O ponto de retorno ocorre, habitualmente, quando o parceiro fechado confia em que seu parceiro está disposto a amá-lo e, assim, corre o risco de reconhecer aquilo que estava oculto.

Nesse tipo de relacionamento, é raro que os parceiros se fechem: caso ocorra, dura muito tempo. Está armado o cenário para uma explosão e os fogos de artifício que dela resultam, ou iluminam o ambiente ou colocam um ponto final no relacionamento. O compromisso de ser aberto não é uma decisão do casal, mas o modo de ser de cada um. Permanecer preso a um relacionamento fechado é algo impensável para uma pessoa aberta e, mais cedo ou mais tarde, ela trará à tona aquele conflito que não foi resolvido.

Os relacionamentos abertos, quando funcionam, provocam a inveja de todos, pois os parceiros têm liberdade de ser eles mesmos, de dizer o que pensam e de fazer o que bem entendem. As pessoas menos abertas encaram tais relacionamentos com sentimentos de inveja, de temor e pensam: "Sei que gostaria de ser livre, mas será que gostaria que meu parceiro tivesse a mesma liberdade?". Esse ponto de vista ambivalente reflete os sentimentos que motivam as pessoas a encontrar um parceiro aberto, quando, na verdade, elas não são tão abertas assim.

O seguinte exemplo ilustra quão perturbadora pode ser uma situação em que um casal, em um relacionamento fechado, se torna subitamente insatisfeito e tenta torná-lo mais aberto. O relacionamento fechado proporcionava um falso sentimento de bem-estar e de segurança. A mudança é encarada como uma violação da confiança.

Andy e Susan brigavam o tempo todo, mas sempre por questões banais. Tinham um pacto não-verbal que consistia em evitar assuntos sérios. Andy era um empresário bem-sucedido, cujo êxito assustava Susan, pois fazia com que ele crescesse, enquanto ela permanecia a mesma. Fazia pouco dele e Andy exagerava seu sucesso, não só para impressioná-la como também para ameaçá-la. Era uma espécie de punição pela falta de apoio de Susan. Para ela era difícil dizer o que era verdadeiro e o que se devia à imaginação de Andy. Ela achou mais simples insistir em afirmar que o sucesso dele era uma completa invenção, ignorando-o.

Susan não apreciava a mudança. Embora gostasse da renda que o casal tinha e de seu estilo de vida, jamais se sentiu inteiramente à vontade com os riscos que Andy assumia. Quando ele, procurando valorizar-se, começava a se vangloriar, ela o diminuía, fazia pouco de seu sucesso e não hesitava em assinalar quanto dinheiro ele devia. Recusava-se a ouvir suas complicadas explicações de como suas finanças funcionavam e exibia suas dúvidas diante dos amigos e parentes.

Embora parte do que Andy dizia fosse de um total exagero, havia nele uma grande inventividade e uma extrema energia que favoreciam seus sócios. Infelizmente, suas forças começavam a se dispersar cada vez mais, à medida que a vida com Susan tornava-se menos tranqüila. Aquela vida calma, previsível, que eles outrora levavam, começava a mudar.

O orgulho de Andy era a casa que havia adquirido em um condomínio, numa estação de esqui. Gostava de convidar os amigos para verem a família feliz que ele tinha e como seus dois filhos se haviam tornado atléticos. De certo modo, ele era muito mais caseiro, muito mais voltado para a vida em família do que Susan, mas já que ela receava correr riscos, Andy era sempre levado a sentir-se como se estivesse ameaçando a integridade do lar, simplesmente pelo fato de ser a pessoa que era. Susan o corrigia e o repreendia freqüentemente diante dos outros, citando seu antigo comportamento como um padrão a ser seguido.

Embora jamais fosse infiel, em suas fantasias Andy era um aventureiro. Enquanto esquiava ficava conhecendo algumas garotas e imaginava como seria sua vida com elas. Fantasiava durante o dia e voltava para Susan extremamente energizado. Quando redirecionava para ela seus impulsos sexuais, que haviam sido despertados, Susan resistia. Considerava-o louco. Ele achava-a fria e fechada a novas experiências. Andy vivia uma fantasia e queria que ela se tornasse sua vida. Susan queria que a realidade permanecesse como era, estável e familiar. É claro que vivia negando que a situação havia se modificado. Andy, porém, *estava* diferente.

Certo dia, enquanto esquiava, Andy conheceu uma jovem profundamente envolvida em dar cursos com o objetivo de ensinar as pessoas a transformarem suas vidas. Passaram juntos apenas alguns minutos. Ela estava tendo problemas com o equipamento de esqui e Andy, sempre disposto a ajudar os outros, passou vários minutos pondo o equipamento em ordem. Seus olhares se cruzaram e ela disse que via nele alguém que tinha um grande potencial de crescimento e um sentimento muito generoso em relação à vida. Sentia, porém, que ele estava bloqueado, acrescentou. A jovem levantou-se, agradeceu e desceu a montanha esquiando. Andy, surpreso com sua vigorosa reação aos comentários da jovem, ficou parado vendo-a se afastar. Não podia perceber com clareza o que havia acontecido, mas sentia que a jovem havia verbalizado seus mais profundos desejos. Tudo o que ele queria era ser aberto com Susan, compartilhar com ela seus sentimentos e discutirem a respeito de qualquer assunto.

Foi esquiando até o condomínio, empolgado com aquela revelação e deparou com Susan às voltas com seu filho, um garoto de oito anos de idade que acabara de cair e torcer o tornozelo. Assim que Andy entrou, Susan recebeu-o aos gritos: "Se você tivesse ficado conosco isso não teria acontecido". Andy queria dialogar e Susan queria acusar. Ele estava disposto a levar uma vida nova com ela. Susan ressentia-se com o fato de Andy ter aumentado sua ansiedade. Enquanto se dirigiam ao pronto-socorro, ele tentou comunicar a Susan que via coisas muito positivas para ambos. Ela recusou-se a ouvi-lo. Tinha sido deixada de lado. Aquele homem sonhador, endividado, que só sabia fazer planos, preocupava-se apenas com idéias loucas e permitiu que o filho se machucasse. A idéia de comprar a casa no condomínio tinha partido dele. A responsabilidade de cuidar dos filhos era dele. Susan queria alguém que fosse dedicado e que não receasse ligar-se à família, alguém com quem pudesse contar. Andy foi ficando quieto e, pela primeira vez, percebeu o quanto era solitário. Havia inventado a proximidade, naquele casamento, só para ter algo em que acreditar. Susan simplesmente sentia-se traída.

Andy começou a participar de vários cursos de auto-ajuda. Primeiro foi à procura da jovem a quem havia conhecido na pista de esqui e, em seguida, recorreu a outras pessoas. Agora Susan estava mais convencida de que tudo o que desejava era um relacionamento sólido, sem que fosse preciso discutir cada sentimento e ser continuamente testada. Afastou metodicamente Andy de seus filhos, de seus amigos e de sua família, descrevendo-o como um perdedor, um imprudente. Ao brigar na frente dos outros, ela provocou um constrangimento que usou como desculpa para deixá-lo. Andy sentiu-se altamente manipulado, mas seu alívio foi tão grande que ele recebeu sua liberdade com grande alegria.

Após o divórcio, Susan casou-se com um homem muito acomodado em sua profissão. Andy ficou conhecendo Amy em um almoço de negócios, durante o qual planejava vender os serviços de sua empresa para a dela. Assim que se cumprimentaram, Amy observou que ele parecia estar preocupado. Andy contou-lhe, então, a história de seu casamento, falou de sua mágoa e do sentimento de ser manipulado e nada apreciado. Amy declarou que o achava maravilhosamente vulnerável e, em um gesto espontâneo, abraçou-o no restaurante. Eles se ligaram instantaneamente um ao outro. Andy jamais se sentira tão encorajado e reconhecido. Podia admitir, perante Amy, todos aqueles defeitos que Susan tanto censurava. Parou de exagerar e, entregando-se à honestidade que acabava de reencontrar, começou a canalizar toda sua criatividade para os negócios. Amy associou-se a ele, formaram uma nova empresa e ganharam uma fortuna. Aquilo que parecia ser uma briga contínua com Susan era natural e fácil com Amy. Ela queria saber quais eram seus sentimentos, idéias e esperanças. Era como se o mundo inteiro tivesse mudado e ele tivesse renascido. Finalmente, ele tinha a permissão de ser a pessoa em que há muito se transformara.

Andy e Susan eram como a maioria dos casais fechados, estáveis, até que um deles se modificasse. A menos que os parceiros mudem ao mesmo tempo, tais relacionamentos somente conseguem sobreviver em bases muito precárias. Com Amy, Andy encontrou ressonância e apoio para seus mais profundos desejos e necessidades. Finalmente, estava livre para crescer sem precisar se desculpar por ser como era.

Casais analíticos

Os casais analíticos orgulham-se de sua abordagem racional para a resolução dos problemas. São muito bons nisso. Conseguem decidir com facilidade onde passar as férias e onde adquirir o melhor automóvel. São igualmente capazes quando se trata de escolher a cor do carpete, criticar o modo como um jovem violinista executa composições de Tchaikovski, assinalar as incoerências no discurso de algum secretário de Estado e decidir qual dos candidatos à pós-graduação é o mais qualificado.

Adoram discutir sobre qualquer assunto que julguem apropriado. No entanto, qualquer discussão em torno das emoções é inadequada. Assim, quando ocorre a necessidade de exprimir mágoa ou raiva, estão fora de seu elemento natural. Ou intelectualizam seus sentimentos ou os varrem para debaixo do tapete. Têm uma fraqueza óbvia em lidar com suas emoções, que, em sua maior parte, não são postas à prova, até que algum acontecimento exterior se sobreponha ao casal.

Embora possa parecer uma avaliação injusta, disfarçar a reação emocional à vida sob o pretexto de que esta é sempre lógica e compreensível não passa de uma posição defensiva. É uma opinião defendida por pessoas que têm medo de sentir, que se recusam a ser reduzidas à igualdade com quem quer que seja. Questões tais como dignidade, correção e respeito são o seu foco de atenção, em vez de se interessarem por assuntos mais importantes, tais como a honestidade, a justiça e o carinho.

O intelecto sempre cria distâncias. Embora seja positivo recorrer à sua capacidade analítica a fim de se distanciar no meio de uma discussão e adquirir uma nova perspectiva, recorrer às próprias funções intelectuais para lidar com a pessoa a quem se ama e que nos ama é um sinal de fraqueza. Os tipos analíticos podem levantar objeções, porém o intelecto sempre fracassa, quando se trata de lidar com sentimentos num relacionamento. Usar seu intelecto para abordar os sentimentos é como tentar nadar com patins. Não digo que é impossível, porém, não é muito satisfatório, eficaz ou real.

Grande parte do entendimento entre duas pessoas é puramente emocional. Você sente que seu parceiro está com raiva ou triste. Assim você poderá conseguir explicar um sentimento para seu parceiro, mas, sem empatia, sua compreensão intelectual não passará de mais um problema que ele deverá superar. Se você compreende tudo o que diz respeito à psicodinâmica dos sentimentos de seu parceiro, mas isto não o toca, de que vale seu entendimento?

Os casais analíticos tendem a ser esnobes, pois precisam menosprezar os outros para se sentirem seguros em relação à sua tênue postura emocional. Eles decrevem o mundo como algo "interessante", em vez de se comprometerem emocionalmente. Enfrentam problemas quando um dos parceiros sofre algum tipo de fracasso em sua vida profissional ou social, ou quando se envolve em um caso amoroso e se vê consumido por emoções que não lhe são familiares. Tais casos costumam terminar da pior maneira possível, sobretudo se a ligação se deu com alguém que não pertença à sua classe socioeconômica, por exemplo, um caso entre um professor universitário e uma corista. No entanto, quando o caso ocorre no círculo de seus amigos, a acomodação se dá com uma precisão cirúrgica. Contanto que não seja promíscua, qualquer aventura amorosa pode ser abordada de maneira civilizada.

Tenho conhecimento de uma situação ocorrida em certa comunidade acadêmica, na qual dois professores, que eram vizinhos, tinham ligações prolongadas, um com a mulher do outro. Tais casos, levados com grande discrição, aliás, eram óbvios para todas as partes envolvidas. Por ocasião de um almoço, os dois professores resolveram discutir abertamente o que estava acontecendo. Cada um deles se preocupava com o fato de que, na situação em que viviam, estavam perdendo um tempo valioso. Além disso, fazer certos arranjos era, às vezes, inconveniente e constrangedor. A necessidade de manter segredo era também um aborrecimento indigno. O risco de que sua reputação pudesse ser prejudicada era alto e desnecessário. Assim, decidiram-se pelo divórcio. Seus filhos poderiam continuar a ocupar seus próprios quartos e eles simplesmente trocariam de casa. Foi o que fizeram, sem perturbar ninguém. Continuaram amigos exatamente como antes, e cada um deles partiu para um relacionamento que era uma perfeita cópia do relacionamento anterior. Ambos se orgulhavam de como haviam lidado com a situação, que não lhes provocou mágoa alguma. É claro que tudo isso não fazia sentido, pois, neste caso, não havia qualquer envolvimento passional ou amoroso.

O intelecto é o observador, mas as emoções são a força da vida.

A necessidade de ventilar os sentimentos, freqüentemente, transforma-se em um problema insolúvel, em um relacionamento analítico. A fim de encontrar paz de espírito, o parceiro com problemas precisa ir contra as próprias bases em que se constituiu tal relacionamento e contra todo um modo de vida. A solidão e o isolamento que ocorrem, quando se busca uma reação baseada nos sentimentos, em um mundo analítico, pode levar uma pessoa às profundezas do desespero e ela questionará o valor do relacionamento e da própria vida.

Casais emotivos

Os casais que são consumidos pela emoção têm problemas especiais, muitos dos quais permanecem insolúveis dada a natureza das relações entre essas pessoas. Os relacionamentos emocionais tendem a ser primitivos. O que é sentido é expresso e os sentimentos se traduzem em ação porque são questionados, considerados ou revistos naquilo que apresentam de razoável e apropriado. Nos relacionamentos altamente emocionais existe muito pouca soltura. Tudo se torna uma crise, tudo é motivo de preocupação, desde um recado ambígüo, registrado na secretária eletrônica, até uma pequena desconsideração na vida social. A preocupação consome tais casais. Os parceiros estão de tal modo preocupados com cada detalhe emocional, vêem tamanho perigo potencial em tudo e presumem os piores desfechos possíveis que não conseguem se concentrar e trabalhar com eficácia. Existem tantas emoções circulando que se torna difícil valorizar a importância de um determinado sentimento. Raramente as emoções são esclarecidas. Elas simplesmente se manifestam de forma desordenada. Expressar uma mágoa simplesmente leva a expressar outra mágoa. A vítima se transforma em vilão. As verdadeiras questões, que estão por trás dos sentimentos, são deixadas de lado.

Cada um dos parceiros, extremamente emotivo, proporciona ao outro uma aceitação particular, que ele não obtém em nenhum outro tipo de relacionamento. Para o outro, expressar todas as emoções, por mais exageradas ou extremas que sejam, é algo compreensível. Afinal de contas, ambos procedem da mesma maneira.

Embora seja quase uma regra encontrar dois tipos intelectuais juntos, legitimando-se mutuamente, é raro nos depararmos com um relacionamento entre dois tipos altamente emotivos. Um esgotaria o outro. A situação mais típica é aquela em que existe um parceiro emotivo e um dependente ou controlador. Embora tal pessoa pareça ser o lado mais forte do casal, o estilo desse mesmo casal é o emotivo. As explosões e as preocupações do parceiro emocional ocupam todo o espaço psíquico e a energia do casal. Dizer a verdade, em um tal relacionamento, é um ato imperdoável. Quando uma verdade dolorosa é revelada, ocorrem reações excessivas, choro, ameaças de autodestruição, revides cruéis e exigências de que o outro peça desculpas. A questão subjacente jamais é tão importante quanto a mágoa que se sofreu, por ela ter sido abordada. Embora expressar os sentimentos seja seu estilo, tais pessoas, na verdade, não querem ter conhecimento daquilo que as magoa e por quê.

Embora viver dessa forma fosse algo extenuante, para a maioria das pessoas, de vez em quando, muitos relacionamentos sofrem uma desordem emocional. Os relacionamentos nos quais o senso de realidade do casal foi distorcido pela bebida, pelas drogas ou no qual predominam a baixa auto-estima, a infidelidade ou um comportamento sociopático, estão especialmente sujeitos a essa deterioração emocional. Na realidade, ao sofrerem a tensão provocada por perdas ou contrariedades, pessoas que são habitualmente controladas ou pouco emotivas podem se tornar emocionalmente perturbadas. Boa parte da violência doméstica ocorre quando casais perdem a perspectiva e concentram-se incessantemente em sua mágoa. Enxergam apenas a traição, sentem apenas dor e desamparo, entregam-se freneticamente à censura mútua, a qual, em geral, é seguida por manifestações de ódio a si mesmo.

Já vi pessoas que perderam sua confiança e partiram para relacionamentos emotivos, altamente destrutivos, a fim de se punir por estarem juntas. Preferem essa atitude a correr o risco de assumir a responsabilidade por si mesmas. É fácil perder-se em um relacionamento no qual se torna difícil dizer onde você termina e a outra pessoa começa.

A fim de resolver problemas em qualquer situação torna-se necessário distanciar-se da briga. Numa relação extremamente emotiva, no entanto, os sentimentos podem ser tão intensos, de ambas as partes, que a única maneira de solucionar os problemas é terminar com ela.

Em todos os relacionamentos duradouros existe um equilíbrio entre o intelecto e as emoções. A regra é que nenhum deles deve ser uma defesa contra o outro. Sempre que surge uma tendência a ser intelectual, é necessário recordar aquilo que se sente. Sempre que surge a tendência a ser emotivo, é preciso perguntar a si mesmo o que se pensa.

Casais sexuais

Os relacionamentos baseados em uma vigorosa atração física ou sexual constituem, ao mesmo tempo, uma bênção e um fardo. Quando duas pessoas têm, entre si, uma química forte e se excitam facilmente, tendem a fazer da sexualidade algo mais importante do que tudo o mais. Sua intensa sexualidade pode ocultar o fato de o resto do relacionamento não estar funcionando ou, então, poderão se envolver, a tal ponto, com a compulsão de estarem juntos que não notarão as deficiências da outra pessoa. Com muita freqüência, esses relacionamentos exclusivamente sexuais são formados por parceiros que se sentiram privados de algo, em outros relacionamentos. Quando se conhecem, parece magia, porém, cada um deles estará meramente projetando a imagem da pessoa a quem desejam na outra pessoa e apaixonam-se pela própria ilusão.

Quando a atração sexual do casal é muito intensa, existe o perigo de outras necessidades serem negligenciadas, sobretudo se acreditarem que poderão resolver quaisquer problemas simplesmente pelo fato de fazerem amor. É possível que isso funcione durante algum tempo, porém, os problemas poderão se acumular e, finalmente, acabar solapando a espontaneidade sexual. Assim, quando tais sentimentos atingem o casal, os parceiros tornam-se confusos e incapazes de enfrentá-los.

Quando o relacionamento se deteriora e os casais descobrem que não conseguem se dar conta dele, é comum que se lamentem, afirmando: "Mas eu ainda estou apaixonado por ele(a)". A atração sexual ainda está presente, ainda os impulsiona em direção à solução errada. Embora os casais que tenham um impulso sexual mais fraco possam invejar casais mais atirados, uma intensa atração sexual pode interferir na clareza dos sentimentos e na fluência de um relacionamento que talvez não seja tão bom assim.

Devido ao fato de um dos parceiros, muitas vezes, ser mais afetado do que o outro, muitos desses relacionamentos são obsessivos e a rejeição e os maus-tratos são típicos. Refugiar-se na fantasia e recordar os tórridos momentos de amor é algo que preenche os vazios, quando os parceiros não estão se dando bem, e leva-os a desejar aquilo que talvez não lhes convenha. Freqüentemente, esses "bons momentos" não passaram de uma ilusão, uma fuga da realidade, na qual usavam o sexo como um antídoto para sua dor e para sua solidão. Esse tipo de sexo pode ser extremamente vicioso e a necessidade que se tem dele pode ser mais forte em um dos parceiros. Nesse caso, a própria base do relacionamento, isto é, o sexo, torna-se um problema. Se não for resolvido, acabará destruindo o relacionamento. Se o casal tiver sorte, a ligação sexual entre eles poderá tornar-se menos intensa, com o decorrer do tempo, e conseguirão encontrar o distanciamento emocional necessário para poderem avaliar suas outras necessidades. Porém, poderão abandonar esse relacionamento para obter a devida clareza.

A atração sexual não é suficiente para manter um relacionamento. Quando o sexo está onipresente, talvez não haja espaço suficiente para o amor.

Casais afetuosos

Os casais afetuosos, de qualquer idade, estão juntos há muito tempo e tornaram-se amigos. O fato de existir ou não muita atividade sexual não é tão importante quanto o fato de um estar à disposição do outro. É isso o que todo mundo deseja intimamente: um parceiro afetuoso, atencioso, amoroso e compreensivo, que concede o benefício da dúvida, que sabe perdoar e aceitar. Não há necessidade de uma atividade sexual para tornar completos tais sentimentos de afeto. No entanto, a total ausência de sexo em um relacionamento também pode ser um problema que precisa ser resolvido. É especialmente difícil para muitos homens compreenderem que o calor e a amizade decorrentes do fato de estarem juntos possa ser tão importante quanto o sexo em um relacionamento. Sem essa intimidade, a maior parte das mulheres sente-se trapaceada, não-amada e não se dispõe a envolver-se sexualmente, embora possa fazer sexo com a esperança de que ainda haverá um momento de ternura. Infelizmente, se tal momento já não se fazia presente, é pouco provável que, mais tarde, venha a ocorrer.

O afeto diminui quando é mal-interpretado, como se fosse um convite ao sexo. A maioria dos homens interpreta equivocadamente as abordagens afetuosas. A mulher, que habitualmente deseja a proximidade, está muito longe de pensar em sexo e se dispõe a ser afetuosa com seu companheiro. Constata que ele, de repente, está sexualmente excitado, achando que ela quer fazer amor. Isso a decepciona, a magoa e ela se retrai. Ele a acusa por iniciar algo que ela não quer levar até o fim. Poderão brigar e ela poderá ceder com relutância, mas aquele momento acabou se estragando. Tais experiências levam as mulheres a se tornarem reticentes e a refrearem sua natural inclinação a tocar na pessoa e simplesmente estar junto dela. Elas não querem excitar seu companheiro e correr o risco de decepcioná-lo quando, na verdade, estão simplesmente querendo manifestar sua ternura. Não querem que aquele momento se modifique e passe da aceitação à rejeição.

O casal cujo relacionamento se forma em torno de um sólido núcleo de amizade, afeto mútuo e confiança, em geral, pode resolver esse e quaisquer outros problemas em sua vida em comum. É esse mesmo afeto que lhes permite a liberdade de expressar verdadeiros sentimentos e explorar o modo pelo qual podem preencher suas necessidades.

Casais românticos

Os relacionamentos verdadeiramente românticos parecem ter sido talhados no céu, mas, provavelmente, são menos raros do que imaginamos. Muitos casais são capazes de atingir um equilíbrio saudável e fértil entre o amor e o sexo, a dependência e a liberdade. Existem grandes romances que estão nas manchetes dos jornais, mas existem também amores tranqüilos, de que ninguém ouve falar. Os casais românticos padecem dos mesmos problemas existentes em outros relacionamentos, mas conseguem lidar com eles, apesar de seu medo de perderem seus parceiros ou de se tornarem consumidos pela profundidade do envolvimento que estão arriscando. Os relacionamentos românticos exigem tempo. Valem a pena, mas significam a vida inteira de uma pessoa, pois precisam dedicar-se à evolução mútua.

A paixão presente em tais relacionamentos se estende a cada aspecto da vida em comum. As discussões sobre todas as questões que importam são profundas. Ao contrário dos casais fechados, que escondem os problemas para manter a paz, esses relacionamentos apaixonados pedem abertura. Eles convidam ao desvendamento e insistem nele. Suas discussões são naturais, nascem da curiosidade e da vontade de compreender. Aquela aceitação amorosa que torna tal fato possível é presumida, pois ambos os parceiros sabem que nada que possam descobrir em relação ao outro modificará o modo como se sentem. Estão empenhados em dialogar a respeito de qualquer coisa que possa atrapalhar seu amor.

Em todo grande romance existe uma grande amizade.

O segredo para manter vivo um romance é a aceitação. Quando os amantes se atrasam, suas agendas se atrapalham ou suas carreiras os absorvem, o tempo que passam juntos é empregado para comemorar o alívio que esse encontro provoca e não para censurar o outro pelo fato de estar ausente. A necessidade é estar juntos e, uma vez que isso acontece, o casal está livre para ser autêntico. Não precisa fazer amor, abraçar-se ou beijar-se, acender velas e beber vinho. Ou, tudo pode ser feito, mas é supérfluo. Os casais românticos estão dispostos a assumir riscos. Cada momento que passam juntos é uma aventura e oferece a possibilidade de algo novo. Seu romance os mantém jovens.

Os grandes romances comemoram continuamente o fato de os amantes estarem um na presença do outro.

Manter vivo um relacionamento como esse vale mais do que tudo, mas nem sempre é fácil, pois exige trabalho e total empenho. Embora vocês possam ter a sorte de ter-se encontrado, é preciso muito mais do que isso para manter esse amor. O romance é algo vivo, que cresce, e as orientações que se seguem poderão contribuir para tornar seu relacionamento mais romântico.

As regras

Crie uma atmosfera na qual você e seu parceiro sempre possam ser autênticos:

Lembre-se de si e do parceiro de seu amor. Não imagine que tudo está garantido para sempre.
Tratem um ao outro com honestidade e respeito.
Sejam totalmente abertos em relação a tudo que sentirem.
Sejam completamente vulneráveis, quando se trata de reconhecer suas deficiências.
Ouçam e estejam presentes um para o outro.

Aceitem-se mutuamente, assim como são.
Lembrem-se de como têm sorte por estarem juntos.
Permita que seu parceiro seja livre.

O CICLO DO FRACASSO DE UM CASAL

O casal que assume poucos riscos: Esse casal parece ser velho antes do tempo. Os parceiros parecem assumir um papel que se situa além da idade que têm, no momento em que se unem. Em tal relacionamento, a mulher de 21 anos de idade adota atitudes de matrona em relação a seus amigos e a seu parceiro. O homem tende a tornar-se rígido, assumindo com excessiva seriedade seu papel de chefe da família. A nova identidade é de tal forma assumida que é difícil imaginar que ambos os parceiros algum dia tiveram infância.

Apesar das aparências, tais parceiros são, em geral, imaturos e procuram desesperadamente uma identidade em comum, que cada um deles sente faltar em si. Sua necessidade, assim como a de todos nós, é de crescer, mas como a satisfazem agindo como gente grande e interpretando unicamente o papel de adultos, sua união é freqüentemente estática. Embora possam estar fugindo de um lar difícil, de um emprego tedioso ou do medo de ficarem sós, tais casais muitas vezes se empenham bastante em estabelecer um relacionamento só para criar uma identidade e proteger sua auto-estima. Presumem que a sobrevivência de seu relacionamento seja o compromisso mais importante que existe para ambos.

A resistência à mudança também implica essa postura, e é fator que limita. A mudança é a fonte de seus mais ameaçadores conflitos. Para que possam livrar-se dessa armadilha, os parceiros precisam lembrar um ao outro seu amor, devem apoiar-se e compreender que se não conseguirem crescer, seu relacionamento poderá se acabar. O risco da mudança é uma parte necessária para o crescimento. Entretanto, existe uma resistência natural à mudança pelo parceiro que quer que a vida continue sendo como sempre foi. Ambos os parceiros precisam ter em mente que permanecer jovem é esperar crescer.

O casal pessimista: Quando o desafio à mudança não é enfrentado, em um relacionamento de baixo risco, os parceiros assumem seus papéis e, então, podem surgir sérias dificuldades. Em geral, um dos parceiros se apega ao outro e abandona seus próprios planos. O ressentimento cresce, mas, freqüentemente, não é expresso, pois admitir a raiva é algo que vai contra o acordo não-verbal, estabelecido pelo casal, no sentido de evitar o conflito e a mudança, custe o que custar. Os parceiros sabem que algo está errado, mas não conseguem perceber exatamente o quê. O que está errado é seu conceito do que significa viver com outra pessoa.

O pessimismo é o estado de espírito predominante quando o relacionamento do casal chega a esse estágio. O casal pode tentar se convencer de que é feliz, porém, seu conhecimento interior de que, de em algum momento, se decepcionaram mutuamente aumenta o sentimento de que estão perdidos. Ainda assim, falta-lhes coragem para perguntar o que há de errado.

O que haverá de errado com eles?

Não encontraram seu verdadeiro objetivo ou seu verdadeiro significado na vida. Em vez disso, assumiram uma identidade seguindo uma receita, ditada por pressões sociais e exigências profissionais. Não é bem assim. Tais pessoas precisam de menos restrições e de mais tempo para si mesmas, além da coragem de ir em busca de quaisquer sonhos que lhes proporcionem prazer, ainda que pareçam tolos ou pouco práticos. Se não souberem quais são seus sonhos, precisarão ser tranqüilizadas, no sentido de que não há nada de errado, contanto que continuem procurando. É provável que levem alguns anos até encontrarem o rumo correto.

O pessimismo que esses parceiros sentem reflete sua solidão por não encontrarem um eu de que realmente gostem. Escolher um relacionamento como se fosse o principal papel a ser desempenhado por alguém pode proporcionar a essa pessoa uma identidade temporária e um abrigo para as tempestades da vida, mas o verdadeiro crescimento só prossegue quando uma pessoa se arrisca a expor-se completamente ao próprio potencial. Um relacionamento sem as dores do crescimento é um relacionamento moribundo.

Casais queimados: Os casais que desistiram da esperança de viverem felizes, ou de buscarem uma vida que os realize, encontram-se na fase final de um relacionamento moribundo. Estão queimados. Cada um culpa o outro pelo próprio fracasso. A censura e a acusação constituem a forma mais comum de diálogo que eles têm. Anos e anos de briga agora cobram seu tributo. Suas discussões, em geral, ocorreram por meio de conflitos verbais, aos berros, e pouco resolveram. Os sentimentos que foram ventilados, ou foram ignorados ou provocaram outro episódio explosivo no ciclo da mágoa e da raiva. Com o passar do tempo, as brigas parecem ter diminuído de intensidade, mas, na verdade, o casal adotou uma forma abreviada de se enfrentar, na qual um sentimento negativo se expressa por meio de um comentário sarcástico ou de um silêncio amargo.

Tais casais permanecem juntos apenas porque os parceiros se sentem prisioneiros, muitas vezes pela culpa que experimentam por querer partir ou devido ao receio de sobreviverem sozinhos. De modo um tanto perverso, são levados a punir um ao outro devido a suas maneiras grosseiras e a sua negatividade, com a esperança de que o parceiro vá embora. No entanto, muitas vezes, permanecem juntos por serem inseguros e nenhum deles ter vida própria sem o outro.

Existe pouca esperança para um relacionamento quando ele chega a essa fase final. Por isso, é imperativo identificar o mais cedo possível os sintomas existentes e dar os passos necessários para aliviá-los. Em todos os relacionamentos existem problemas. Não existe maior sinal de amor do que a disposição de lidar com eles.

CAPÍTULO DEZ

COMO VOCÊS RESOLVEM OS CONFLITOS

Em todo relacionamento existe conflito, mas a forma como você briga é quase sempre mais importante para a sobrevivência do relacionamento do que o motivo pelo qual você briga.

Todo mundo detesta brigar, e por bons motivos. Durante as brigas, as queixas do passado são apresentadas com o calor de um novo ressentimento. Os comentários negativos são expressos mais para aliviar ofensas e mágoas passadas do que para chegar à paz. Se você conseguir aprender a ser paciente e permitir que essa abordagem ocorra sem se defender ou sem se vingar, então, terá grandes possibilidades de encontrar a paz. Se preferir retaliar no momento em que uma dor há muito contida se expressa, apenas criará uma nova dor e ainda mais ressentimento. Você não precisa provar que está com a razão. Precisa apenas permitir que seu parceiro desabafe a respeito de tudo o que está sentindo. Não leve isso como se fosse uma coisa pessoal.

COMO NÃO PASSAR AS COISAS PARA O PLANO PESSOAL

Ouça.
Observe.
Tente compreender.
Evite qualquer forma de retaliação.
Lembre-se de que tudo aquilo de negativo que está sendo expresso é uma coisa a menos na trajetória que leva ao bem-estar.
Encare a pressão exercida pelos sentimentos como uma pressão que proporciona alívio.
Fique contente por discutir, ainda que isso o torne inseguro.
Quando seu parceiro terminar, mantenha-se em silêncio e permita que se crie um espaço para que mais coisas sejam expressas. Não reaja imediatamente. Continue a ouvir.

Diário de um desentendimento

Para ajudar a definir qual é o motivo de sua briga com seu parceiro e como vocês brigam, mantenha um diário de seus próprios desentendimentos, durante um período de uma a duas semanas. Ele deve ser escrito individualmente, por ambos os parceiros, de acordo com as seguintes instruções:

Reserve uma página separada de seu diário para cada desentendimento, discussão ou briga. A palavra "desentendimento" serve para todos os conflitos, independentemente de quão civilizados ou fora de controle eles possam estar. O objetivo é determinar qual é o motivo de seu desentendimento, como e quando ele ocorre, num esforço de compreender todas as questões existentes entre vocês e que não foram resolvidas. Se você tiver quaisquer dúvidas sobre a inclusão de determinado assunto, não deixe de incluí-lo. Questões em torno das dúvidas e confusões também são fontes de conflito. Inclua, igualmente, tudo aquilo que ocorre entre vocês e que você sente que não está sendo como deveria. Por exemplo, se você se sente maravilhosamente bem em relação a determinada questão e, para seu parceiro, é penoso discuti-la, não a deixe de lado.

É importante que você faça suas anotações o mais cedo possível, após uma discussão. É igualmente importante anotar a data e a hora da discussão, indicando quando decidiram levantar a questão e por que escolheram aquele determinado momento. Em seguida, respondam às seguintes perguntas, após cada desentendimento. Devem ser respostas individuais, que você escreverá sem discuti-las com seu parceiro. Parte delas deverá ser compartilhada mais tarde, porém, boa parte destina-se a ajudar a esclarecer seus sentimentos e a desenvolver alguma objetividade.

Sobre o que foi a discussão?
Quem a desencadeou?
Como foi que o desentendimento começou? Você disse o seguinte: Seu parceiro disse o seguinte:
Que perguntas foram feitas?
Qual a reação a elas?
O que você quis dizer, mas não conseguiu?
O que você não queria ouvir?
O que seu parceiro queria evitar?
Quem censurou ou fez acusações?
Alguém apresentou desculpas?
O diálogo se estendeu a outras questões? Faça uma lista delas.
Essas outras questões, às vezes, são discutidas?

Há problemas passados envolvidos no atual conflito? Faça uma lista deles.
Existem assuntos que são tabu entre você e seu parceiro? Quais são eles? Por quê?
Indique as ocasiões em que você quis abordar determinado assunto, mas não o fez e por quê.
Quanto tempo durou o desentendimento?
Como foi que você, finalmente, resolveu o problema?
Ambos concordaram? Tem certeza? Não restou a menor dúvida quanto ao entendimento?
Você poderia ter resolvido mais facilmente o desentendimento? Como?
Se permitiu que o desentendimento estragasse seu dia, indique como foi que ele se apropriou do que havia de melhor em você (elaborar fantasias de vingança, alimentar o mau humor, o que, por sua vez, provocou novas discussões, permitir que o desentendimento afetasse sua energia ou sua capacidade de concentração).
Se você ignorou completamente a discussão, como foi que conseguiu agir assim?
Qual foi sua principal colocação?
Qual foi a principal colocação de seu parceiro?
Quantas vezes você teve essa discussão?
Se pudesse fazer algo em relação ao assunto em questão, que atitude tomaria? Dê uma resposta breve, clara, sem emotividade.
O que o impede de fazer aquilo que deseja?
Agora que dispõe de um momento para reletir com maior clareza, o que teria dito de diferente? Teria se retratado?
Que situações imagina que seu parceiro esteja enfrentando neste momento, como resultado do desentendimento?

Estas avaliações lhe proporcionarão a distância necessária para observar o que há de errado entre você e seu parceiro. Você merece ter o melhor relacionamento possível e, assim, precisa apreender o que está atrapalhando. Se não está disposto a trabalhar seus problemas, vocês não poderão ser felizes juntos. Se receia aquilo que poderá encontrar, tome coragem e complete o exercício gradativamente.

Se decidir compartilhar suas anotações com seu parceiro, não deixe passar mais de um dia para poder manter o material bem presente em seu pensamento. Refreie seus comentários até que ambos tenham compartilhado as respectivas anotações. Ouça com atenção enquanto seu parceiro lê as anotações dele. Não interrompam ou corrijam as anotações um do outro, ainda que sejam profundamente distorcidas ou que denotem autoglorificação. Note as diferenças existentes entre os respectivos pontos de vista. Tente ouvir a versão de seu parceiro sem defender sua posição.

Se acaso seu parceiro se recusar a manter um diário, ainda assim você poderá manter o seu e compartilhá-lo com ele. É preciso começar de algum ponto a fim de manter o relacionamento vivo.

Revendo seu diário

Reúna um certo número de anotações no diário, mas, tendo em vista os objetivos deste exercício, é preferível acumular várias semanas ou meses de desentendimentos. Agora, reveja-os sozinha ou com seu parceiro e responda às seguintes perguntas:

Quantos desentendimentos vocês tiveram?
Com que freqüência você discute?
Quando é que você tem maiores probabilidades de brigar?
Quem aborda questões incômodas com mais freqüência? Por quê?
Que problema não está sendo encarado?
Que assuntos provocam mais problemas? Faça uma lista deles, na ordem em que ocorrem.
Existe algum padrão, no que se refere a sua discussão? Como é que se inicia? Em que direção vai?
Você é lógico ou emotivo? Temperamental ou cabeça fria?
Você vai fundo na discussão dos problemas?
O que não costuma ser abordado?
Quais são as questões que persistem?
Quem está assumindo responsabilidades? Em relação a quê?
Que desentendimentos você resolveu com sucesso?
Por que foi mais fácil resolver certos desentendimentos do que outros? Pelo fato de resolvê-los, haverá algo que você aprendeu e que poderia aplicar aos problemas que ainda persistem?
Quando foi que você perdeu o controle sobre a discussão? Por quê?
Há algo que vocês possam ter dito e que impediu a eclosão do desentendimento?

ANALISANDO SEU ESTILO DE BRIGAR

Agora que adquiriu uma compreensão daquilo que constitui o motivo dos desentendimentos entre você e seu parceiro, torna-se igualmente importante compreender o que se passa de fato com suas discussões. Com a finalidade de examinar seu jeito de brigar, pedir-lhe-ei que faça algo a que ambos queiram resistir inicialmente. Trata-se, porém, de um instrumento tão eficaz no sentido de levá-la a enxergar-se que o recomendo com muito empenho. Você será recompensada, muitas vezes, ao obter clareza e compreensão.

Gostaria que gravasse seu próximo desentendimento.

Ambos precisam entrar em um acordo: da próxima vez que discutirem, gravarão o diálogo. Se tal acordo não acontecer, eliminar o gravador será o motivo da briga.

Gravar a discussão a ajudará a enxergar seus pontos negativos, suas reações imaturas, suas bravatas, seus atos de submissão, suas repetições e teimosias e, provavelmente, todos os motivos pelos quais prefere não se encarar. São exatamente as coisas de que você precisa ter consciência, pois elas definem um estilo de discussão que pode provocar mágoas.

Tendo concordado em fazer a gravação, da próxima vez que discutirem, brigarem ou discordarem, liguem o gravador e continuem falando. Quando a discussão chegar ao fim, permitam que passe tempo suficiente para se acalmarem. Ouça a gravação sozinha ou com seu parceiro.

Mantenha-se em silêncio. Preste atenção. Observe seu parceiro. Lembre-se de que o objetivo é compreender e melhorar a situação entre vocês.

Enquanto ouve, reflita sobre a dinâmica de sua discussão:

A OFENSA
Qual é o real motivo de sua discussão?
Quem se sentiu magoado, quando e por quê?

DEFENDER-SE
Quando foi que você interrompeu a discussão?
Quando foi interrompido?
Quando foi que se recusou a ouvir?
O que elevou o tom de voz?
Quando ignorou aquilo que foi dito?
Que censura fez a seus comentários por causa do gravador? Por quê?
Quando foi que se sentiu enredado na discussão e com vontade de fugir?

PROVOCAR DISTORÇÕES
Até que ponto você pareceu lógico?
Até que ponto você pareceu irracional?
O que você disse tinha conotações de egoísmo?
Quando foi injusto?
Quando contou vantagens?
Quando foi que você insistiu em estar com a razão?

DIZER A VERDADE
Você gostaria de se retratar? Em relação a quê?

Para início de conversa, por que disse o que não deveria ter dito?
Quando estava mentindo?
Que fatos ou sentimentos omitiu? Por quê?
Quando você poderia ter sido mais direto?
Quando teve problemas em relação à compreensão?
Quando foi que você se sentiu incompreendido?

ATACAR
Quem culpou quem e quando?
Em que momento específico você foi levado a brigar?
Por que você não conseguiu manter as distâncias?
Que pontos fracos foram atingidos e quando?
Como foi que provocou seu parceiro?
Quando foi que o magoou?
O que o levou a atacar?

RECUAR
Quando foi que se manteve em silêncio?
O que sentiu e o que pensou durante o silêncio?
Quando não estava ouvindo de fato?
O que foi que o levou a desligar-se?
Quando foi que se sentiu decepcionado?
Que compromissos você assumiu para manter a paz?
Que sentimentos positivos experimentou em relação a seu parceiro, durante a discussão?

Respostas honestas a essas perguntas lhes proporcionarão nova percepção de como vocês brigam. Uma vez que se ouvirem brigando, vocês se tornarão muito mais conscientes das táticas que empregam, que poderão muito bem agravar os problemas existentes entre vocês, em vez de resolvê-los.

COMO TER UMA BOA DISCUSSÃO

Não espere que as mágoas se acumulem.
Expresse sua mágoa tão logo tenha consciência dela. Indique aquilo que o magoa e por quê.
Seja direto e simples.
Se declarar logo aquilo que o incomoda, você será capaz de resolver a questão dentro de alguns momentos. Se esperar, vai levar muito mais tempo.
Não atribua motivos escusos ou sugira que seu parceiro é mau.
Não tente fazer com que seu parceiro se sinta culpado.
Não diga coisas pelo simples efeito que elas possam produzir.

Não ataque áreas sensíveis como um modo de revidar. Lembre-se de que enfrentar alguém referindo-se a suas fraquezas sempre produz uma reação negativa, com a qual é difícil de lidar.

Isso pode precipitar uma discussão acalorada, alimentada por posições rígidas, e é pouco provável que elas resultem em algo aproveitável.

Não procure briga, pois você a encontrará.

A atitude correta consiste em esperar um resultado positivo.

Deixe que comentários negativos desprovidos de importância passem sem que você faça quaisquer observações. Se acaso mentir ou disser algo sem intenção, pare imediatamente e retire o que disse. Torna-se necessária uma declaração do tipo: "Equivoquei-me. Na verdade, o que eu queria dizer era o seguinte:..." Se seu parceiro ainda estiver se incomodando com suas colocações incorretas, indique que sente muito e permita-se ir adiante, sem fazer maiores comentários.

Não desista da discussão só porque não concorda. Basta indicar sua discordância.

Não fique emburrado e não se feche. Isso não passa de uma tentativa de fazer com que seu parceiro sinta pena de você. É uma atitude infantil, diminui o respeito que seu parceiro sente por você e aumenta a raiva dele, pois você demonstra que não está levando a discussão a sério.

Não lance um ultimato durante a discussão. Se quiser fazê-lo, certifique-se de que tem o firme propósito de levar adiante aquilo que está dizendo, atenha-se à sua resolução e faça comentários em momentos menos acalorados. Um ultimato feito durante uma discussão é insincero e provocador. Diminui seu crédito, acarreta mais danos do que benefícios e deve ser evitado.

Se, durante uma discussão, experimentar sentimentos de afeto por seu parceiro, sinta-se encorajado a fazê-lo. Isso significa que você está no caminho certo e que seu relacionamento já está melhorando. Expresse também esses sentimentos e compartilhe com seu parceiro essa esperança, que acaba de descobrir.

Não permita que qualquer discussão precipite uma crise. Se acaso sentir que está sendo levado ao limite de sua aceitação e daquilo que, para você, é razoável, indique que não quer fazer quaisquer comentários irrefletidos, que não deseja tomar decisões precipitadas e que gostaria de fazer uma pausa a fim de se acalmar.

DECLARAÇÕES SOBRE A AUTOPERCEPÇÃO

Seria maravilhoso se cada um de nós conseguisse admitir seus erros com liberdade, sem medos ou recriminações. Fazer com que seu parceiro saiba que você estava errado, e reconhecer esse erro, tem o poder de pôr um ponto final em uma discussão e restaurar a confiança entre o casal. Colocações do tipo: "Quando você me magoa fico em silêncio e ajo como se estivesse mais magoada do que estou, só para que você se sinta culpado" é algo que pode soar como uma auto-revelação revestida de muita humildade, mas é uma maneira maravilhosa de aliviar a tensão e de baixar as defesas. Tente correr o risco de ser tão aberta assim, reconhecendo seus erros. É uma atitude que pode provocar milagres.

Aqui está uma amostra de declarações que poderão ajudá-la:

"Eu errei."
"Estava tentando controlar você porque me sentia sem poder."
"Estava agindo por despeito."
"Eu estava tentando magoá-lo."
"Agi como uma criança mimada."
"Agi como uma idiota."
"Não me senti bem em relação a mim mesma e descarreguei tudo em você."

Com um pouco de treinamento você conseguirá fazer tais declarações no momento de sua discordância, poupando muita dor e sofrimento.

Não existe nada melhor do que reconhecer que você errou para poder superar uma crise, mas não reconheça coisas em que não acredita, simplesmente para pôr fim a uma discussão. Não há nada de mal em discordar. Uma vez que você fez uma tentativa sincera no sentido de resolver o problema existente entre vocês, reconciliar-se é algo que proporciona um grande reconforto.

ROMPER COM UM CÍRCULO VICIOSO

Algumas vezes os parceiros se surpreendem continuamente envolvidos com brigas que não levam a lugar algum. Até mesmo quando abordam questões nada controvertidas conseguem sentir a presença de um problema destrutivo, pronto para vir à tona. Suas antigas mágoas logo se transformam em ressentimento, diante da menor insinuação, prontas para aflorar explosivamente. Desanimados por estarem brigando novamente, os parceiros desencorajados culpam-se mutuamente, fazem acusações terríveis, comparações pouco lisonjeiras e avaliações demolidoras sobre o caráter e as motivações de cada um. Mais uma vez, os sentimentos são feridos devido a velhos problemas. O tom de voz se altera e os parceiros se vêem reduzidos àquilo que existe de pior neles. Como permitiram que isso voltasse a acontecer? Como podem ter feito isso a si mesmos? Por que não se controlaram? Por que essas questões tão dolorosas ainda fazem parte de suas vidas? Por que não podem ser resolvidas de uma vez por todas?

Uma espiral como essa, que leva à deterioração dos relacionamentos, sempre reflete sentimentos negativos que não foram completamente expressos. Alguns desses sentimentos destrutivos podem ter ficado contidos muitos anos antes que você e seu parceiro se conhecessem. O motivo pelo qual você agora está lidando com tais sentimentos talvez se deva ao fato de seu relacionamento oferecer a primeira oportunidade segura de examiná-los e de lidar com eles honestamente. Portanto, pode ser uma vantagem, caso você os aborde com atitude correta. Se, por exemplo, durante uma discussão um parceiro tem a possibilidade de expressar para sua parceira uma raiva pouco realista sem ser contestado, e se ela simplesmente assinala que a raiva que ela, por sua vez, está exprimindo parece fora de proporção com tudo o que ele disse ou fez, então essa mesma parceira talvez possa perceber que não está ressentida com seu companheiro, mas, digamos, com o pai dela. Caso seu parceiro se defenda e se vingue, ele provavelmente reforçará a crença de que sua parceira havia feito algo errado e, assim, a espiral de acusações continuaria se desenrolando. Ela ainda precisaria continuar a lidar com sua raiva, que não havia sido posta à prova, e que se apresentaria em outro momento. Assim, mesmo que você ache injusto ter de mexer com o difícil passado de seu parceiro, permita que tais sentimentos sejam expressos. Quem sabe você descobrirá que pode resolver por procuração alguns desses problemas pendentes...

É isso que define um relacionamento saudável: permitir que todos os sentimentos sejam expressos abertamente perante alguém em que você confia, colocando-os em uma perspectiva correta e resolvendo-os diretamente.

Em todos os relacionamentos existe uma inclinação natural a enterrar e desenterrar questões dolorosas, mas nem sempre a resolvê-las completamente. Para que um relacionamento cresça, além de um impasse como este, os parceiros precisam estar dispostos a arriscar as conseqüências decorrentes do fato de encararem juntos os problemas que se apresentam. Se você valoriza seu amor, precisa encontrar coragem para lidar com aquilo que magoa cada um de vocês. Permitam-se expressar o que os incomoda e sem interrupções.

Para ser bons lutadores é preciso entender que os comentários de seu parceiro serão freqüentemente exagerados, injustos, equivocados, mal elaborados e corrosivos. Terão também a intenção de magoá-los em relação a seus pontos mais vulneráveis. Tenham em mente que, embora sejam propositalmente lesivos, só se dirigem à sua pessoa devido ao fato de que vocês se encontram presentes. Limitem-se a observá-los e tentem imaginar a dor que seu parceiro está sentindo.

Não reaja ao ser atacado. Não entre em um estado de espírito no qual possa dizer: "Ninguém fala comigo desse jeito". Identifique simplesmente o sentimento e diga algo como: "Você parece estar muito magoado. Toda essa raiva diz respeito apenas a mim?" Prepare-se para ser atacado por bancar o terapeuta, mas ainda assim não reaja.

Ouça e não seja apenas um muro de pedra. Dê a entender que sente muito se seu parceiro está sofrendo, mas que ainda assim o compreende. Encorajar seu parceiro a explicar sua mágoa com detalhes é sempre a melhor orientação. Se acaso ele censurá-lo, não defenda suas atitudes. Reconheça tudo o que fez de errado, diga que sente muito se ele se ofendeu e permita que os sentimentos fluam.

Talvez não lhe seja inteiramente possível permanecer em uma atitude de distanciamento durante o ataque desfechado por seu parceiro. Você poderá voltar a ficar magoado e, provavelmente, lamentará estar presente enquanto tudo isso acontece. Ainda assim, não revide. Lembre-se apenas de seu amor e confie nele. Abordar as emoções negativas que prejudicam seu relacionamento é um reajuste necessário para anular a distância que vai do ocultamento à abertura.

Uma boa discussão proporciona uma orientação. Muitas diferenças não podem e não precisam ser resolvidas, mas ainda assim precisam ser expressas. Uma boa discussão começa pela confiança e proporciona a ambos uma escolha para fazer aquilo que cada um acha melhor. Independentemente de tudo o mais que for resolvido, se os parceiros não exprimiram a própria dor, voltarão sempre para os mesmos problemas. Nenhuma decisão tem valor, a menos que os parceiros assim o queiram. Uma boa discussão começa pelo benefício da dúvida e termina com a possibilidade da reconciliação. Quando os parceiros resolvem determinada questão, esta deverá tornar-se parte de seu passado.

Quando a dor vai embora, a promessa do amor renasce.

Capítulo onze

NOS LIMITES DO CRESCIMENTO

As pessoas crescem, sempre, mas restringindo a si mesmas, correndo riscos, enfrentando o desconhecido, pondo à prova suas forças e talentos. As dores do crescimento fazem parte de uma vida produtiva e feliz. Nesses momentos, você se encontra especialmente vulnerável, já que está desistindo de sua segurança a fim de explorar um novo território. Embora o parceiro que se arrisca necessite mais apoio do que nunca, é precisamente em tais momentos que sua força emergente ameaça sua companheira.

Quando um dos parceiros cresce, o outro também precisa crescer.

Aqui estão os problemas que levam as pessoas a brigar, e as questões subjacentes que os complicam.

COMO AS PESSOAS DISCUTEM

As pessoas discutem adotando aquele mesmo estilo defensivo que empregam para lidar com suas emoções. Embora as pessoas dependentes tendam a negar uma ofensa ou um acontecimento doloroso, as controladoras apresentam justificativas e as competitivas fingem não se importar com o fato. Lembre-se, porém, que embora um dos estilos possa predominar, todo mundo, de vez em quando, recorre a uma dessas três defesas. As tabelas que se seguem mostram os três estilos defensivos de abordar os problemas e contrastam-nos com a abordagem ideal praticada por uma pessoa madura. Elas devem fazer com que você compreenda seu parceiro e a si mesmo.

Tenha em mente que, muitas vezes, um problema implica em processar os três estilos defensivos antes que se possa chegar a uma abordagem ideal. Embora você possa não ser um tipo controlador, ainda assim poderá comportar-se de maneira controladora em relação a determinada questão. Em se tratando de outras questões, você poderá mostrar-se dependente, competitivo ou agir como uma pessoa madura. O objetivo é você se conhecer, bem como suas reações características quando sujeita a determinadas circunstâncias e às voltas com certos problemas, e, também, compreender seu parceiro.

A abordagem madura não constitui necessariamente uma solução perfeita para cada problema, mas é a mais razoável, quando se leva em consideração as circunstâncias. Por exemplo, existem certas condições que levam até mesmo as pessoas bem equilibradas e integradas a trair seus parceiros mas, ainda assim, trair não é uma ação defensiva. Tentei demonstrar as condições sob as quais pessoas bem ajustadas se envolvem com um comportamento negativo e que revelam a dinâmica de suas ações.

SOBRE O QUE AS PESSOAS DISCUTEM

Dinheiro

Os parceiros devem ter o mesmo direito de se manifestar no que diz respeito às finanças do casal, quer eles contribuam ou não com quantias idênticas. Não existem regras preestabelecidas, mas cada parceiro tem o direito de contar com seus próprios recursos financeiros. Isso não significa que um esconda do outro determinadas transações, mas capacitar cada parceiro a manter controle sobre sua própria vida.

Cada um deve ter o mesmo controle sobre suas finanças, como o faziam antes de estarem juntos. O orçamento deve se elaborado em conjunto e sem pressões. A abertura e a confiança devem prevalecer. Presume-se que haja inocência, quanto às intenções. O dinheiro torna-se uma questão conflituosa quando não é suficiente para satisfazer as necessidades básicas do casal, quando estes não conseguem fazer um planejamento eficaz, quando apenas um dos parceiros lida com as finanças e usa o dinheiro para controlar o outro e quando o arrimo de família quer esconder certos gastos.

Sexo

No plano ideal, o sexo é um prolongamento natural do amor que flui entre duas pessoas. A magia do sexo está em sua dádiva natural. Os parceiros alegram-se tanto em dar quanto em receber. A emoção do sexo provém tanto do fato de você excitar seu parceiro e sentir o impacto sensual que exerce sobre outra pessoa quanto o fato de satisfazer-se. Reagir a seu parceiro também valida sua identidade sexual. No entanto, o sexo perde sua espontaneidade e sua excitação quando é usado como recompensa ou punição. Quando o sexo é usado, rotineiramente, como sedativo para acalmar parceiros agitados, a excitação é prejudicada pela expectativa do sono que se aproxima. Nossos impulsos sexuais são afetados pelos acontecimentos que ocorrem em nossas vidas. A doença, os infortúnios profissionais, as perdas e os conflitos familiares nos perturbam com facilidade. A compreensão e a paciência são de grande ajuda quando se trata de restaurar a paixão sexual.

ESTRUTURAS DEFENSIVAS

	Tipos dependentes	Tipos controladores	Tipos competitivos	Tipos maduros
PRINCIPAL DEFESA	Negação	Desculpa-se, culpa os outros	Finge não ligar	Aceita honestamente a realidade
GRAUS DE DEFESA	Da recusa em encarar um problema a ser assoberbado por tudo	Do controle e do comportamento punitivo a correr riscos de maneira compulsiva e irresponsável	De uma atitude de distanciamento a uma reação histérica e excessiva	De proteger-se de uma mágoa em potencial a defender-se de uma ofensa
POSIÇÃO DEFENSIVA	Desamparo e pânico	Todo-poderoso, todo conhecimento	E daí? Não tem importância	Tenta compreender
DÚVIDA EM RELAÇÃO A SI MESMO	Ninguém pode me amar	Eu não presto	Sou um fracasso	Cometi um erro
MENTIRAS	Tudo aquilo que puder diminuir o amor do parceiro	Força, riqueza, conhecimento, influência	Carinho, idade, confiança, talento	Diz a verdade
DEVANEIOS	Estar juntos	Dinheiro, sexo, vingança	Antigas conquistas, o que está faltando	Resolver problemas, objetivos, criar
AMEAÇAS	Ofender a si mesmo	Retirar o apoio	Outra pessoa	Tenta não ameaçar

CONSIDERAÇÕES IMPORTANTES

	Tipos dependentes	Tipos controladores	Tipos competitivos	Tipos maduros
O QUE ELES MEDEM	Os afetos dos outros	Submissão a suas exigências	Como os outros os estimam	Como eles se sentem
O QUE DESENCADEIA UMA BRIGA	A ameaça do abandono	Desafiar seu julgamento	O constrangimento	A mágoa
O QUE TEMEM	Perder o amor	Perder a influência	Perder o impacto	Perder a si mesmo
BRIGAM PARA MOSTRAR	Que não são indefesos	Que ainda mantêm o controle	Que ainda são os melhores	Que não admitem ser maltratados
FORÇA	Lealdade	Organização	Ambição	Flexibilidade
FRAQUEZA	Apega-se	Manipula	Vangloria-se	Nenhuma falha fatal
SOBRE O QUE FALAM	Nós, estarmos juntos	O que estou fazendo por você	Minha vida, minha carreira, eu	O assunto do momento
MELHOR MOMENTO	Bodas de ouro	As aplicações financeiras dão certo	Quando ganha medalha de ouro	Sempre encontra momentos valiosos
FORÇA DO COMPROMISSO	Excessivamente desejoso de estabelecer uma união	Receio de se perder, bens	Compromete-se no momento e se a situação se mantiver favorável	Ajusta-se às necessidades
REAÇÃO QUANDO O PARCEIRO SE DISTANCIA	Fechamento	Constância	Mede	Compreende

COMO O CASAL BRIGA

	Tipos dependentes	Tipos controladores	Tipos competitivos	Tipos maduros
TÁTICAS	Alardeia fraqueza, esconde a força	Esconde a fraqueza, é fanfarrão	Exagera a força, provoca	Procura a verdade em tudo
JEITO DE BRIGAR	Criança molestada	Grande inquisidor	Celebridade magoada	Deixa a mágoa manifestar-se
COMO PLANEJA	Faz com que o parceiro sinta pena dele	Faz com que o parceira se sinta perdido sem ele	Fazer com que o parceiro se preocupe com a possibilidade de perdê-lo	Definir e resolver o problema
RECONHECIMENTO DE QUE O PROBLEMA EXISTE	Reluta e receia seu significado	Primeiro o examina, depois procura um álibi	"Não faz mal e agora estou ocupado"	"Ultimamente estamos nos estranhando. Vamos conversar."
ADMITE TER ERRADO	Com excessiva facilidade, manipulador passivo	De forma incompleta e só após provar que o parceiro estava errado	"Como você pode sequer sugerir semelhante coisa?"	Com naturalidade.
ACUSA O PARCEIRO DE	Querer ir embora	Solapar seus esforços	Preferir outra pessoa	Concede o benefício da dúvida
QUEIXA-SE DE QUE O PARCEIRO É:	Fechado, cruel, insensível	Desobediente, estraga os bons momentos	Desrespeitoso, não reconhece o que ele faz	O parceiro não está sendo aberto e honesto
RESPONSABILIDADE	Culpa-se demais	Culpa o parceiro	Culpa as circunstâncias	Aceita participar do problema
CONTROLADO POR	Culpa, autonegação	Dinheiro, ameaças de punição	Ameaça ir embora	Diz a verdade

(Continua)

(Continuação)

COMO O CASAL BRIGA

	Tipos dependentes	Tipos controladores	Tipos competitivos	Tipos maduros
EXPRESSÕES AGRESSIVAS	Não se pode amar você	Você está completamente errado	Você é um fracasso	Você não me importa
COMO RESOLVE O PROBLEMA	Quer que tudo seja como sempre foi, sem se empenhar	Rígido demais, não abre espaço para o crescimento	Desencorajado pelo esforço requerido, vai embora	Esforça-se ao máximo, anima o parceiro a dialogar
QUANDO FICA DESCONTROLADO	Entra em pânico, cria confusão, age como se fosse impotente	Perde-se ao tentar controlar os menores detalhes	Põe para fora seus sentimentos histéricos, retira-se	Reconhece que se sente abafado
PALAVRAS QUE TRANQÜILIZAM	Estamos bem, mas temos de conversar. Te amo	Ainda existe espaço para melhorarmos. Te amo.	Vamos criar a melhor solução possível. Te amo	Acredito em nós. Te amo

QUANDO SE SEPARAM

	Tipos dependentes	Tipos controladores	Tipos competitivos	Tipos maduros
POR QUE SE SEPARAM	Para maior segurança	Raramente se separa caso ainda esteja no controle	Perda do respeito do outro, estima	Não podem dar mais o que têm de melhor ficando juntos
O QUE É PRECISO PARA FAZÊ-LOS ROMPER	Perigo inegável	Não se pode pressioná-los, é preciso deixá-los agir por si	Voltar a rebaixá-los	Incapaz de ser autêntico, pouca liberdade de crescer
O QUE ELES NÃO PERDOAM	Abandono	Desobediência	Ficar constrangidos	Comportamento psicopata ou perverso
PALAVRAS DE DESPEDIDA	Você me abandona	Ainda estou certo e você ainda está errada	Ficarei muito melhor sem você	Sinto muito
QUANDO PARTEM	Quando é quase tarde demais	A outra pessoa está para ir embora	Vai magoar muito	Não faz sentido ficar
QUANDO O PARCEIRO VAI EMBORA	Lamenta-se durante muito tempo ou volta a se casar em breve	Refugia-se na rotina	Procura rapidamente outra pessoa	Ergue a cabeça, recupera-se

QUANDO SE RECONCILIAM

	Tipos dependentes	Tipos controladores	Tipos competitivos	Tipos maduros
DO QUE PRECISAM	Segurança	De suas regras, de ordem	Reconhecimento	Ser eles mesmos
FICARÃO SE SENTIREM-SE	Protegidos	No controle	Reconhecido	Livres para ir embora
QUEREM QUE SEUS PARCEIROS	Expressem o quanto precisam deles	Demonstrem depender deles	Expressem seu apreço	Sejam autênticos
PARA RECUPERAR A CONFIANÇA PERDIDA VOCÊ TEM DE CONCORDAR EM	Não abusar de suas fraquezas	Não desafiá-los, movida pelo despeito	Não ridicularizá-los ou diminuí-los	Não mentir ou trapacear
BASES PARA UMA SEGUNDA CHANCE	Amor e apoio sem restrições	Deixá-los controlar o que lhes pertence	Aceitá-los, apoiar os riscos	Total liberdade, total honestidade
DO QUE PRECISAM LEMBRAR-SE	Conte mais consigo, você pode chegar lá	Permita que seu parceiro tome decisões e seja livre	Seja seu melhor crítico e seu melhor apoio	Você não pode comprometer a honestidade
O QUE PRECISAM OUVIR	Você é insubstituível	Você é esperto, bom e forte	Você é o máximo	Importo-me com seus sentimentos

Lembrem-se do amor que sentem um pelo outro durante os momentos de refluxo de sexo e mantenham a fé em seu amor até mesmo quando as provas parecerem escassas. Procurem manter a espontaneidade, tentem agir sobre os sentimentos que estão ocorrendo no momento.

Família e filhos

No plano ideal, os filhos devem nascer em uma família que os queira. Os motivos corretos para se ter filhos consistem em criar uma manifestação física de seu amor e passar por aquilo que ele lhe ensinou. Os motivos incorretos incluem o fato de querê-los para provar ao mundo que vocês são dotados e que, se tivessem tido as vantagens que proporcionam a seus filhos, vocês também seriam bem-sucedidos. Outra finalidade é melhorar seu relacionamento por meio da criação de um interesse comum. Os filhos, dos quais se espera que levem adiante os negócios da família ou que preservem sua reputação sentem, freqüentemente, que seus sentimentos não contam. Eles costumam ficar ressentidos com as expectativas de seus pais e revidam por meio do fracasso, causando grandes danos à família.

Pais que vivem através de seus filhos vivem por procuração, o que habitualmente provoca ressentimentos, por maior que seja o sacrifício que façam. Pais que precisam do sucesso de seus filhos para se sentirem bem são menos tolerantes e oferecem pouco espaço para que seus filhos errem. Estes precisam cometer, descobrir e corrigir seus próprios erros e corresponder a seus próprios padrões de sucesso. Esforçar-se, tendo em vista a aprovação dos pais, é sempre uma desvantagem.

Pais e parentes por afinidade

Se você não se separar de seus pais, seu crescimento será incompleto e sua auto-estima ficará prejudicada. Deixar de se afastar de seus pais no momento correto cria lutas pelo poder, nas quais seus pais e seu parceiro competem por sua lealdade. Você pode evitar fazer uma escolha entre as pessoas a quem ama sendo autêntico e fazendo aquilo que mais quer. A pessoa que realmente o ama haverá de querer que você seja feliz de acordo com seus próprios termos. Decida, portanto, o que deseja e lute por seus ideais.

Pais possessivos, muitas vezes, continuam a exigir provas de obediência, muito tempo depois de os filhos terem saído de casa e terem seus próprios filhos. Os "bons" filhos são citados como exemplos para os "maus" filhos, mesmo quando já têm mais de quarenta anos de idade. Os pais que exercem esse tipo de controle precisam mais de seus filhos do que seus filhos deles. Uma vez que um filho se der conta desse fato ele se surpreenderá ao descobrir, após as acusações e as manipulações, que foram seus pais que estiveram apegados a ele durante todo esse tempo.

	Tipos dependentes	Tipos controladores	Tipos competitivos	Tipos maduros
O QUE O DINHEIRO SIGNIFICA	Segurança	Poder	Recompensa	Um meio para se obter um fim
ATITUDE EM RELAÇÃO AO DINHEIRO	Cuide de mim e eu te amarei	Compra a lealdade e se ressente com isso	Eu ganhei, é meu	De que precisamos e o que queremos
ÚLTIMA PALAVRA	Contanto que cuidem de mim, está tudo ótimo	Eu ganho o dinheiro, eu tomo as grandes decisões	A estrela sou eu, posso fazer o que quiser	Vamos decidir como viver nossas vidas
QUESTÕES SUBJACENTES	Receia ter de contar apenas consigo mesmo	Teme que os outros se libertem dele	Um rival bem-sucedido é uma ameaça	Perder a renda pessoal é como perder a liberdade
CONFLITO TÍPICO	A família está sempre em primeiro plano	Eu estou no controle, quer me testar?	Quer elogios quando dá	Dá e pede
PARA RESOLVER O CONFLITO	Assumir riscos para se realizar	Ampliar as regras, compartilhar encargos e tarefas	Reconhecer os talentos do parceiro	Rever prioridades
AÇÃO CORRETIVA	Contribuir para seu próprio sustento	Dar dinheiro sem impor condições	Aceitar-se	Continuar crescendo

	Tipos dependentes	Tipos controladores	Tipos competitivos	Tipos maduros
QUALIDADE DO ATO AMOROSO	Excessivamente carinhoso, às vezes exagera	Dá o mínimo de afeto necessário	Exibição de proezas	Intimidade espontânea
COM FREQÜÊNCIA É	Opressivo	Frio, mecânico	Como um ator	Especial
SUA IMPORTÂNCIA	A família em primeiro lugar	Só quando preciso dele	Supervalorizá-lo(a)	Algumas vezes apressado demais, mas acaba dando certo
FANTASIAS	Ser salvo por um tipo vigoroso	Obcecado por certos atos	O mundo é um palco	Todas as três, mas a realidade é melhor
FREQÜÊNCIA	O suficiente para manter o parceiro feliz	Prefere tão freqüentemente quanto possível	Quando o(a) parceiro(a) merece	Quando a vontade nos impulsiona
APÓS	Apega-se	Dorme, assiste à televisão, trabalha	Espera elogios	O amor prossegue
O SEXO É USADO PARA	Demonstrar proximidade	Como um aperitivo antes de dormir, para aliviar tensões	O sexo é tudo	Para aumentar o que já existe de bom
O QUE O SEXO SIGNIFICA	Pertencer a alguém	Exercício de um privilégio	Não tem certeza se ainda a ama, entediado	Não tem tempo suficiente
RECUSA-SE AO SEXO QUANDO	Está assustada(o)	Ressentida(o)	Está tentando impor condições	Não se sente *sexy*

(*Continua*)

(Continuação)

	Tipos dependentes	Tipos controladores	Tipos competitivos	Tipos maduros
QUESTÕES SUBJACENTES	Qualquer ameaça à segurança	Espera que o parceiro se desculpe: "Afinal, foi você quem começou"	Reconsidera opções disponíveis: "Será que posso fazer melhor?"	Mágoa que não se expressa: "Precisamos dialogar"
CONFLITO TÍPICO	Esconde as dúvidas apegando-se ainda mais	Espera o amor: "Esforcei-me, tenho direito a ele"	Não tem certeza se ainda está apaixonado, entediado	Não há tempo suficiente
COMO RESOLVE O CONFLITO	Demonstra uma preocupação autêntica pelos receios do parceiro	Explora a mágoa do parceiro, não a encara como algo pessoal	Não faz jogos, é amigo	Ser paciente, ouvir, compreender

Corra o risco de ser o mais forte e autêntico possível, perdoe as deficiências de seus pais e dependa de si mesmo em relação àquilo de que você necessitar.

Carreiras

Existe sempre o perigo de que ao arrimo da família sejam concedidos mais direitos do que aos demais membros. Na verdade, ele poderá alimentar a expectativa de que os demais membros da família sejam agradecidos e não se manifestem.

É necessário um esforço especial para que o relacionamento de duas pessoas que têm carreiras próprias funcione. Os parceiros precisam dividir as tarefas, de tal modo que nenhum deles se sinta usado. Os momentos de lazer precisam ser cuidadosamente planejados para que o excesso de compromissos não interfira nas poucas oportunidades de estar junto com seu parceiro. As exigências do trabalho, as preocupações com a escalada dos degraus que levam ao sucesso, a necessidade de uma complementação da formação e de maior instrução podem interferir no tempo dedicado à família. É fácil demais justificar tais exigências, afirmando que são mais importantes do que as responsabilidades para com a família, já que elas tornam possível um estilo de vida mais agradável. Os filhos e a família, como um todo, precisam sentir que são pelo menos tão importantes quanto os colegas de trabalho ou os fregueses e clientes.

Um relacionamento deveria servir de incentivo para os parceiros, quer se trate de uma carreira, quer da prestação de serviços à comunidade. É mais fácil ser bem-sucedido sozinho do que com um parceiro que lhe causa dificuldades.

Drogas: abuso e vício

Idealmente, não existe espaço para o consumo de drogas em um relacionamento. Qualquer substância que distorça a realidade sempre cria uma barreira entre o casal e limita a capacidade de reconhecer a verdade e lidar com ela. A maior parte dessas substâncias exerce o efeito de adormecer os centros cerebrais de sensibilidade mais elevada. Como resultado, a pessoa que consome drogas ou se apóia em um comportamento compulsivo perde parte do sentido humano no relacionamento. Tais substâncias e comportamentos atuam como um amortecedor contra um sentimento doloroso e agem como uma espécie de defesa. O vício bloqueia o crescimento, e a resolução da dor. O resultado é que sobra menos da pessoa amada para se amar.

As pessoas se tornam viciadas quando temem ser quem elas são. Um vício pode oferecer tamanho alívio à ansiedade que desistir dele parece, ao mesmo tempo, impossível e nada razoável. O consumo de drogas se faz acompanhar pela mentira, manipulação e distorção, o que é compreensível.

	Tipos dependentes	Tipos controladores	Tipos competitivos	Tipos maduros
A FAMÍLIA SIGNIFICA	Um lar de verdade	Uma dinastia	Fonte de orgulho	Uma tradição de amor
DINÂMICA DO CONFLITO	Os filhos crescem, os pais perdem a identidade	Quando os filhos se recusam a ser manipulados, eles aumentam o controle	As crianças superam os pais e criam ansiedade	Tenta estabelecer o objetivo correto
QUESTÕES SUBJACENTES	Vê perigo em tudo	Não confia no juízo dos filhos	Quer que os filhos lhe dêem projeção	Proporcionar oportunidades, conforme elas são merecidas
ATITUDES PATERNAS	Principal razão de viver, superprotetor	Ressente-se com as imperfeições dos filhos, excessivamente crítico	De vez em quando excessivamente preocupado consigo mesmo para poder ajudar	Procura o adulto que está emergindo
ESTILO DE DISCIPLINA	Complacente, receia privar seus filhos do que quer que seja	Pouco realista, durão, punitivo	Inconsistente, estar envolvido? ou alheio?	Apropriado
CONFLITO TÍPICO	Trata os filhos como crianças, não incentiva os riscos	Inibe a liberdade dos filhos, não confia neles	Compara-se com os filhos, quer reviver sua vida	O que é um risco razoável?
PARA RESOLVÊ-LO, LEMBRE-SE DE QUE	A vida é mais do que ser pai	Se você não confia em seus filhos, quem confiará?	Aceitar a si próprio e seus filhos como eles são	Apoiar o crescimento de seus filhos com amor

	Tipos dependentes	Tipos controladores	Tipos competitivos	Tipos maduros
NATUREZA DO RELACIONAMENTO COM OS PAIS	Para eles ainda é uma criança, precisa deles	Alimenta antigos ressentimentos, mas não os expressa diretamente	Ainda diz: "Ouça, mamãe, não me controle"; rebelde	Aceita-os como eles são
RELACIONAMENTO COM OS PAIS DO PARCEIRO	Tenta ser como seu filho	Cria brigas de poder, crítica	Tenta impressioná-los	Adota o comportamento de seu parceiro, mas apóia sua independência
FONTE DE CONFLITO COM OS PAIS	Os pais se apegam, os filhos querem partir	Ainda irritado com a manipulação antiga ou recente	A falta de elogios ou aceitação ainda magoa	Quando tentam limitar a liberdade
QUANDO OS PARENTES POR AFINIDADE INTERFEREM	Contemporiza, negando-se a si mesmo: "Tudo bem, não tem problema"	Estabelece limites rígidos, punitivos: "Você não pode ver as crianças"	Fica ocupado demais para lidar com a insensatez de seus parentes	Restabelece limites e intenções
QUESTÕES SUBJACENTES	Quer/precisa do amor de seus pais	Ainda prova que ele consegue dar conta do recado	Os elogios dos parentes ainda moldam o comportamento e os estados de espírito	Todas as três questões, mas de maneira apropriada
PARA SOLUCIONAR O CONFLITO	Diz "não" com firmeza e com amor	Aceita suas limitações, perdoa	Segue seus próprios padrões e entrega-se a seu prazer	Confia em seus próprios instintos e sentimentos

Quando um parceiro nega estar viciado, a única atitude que se pode tomar é fazer com ele admita esse fato. Afinal, todo mundo sabe a verdade, embora não se sinta com liberdade de falar a respeito do assunto. O vício torna os amigos e os membros da família profundamente ressentidos. Observam mudanças na pessoa a quem amam, mas sentem-se impotentes para corrigi-las. A confusão, a irritabilidade, a mudança de estados de espírito, o desleixo, os lapsos de memória interferem constantemente e solapam o amor. O parceiro que não é viciado, muitas vezes, finge para si mesmo que o problema não é tão grave assim ou o atribui ao estresse ou a alguma situação gerada pela fantasia, em vez de encarar a questão com honestidade.

Alguém precisa ser corajoso e responsável, e isso, em geral, se refere ao parceiro que não é viciado. Caso seu parceiro seja viciado, você terá de correr o risco de criar um conflito, abordando o assunto toda vez que o consumo de drogas ocorrer. A fim de obter a cooperação de seu parceiro você precisa que ele reconheça seu problema. Sem tal reconhecimento nada acontecerá. Tenha certeza disto: se seu relacionamento enfrentar um problema com o consumo de drogas, isso levará a uma ruptura.

Poder-se-á discutir se o abuso de drogas é significativo ou se a crítica é racional. Afinal, todo mundo toma um ou dois drinques; não existe mal nenhum em apostar, ocasionalmente, em um cavalo, puxar fumo ou tomar um comprimido de cinco miligramas de Valium? Se uma substância é usada para isolá-lo das dores da vida, ela também o impedirá de resolver seu problema e de atender a suas reais necessidades. Se você acha que está havendo um consumo excessivo de drogas, provavelmente estará com a razão.

Estilos de vida

Os casais mais felizes sentem-se da mesma maneira em relação ao estilo de vida que compartilham. Isso pode parecer óbvio, mas muitos parceiros se ressentem pelo fato de se verem presos a uma pequena cidade que um deles odeia, a uma família que um deles receia deixar ou a amigos que já não significam nada. Se um dos parceiros não puder ser feliz em determinada situação, o relacionamento também não poderá ser feliz.

Todas as decisões relativas ao estilo de vida devem ser mútuas. Caso contrário, subentenderão que um parceiro é melhor do que o outro.

Não importa onde você mora, mas como mora em determinado lugar. Não importa quem são seus amigos, contanto que você possa ser aberto com eles. Não importa o que você faz para divertir-se, contanto que isso empolgue ou distraia vocês dois. A chave da felicidade é permitir que seu estilo de vida evolua naturalmente, e seguir as crescentes necessidades de ambos os parceiros. De vez em quando, os gostos e as necessidades das pessoas mudam. Vocês estão juntos para aumentar seu prazer; portanto, sejam abertos e procurem, juntos, novas experiências.

	Tipos dependentes	Tipos controladores	Tipos competitivos	Tipos maduros
POR QUE SE VICIA	Alivia a ansiedade	Sente-se sem poder	Obtém a animação que lhe falta na vida	Procura seu eu naturalmente
SUBSTÂNCIAS MAIS CONSUMIDAS (VARIAM)	Álcool, antidepressivos, maconha, tranqüilizantes	Cocaína, estimulantes, álcool, maconha	Cocaína, alucinógenos, pílulas para emagrecer, maconha	Não abusa de nenhuma delas
COMPORTAMENTO ALTERNATIVO	Dependência, escravo da família	Jogatina, laxantes, qualquer obsessão, delírios de poder, trabalho, problemas digestivos	Persegue um sonho impossível, sexo, cirurgia plástica	Esportes, adquire bens, é colecionador, é entusiasta
CONSUMO DE DROGAS ALIMENTADO PELA	Autopiedade	Dúvida em relação a si mesmo	Baixa auto-estima	Curiosidade
ESTILO DE CONSUMO	Viciado	Compulsivo	Dramático	Misto
EFEITO QUE SE DESEJA DA DROGA	Intensificar a rejeição	Dar uma sensação de poder e controle	Aumentar a baixa auto-estima	Para ser ele mesmo/ intensificar a criatividade
A SUBSTÂNCIA PROPORCIONA	Sono por meio da dor	Domínio por meio de um agente externo	A excitação está de volta	Pode ingeri-la ou não
CONFLITO PROVOCADO PELA DROGA	Não está disponível para o parceiro	Auto-absorção, comportamento compulsivo	Exclusão do parceiro, devaneios pessoais	Excede-se, age como um estúpido
COMO ELIMINAR O VÍCIO	Encarar diretamente o medo	Encontrar a auto-aceitação	Definir objetivos realistas	Empolgar-se consigo mesmo

	Tipos dependentes	Tipos controladores	Tipo competitivo	Tipos maduros
ONDE MORAM	Próximos à família	Onde estão suas possibilidades de trabalho	Onde a carreira prospera	Onde possamos crescer melhor
OBJETIVO DE VIDA	O lar	Manter o poder	Encontrar um lugar ao sol	Descobrir os dons
METAS IDEAIS	Somos uma família	Senhor de tudo aquilo que vigio	Uma estrela nasce	Estabelecer diferenças
PROGRAMA NOTURNO PREFERIDO	Diversão com os filhos	Com um sócio, com um cliente; trabalhando	"Amigos" com os quais tem contato	Comemoração
PAPEL DOS AMIGOS	Apoio	Reforço	Aplauso	Compartilhar
INFLUÊNCIA PREPONDERANTE	Quer estar junto	Quer ser produtivo	Quer ser visto	Quer ser feliz
OBSTÁCULOS SUBJACENTES	Receia tentar algo novo	Não consegue postergar trabalho	Está sempre tentando melhorar a situação	Tirar do presente o que ele tem de melhor
LAZER PREFERIDO	Férias com a família	Eventos organizados, seguir um curso	Novos rostos, novos lugares	Todos os três
PALAVRA DE ORDEM	Seja um pouco mais corajoso	Esqueça as árvores, contemple a floresta	Dê o melhor de si	Vá com calma, você já ganhou

Traição

Traição pode significar muitas coisas em um relacionamento. Pode ser um ato de despeito, uma perda momentânea de controle sob a influência do álcool ou das drogas, uma paixão duradoura por outra pessoa, um modo de remediar algo que se percebe estar faltando, uma compulsão, um reflexo da insegurança ou uma grande infelicidade em relação à própria vida ou em relação ao parceiro. Pode significar, igualmente, que o relacionamento é equivocado, terminou ou é inadequado às necessidades dos parceiros. Pode significar, também, que finalmente foi encontrada a pessoa adequada. Pode ser uma resposta à solidão, ao tédio, à ansiedade ou refletir intensas dúvidas sobre onde você se situa na vida ou se encontrou tudo aquilo que a vida tem a lhe oferecer.

Os motivos para trair são tão complexos e seu potencial destrutivo é tão grande que discutirei amplamente o problema no próximo capítulo. No entanto, a traição também pode ser relacionada ao tipo de caráter que predomina entre os parceiros, em um relacionamento.

	Tipos dependentes	Tipos controladores	Tipos competitivos	Tipos maduros
POR QUE TRAEM	Acham que finalmente alguém os ama	O ímpeto os domina	Despeito ou dúvida em relação à própria atração	Paixão reavivada, conforto
TRAEM COM	Um velho amigo, a pessoa que lhes dá carinho, um vizinho	Um conhecido superficial ou um colega de trabalho	Alguém "melhor" do que seu parceiro	Realizam uma necessidade que não foi preenchida
QUANDO TRAEM	Após uma prolongada rejeição	Quando a fantasia e a realidade se encontram, durante uma viagem de negócios	Para provar a si mesmos; agem movidos por impulsos	O relacionamento parece chegar ao fim
POR QUE SÃO DESMASCARADOS	Confissão ansiosa	Espalha pistas, culpa	Planejam acertar contas com o parceiro	Ajudar a tomar a decisão de ir embora
O QUE UM CASO SIGNIFICA OU REFLETE	Privação de longa data	Muitas vezes é puramente físico	Insegurança, falta de atenção	"Se a coisa chegou a esse nível, não há mais nada a fazer"
COMO PENSAM	Preocupados em magoar os outros: "Como pude fazer semelhante coisa?"	Não consegue pensar em mais nada, culpa: "Será que sou ruim?"	Esse pensamento o consome: "Por que meu parceiro não pode ser assim?"	"Posso salvar meu relacionamento? Quero fazê-lo?"
DINÂMICA DO CONFLITO	Sente-se abandonado, precisa de mais amor	Sente-se trapaceado, merece mais sexo	Sente-se ignorado, exige mais atenção	Sente-se encurralado, quer liberdade
QUESTÕES SUBJACENTES	Cuide de mim	Satisfaça-me	Adore-me	Relacione-se comigo

Capítulo doze

A TRAIÇÃO

Existem tantos motivos que levam as pessoas a trair quantos relacionamentos amorosos. A traição é sempre o sintoma de algo mais sério. Os casais abertos são menos inclinados a trair, enquanto que os casais fechados incitam à traição. Os parceiros, muitas vezes, recorrem a ela quando querem evitar o confronto com um problema, mas, ainda assim, precisam de algum meio de diminuir a tensão. Ela é também um dos recursos empregados pelos parceiros para manter sua auto-estima, quando não se sentem amados ou quando fazem eclodir um conflito que não pode ser discutido abertamente. A traição é usada, às vezes, para forçar um parceiro a assumir seriamente um problema ou um sentimento. Quando os parceiros traem, eles procuram, muito além de seu relacionamento, soluções que poderiam ter encontrado caso tivessem corrido o risco de ser abertos e de tudo compartilhar.

Com freqüência, os motivos que levam uma pessoa a trair são mais complicados do que parecem. Por exemplo, uma pessoa pode sentir-se motivada a trair por estar encolerizada, mas acaba descobrindo que o fez para resolver suas dúvidas quanto ao fato de ser sexualmente atraente. A natureza da traição é que ela simplifica as questões e, ao mesmo tempo, as complica. Você pergunta a si mesma: "Será que eu me sentiria mais realizada com outra pessoa?" Então, você trai a fim de encontrar a resposta e descobrir que uma outra pessoa poderá satisfazê-lo mais completamente. Surge, imediatamente, outra indagação: "Estou apaixonado por essa pessoa, para sentir-me dessa maneira?" Assim, você fica ainda mais confuso; o remorso e a excitação ocupam o mesmo patamar. Quando estão separados, vocês podem querer estar juntos. Porém, quando estão juntos, ficam ansiosos por separar-se. Você se sente novamente uma criança. De repente, as letras das músicas populares são repletas de significado. Você se sente maravilhoso, renascido! Sente-se a mais desgraçada das criaturas e tudo é amargura. Como é que algo tão sensacional pode provocar tamanha infelicidade?

O que é trair?

Trair é investir em outra pessoa aquela energia emocional e sexual que deveria ser direcionada para seu parceiro. Você não precisa relacionar-se sexualmente para trair. Um beijo apaixonado, repleto de abandono e desejo é traição, mesmo que as coisas não passem disso. Se para você é difícil aceitar esse fato, você criou uma definição de traição destinada a permitir que traia sem sentir-se culpada. Pergunte a si mesmo por que não vai até o fim. Não é porque você não sinta o desejo, mas porque tem medo. A traição é uma questão de desejo, de propósito e começa quando a idéia foi posta em ação, por mais simples que seja. Alguém que tem o objetivo de trair começa por um simples beijo e permite que o envolvimento aumente.

Não é o ponto em que você pára que determina se você traiu. Beijar a boca de um amigo íntimo, em uma festa de Natal, quando vocês tomaram uns drinques a mais, pode significar traição para um de vocês, mas não para o outro. A diferença está na intenção, no esperar para ver o que acontece e na disposição de ir adiante.

As seguintes histórias de caso ilustram várias questões e conflitos importantes num relacionamento e foram trazidas à tona por uma aventura extraconjugal.

CASO I: CASAR-SE COM A PESSOA ERRADA — VIVER ERRADAMENTE

Candy foi filha da revolução sexual e, a partir dos catorze anos de idade, tinha vida sexual ativa. Estudante, linda, brilhante, mas sem uma orientação específica na vida. Decidiu cursar a faculdade e no primeiro ano foi morar com o namorado. Era uma situação conveniente, criada para lhe proporcionar um senso de estabilidade, mas, mesmo assim, teve muitos casos enquanto vivia com o rapaz, inclusive um relacionamento com um homem casado. Embora estivessem apaixonados, seu amante não estava disposto a deixar a mulher e os filhos. De vez em quando ela pensava em estudar medicina, mas não tinha disciplina necessária para ir adiante. Formou-se com distinção, mudou-se do apartamento do namorado e tornou-se secretária executiva. Mulher independente, que trabalhava, teve muitos casos, um deles com um jogador profissional de beisebol, outro com um escritor que colaborava para o jornal da cidade. Em todos esses envolvimentos ela procurava alguém que tivesse identidade firme, assim como se pudesse tomá-la de empréstimo e descarregar parte de suas preocupações pelo fato de não se encontrar.

Quando Candy tinha 22 anos de idade conheceu George, um banqueiro, ligeiramente obeso, que tinha tendência a ficar cronicamente deprimido, e que ela confundiu com sensibilidade. Cansada de toda aquela agitação à sua volta e de seu emprego tedioso, Candy casou-se com George e acabou se convencendo de que era feliz, persuadindo também seus amigos e sua família a concordar com ela. Entregou-se ao papel de dona-de-casa e, usando seus talentos de refinada cozinheira, abriu um pequeno serviço de bufê que, na verdade, não lhe proporcionava prazer. Dois filhos lhe deram um novo papel para desempenhar, mas embora liderasse um grupo de escoteiras e pusesse luvas de beisebol para ensinar a seus filhos esse esporte, vestígio do relacionamento com seu antigo amante esportista, Candy sentia-se vazia e frustrada.

George mostrava-se sempre mais interessado no que os vizinhos pensavam a respeito deles do que no próprio relacionamento. Ficava sentado na varanda da casa, engordava cada vez mais e olhava Candy brincar com os filhos. Toda vez que ela tentava expor suas preocupações, ele dava uma desculpa qualquer para não falar. Estava sempre pressionado por questões financeiras. Parecia cada vez mais deprimido e desesperado. Queria que Candy fosse aquela gatinha sensual que ele havia conhecido, bem como mãe exemplar. A dor que ela sentia era uma estorvo, tão incompreensível quanto sua própria depressão.

Candy tinha fantasias sobre outros homens, praticamente desde o primeiro ano de seu casamento. Inicialmente, ficou constrangida com seus pensamentos, não porque eles fossem inaceitáveis, mas por representarem uma falha em seus planos. Queria ser feliz, casada com George, mas as coisas não estavam dando certo.

"Essa foi a coisa mais estúpida que você já fez", disse a si mesma, contemplando-se no espelho do banheiro de um motel. Havia telefonado a um antigo amigo, marcou um encontro com ele e tiveram uma relação. Tudo aquilo lhe pareceu sem sentido e, de repente, Candy sentiu-se suja. Jamais havia se sentido mal por estar com um homem. Sabia que o fato de ter traído George não a incomodava. "Deve ser esse cara com quem transei", pensou, enquanto voltava para casa. Decidiu encontrar-se com alguém com quem valesse a pena ter um caso.

Inicialmente, ela sentia pena de George quando estava com outros homens, mas logo começou a incomodar-se com o fato de ter de levar os sentimentos de George em consideração quando formulava seus planos ardilosos. Agora era mais promíscua do que havia sido na adolescência. Assim como conseguira convencer-se de que era uma feliz dona-de-casa, convenceu-se, igualmente, de que estava apaixonada. No entanto, quanto mais velha ficava, menos tempo durava essa ilusão.

Certo dia, ao dirigir-se para um encontro, Candy parou em uma loja de conveniência para completar as compras, pretexto de que lançara mão para sair de casa. No entanto, quando voltou até o carro, deu-se conta de que batera a porta do carro e deixara a chave dentro. Embora não tivesse feito nada de errado, começou a entrar em pânico e fez uma verdadeira cena na frente da loja. Um dos fregueses ofereceu-se para ajudá-la, descobriu que a janela do outro lado estava aberta e resolveu a situação. Olhou para Candy e fez um comentário perspicaz: "Você é infeliz, não é mesmo?"

Ela não sabia como responder, mas riu, balançou a cabeça e surpreendeu-se, dizendo: "Mais infeliz não poderia ser".

Passaram uma hora conversando. Jeff trabalhava na bolsa de mercadorias, era casado, cheio de humor, apesar de seu casamento malsucedido, e pai de três filhos maravilhosos, mas sentia que um dia teria de deixá-los. Jeff e Candy descobriram, imediatamente, que tinham afinidades espirituais. Trocaram seus números de telefone e foram para casa. Embora Candy tivesse dormido com dezenas de homens desde que se casara, George jamais desconfiara do fato, mas, naquela noite, quando ela voltou, ele a interrogou sem parar. Pela primeira vez Candy se denunciara, embora nem sequer lhe passasse pela cabeça ter um caso com Jeff. Defendeu-se com muita garra e brigou com George. Não conseguiu dormir a noite inteira. Não conseguia deixar de pensar naquele homem tão bondoso. "Não funciona", disse a si mesma e, pela primeira vez, teve certeza de que seu relacionamento com George havia chegado ao fim.

Candy e Jeff sentiam-se mutuamente atraídos, mas abandonar suas famílias parecia impossível. Jeff tinha grandes dúvidas. "Meu relacionamento não é suficientemente bom para que eu continue e nem mau para que eu vá embora", disse, suspirando. No entanto, amava Candy tanto quanto ela o amava. Ela sentiu que há muito tempo não amava daquele jeito. Seus antigos sonhos de estudar medicina voltaram, à medida que sua auto-estima aumentava. Sabia que não conseguiria amar Jeff tão amplamente quanto queria enquanto não se realizasse. Não era o casamento de Candy que não funcionava, porém, sua vida. Tinha de assumir os riscos que vinha evitando até então, precisava encontrar e construir uma identidade de que pudesse se orgulhar, algo que não adquiriria apoiando-se em um homem ou entregando-se a aventuras.

Fortalecida por um novo senso de si mesma e sentindo que tinha pouco a perder, Candy pressionou George para que ele procurasse uma terapia a fim de aliviar sua depressão e prepará-lo para enfrentar o inevitável. Candy surpreendeu-se por poder conversar com George com tamanha honestidade e por não se inibir diante de sua mágoa. Não é que seus sentimentos por ele tivessem mudado, mas agora ela era suficientemente aberta para reconhecer a distância que havia entre eles, o que acontecia pela primeira vez. Compreendeu que aquilo que agora sentia por George era o que sentira por ele durante o tempo todo. Convencera-se, porém, de que era amada porque precisava sê-lo e o desespero de George preenchera suas necessidades.

Candy matriculou-se na faculdade de medicina, decidida a realizar seu sonho e não voltar a sacrificar-se pela ilusão da segurança. É claro que ainda tinha dúvidas, sobretudo em relação ao fato de magoar sua família. "Como é que posso justificar o fato de estar fazendo tudo isso com essas pessoas tão inocentes?", refletiu. "Como é que pude ser tão estúpida para fazer isso comigo?" Decidiu que jamais se permitiria voltar a ser dependente. Ela e Jeff acabaram se separando, já que ele não se dispunha a correr os mesmos riscos que ela, mas finalmente Candy se encontrou.

Os temores que não são postos à prova sempre crescem. Os talentos que não são desenvolvidos sempre parecem mais distantes e menos reais quando não os testamos. Nenhum de nós quer encarar as próprias limitações. Quando a dor de não ser aquilo que queremos torna-se maior do que nossos temores, nós finalmente corremos riscos.

A traição é, freqüentemente, o primeiro sinal declarado de que a vida de uma pessoa não está funcionando. Infelizmente, os parceiros que traem ficam a tal ponto envolvidos com seus casos que não têm a clareza necessária para avaliar sua infelicidade ou encontrar soluções pertinentes a seu verdadeiro problema. Algumas vezes parece que o mundo das pessoas precisa desmoronar antes que elas possam admitir a verdade e dar os passos apropriados. É sempre difícil reconhecer que seu parceiro é a pessoa errada, realizar uma mudança, quando não se tem a certeza de quem se é ou quando se pode sair muito melhor, podendo contar apenas com seus próprios recursos. Quanto mais você esperar, mais fraca se sentirá e menos probabilidades terá de correr riscos. É em uma situação como essa que os parceiros flertam com o desastre na esperança de que acharão mais fácil desprender-se de um relacionamento que se está arruinando do que confrontar sua fraqueza e crescer.

CASO II: INCOMPATIBILIDADE — OBSESSÃO SEXUAL EM UM CASAMENTO CONVENCIONAL

Len e Robin cresceram no final da década de 50. Ela, sem dúvida alguma, era a garota mais bonita do colégio, se bem que um tanto convencida e superprotegida. Pertencia a uma próspera família, que tinha grandes expectativas em relação a ela, e que a garota não conseguia preencher. Robin, porém, jamais tivera coragem de rebelar-se contra seus pais. Quando eles a encorajaram a namorar Len, um belo rapaz, que se preparava para ingressar na faculdade de odontologia, ela concordou, muito apoiada por suas amigas, que achavam que Robin havia conquistado o melhor partido da cidade. Os pais de Len eram pessoas muito conservadoras. O pai, conhecido ortodontista, sempre planejara ter Len trabalhando a seu lado. Ele não se opôs aos desejos paternos, embora, no íntimo, se achasse tolhido por eles. Robin não tinha quaisquer planos a não ser concluir seu curso. Brilhantes, atraentes, aos vinte e um anos de idade Len e Robin mal sabiam o que era a vida e planejavam passar a existência inteira juntos. Embora namorassem há anos, eram praticamente estranhos, pois nunca conversavam sobre qualquer coisa que fosse íntima e profunda. Todos achavam que aquele casamento fora talhado no céu. Afinal de contas, era a década de 50.

Para o mundo exterior seu casamento era ideal: três filhas lindas, com exatos três anos de intervalo, uma bonita casa em um bairro elegante, um próspero consultório dentário e um grupo de amigos que lhes dava todo apoio. Na vida particular, entretanto, havia grandes dificuldades. Robin queria que sua vida em família fosse precisamente como a imaginara: sempre feliz, livre de conflitos, sem alteração de voz, sem discussões, além do que não queria ser obrigada a agir para que tudo isso desse certo. Len concordava em manter as aparências. Embora se irritasse freqüentemente com Robin, jamais demonstrava. A culpa o perturbava, o que era compreensível. Queria também exercer a profissão por conta própria, longe do pai, mas toda vez que tal pensamento lhe ocorria ele o afastava. Sentia-se desencorajado, reprimia seu ressentimento e tornou-se deprimido.

Len procurou a terapia para discutir seu desejo de separar-se do pai, mas, na verdade, sua verdadeira preocupação era mais profunda. Estava frustrado sexualmente. Robin era fria e participava do sexo movida por um sentido do dever. De vez em quando fingia que sentia orgasmos e, após fazer amor, tomava um banho de chuveiro porque sentia-se suja. Len era secretamente obcecado pelo sexo. Receoso de envolver-se com outra pessoa fora do casamento, masturbava-se diariamente, colecionava objetos e publicações pornográficas e vivia receoso de que alguém descobrisse seus segredos. Enquanto atendia seus pacientes, tudo o que conseguia pensar era em sexo. O cheiro do perfume de uma mulher levava-o praticamente ao transe. No trânsito, algumas vezes, seguia uma garota bonita, desviando-se quilômetros de seu trajeto e trocava um sorriso tímido, quando ambos paravam em um semáforo. Durante semanas a fio pensava naquela garota, como objeto sexual, chegando até mesmo a voltar ao cruzamento onde a vira pela primeira vez. Nas raras ocasiões em que, timidamente, propunha variações do ato sexual a Robin, ela ou tratava a sugestão como uma piada de mau gosto ou o chamava de pervertido. Sem a menor experiência nesses assuntos, Len acabou acreditando que havia algo de errado com ele. O conflito entre suas necessidades sexuais e as inibições de Robin começou a crescer dentro dele.

Nos anos 60 a revolução sexual ocasionou efeitos desorganizadores na vida de Len. Livros que encorajavam experiências aventurosas estavam sendo escritos sobre aqueles mesmos atos sexuais que Robin se negava a praticar. Len sentiu-se traído e começou a refletir sobre seu relacionamento. A comunicação entre o casal parecia forçada e superficial. Seu amor parecia obrigatório e indiferente. No entanto, apesar da racionalização de Len, segundo a qual seu casamento estava errado, não conseguia encontrar coragem suficiente para rebelar-se contra as pressões sociais que o moldavam. Os pais de Len e Robin eram muito amigos. Eles haviam compartilhado as mesmas amizades desde a infância. Len temia a rejeição e o isolamento que poderia resultar do fato de ele agir segundo seus impulsos. Embora divorciar-se pudesse parecer algo normal, no contexto das agitações da década de 60, semelhante comportamento ainda era algo inusitado para seus amigos e sua família.

Após muitas reflexões torturantes, Len abriu um consultório, magoando profundamente seu pai e incorrendo na desaprovação da família. Sua mãe escreveu-lhe um bilhete pedindo que reconsiderasse a decisão tomada, encerrando-o com o seguinte comentário: "Como é que você pode abandonar a pessoa que o amou e o apoiou no exato momento em que sua saúde está se deteriorando?" Apesar de todas as pressões que se seguiram, Len começou a sentir-se mais livre, mais dono de si. Contratou funcionários, incluindo Sylvia, uma divorciada muito independente, que tinha um filho de sete anos. O garoto tinha dificuldades de aprendizado e precisava de cuidados especiais, que estavam além dos recursos financeiros de Sylvia. Esta percebeu a oportunidade que se apresentava e não a deixou passar.

Bastou ficarem uma noite juntos para que Sylvia atingisse profundamente Len. Seus instintos sexuais, muito bem sintonizados, imediatamente transportaram Len para além dos limites de sua imaginação, quando Sylvia lhe pediu aqueles mesmos atos sexuais que Robin sequer admitia discutir. Sua potência e seu ímpeto sexual, agora reforçados pela realidade e aumentados por amplas quantidades de cocaína e maconha, atingiram alturas que se situavam muito além de sua imaginação. Len começou a afastar-se de casa por períodos cada vez mais prolongados. Sylvia usava-o como um brinquedo sexual. Quando ele ia participar de algum congresso odontológico punha de lado todas as precauções. Deixava Robin em casa e levava Sylvia em sua companhia, exibindo-a para os antigos amigos que perguntavam por sua esposa. À medida que percebia os outros homens se interessando por Sylvia, sua excitação aumentava. A vida dos dois era sexo — no carro, nos elevadores, no consultório, na praia, em motéis retirados. Sylvia tinha um espírito inventivo e Len estava completamente subjugado por sua energia sexual.

A fronteira entre aquilo que era real e aquilo que não passava de fantasia começou a diluir-se para Len. Começou a sustentar o filho de Sylvia. Não saía da casa dela e passava mais tempo com o filho dela do que com suas próprias filhas. Quando estava em casa, parecia deslocado e preocupado. Robin presumia que era porque ele estava trabalhando demais. Quando ele lhe dava belos presentes, ela sequer notava que ele agia movido por um sentimento de culpa. A idéia de que alguém pudesse ter necessidades sexuais como as de Len era algo que estava além de sua compreensão. De nada desconfiava, pois, mesmo tendo diante de si todas as provas, não queria tomar conhecimento do que se passava.

Sylvia, sentindo-se dona da situação, começou a fazer maiores exigências, incitando Len a realizar novas experiências sexuais. Comprava todos os manuais de sexo, assinalava certas páginas com lápis vermelho e as deixava abertas em cima de sua mesa, onde os clientes podiam notá-las. Len surpreendeu-se vivendo na realidade os mesmos sentimentos que imaginava em suas fantasias. Finalmente, procurou ajuda de um terapeuta, mas não lhe contou nada do que se passava. Afirmava, insistentemente, que seu comportamento era resultado da culpa que sentia por ter abandonado seu pai e devido às pressões de sua mãe. Sua incerteza aprofundou-se, à medida que crescia seu conflito entre o desejo de abandonar-se completamente a Sylvia e o de continuar a viver com Robin. Sua dependência cada vez maior em relação às drogas e a incapacidade de admitir sua obsessão começaram a subjugá-lo. Não conseguia afastar-se de Sylvia. Não conseguia abandonar seu "lar perfeito", nem sua mulher, pois não se permitia ver suas próprias imperfeições. Tornou-se impotente, afastando assim quaisquer responsabilidades.

Sylvia encarou a impotência de Len como um desafio e empenhou-se da melhor maneira que pôde para resolver o problema. Len não se alterou. Robin, aparentemente desinteressada sobre sexo durante aqueles anos todos, agora encarava a impotência de Len como um problema pessoal e uma grande perda. Perguntava-se o que havia de errado com ela. Começou a ser mais sedutora e a adotar uma atitude ousada em relação ao sexo. Por mais estranho que pudesse parecer, embora a impotência de Len melhorasse consideravelmente em relação a Robin, ele encarava os esforços dela como algo teatral e insincero. Em relação a Sylvia ele sentia o verdadeiro gosto da coisa e experimentava desprezo pela sexualidade de sua esposa, recém-despertada. Agora usava o sexo para expressar sua profunda raiva por Robin, que durante muito tempo abafara. Embora sua potência nunca tivesse sido tão grande, seu gozo era comprometido, pois o vigor com que ele fazia amor era expressão de ressentimento. Robin não conseguia perceber a diferença. Agora gostava de sexo, mas não porque o fizesse com Len. O que ela queria era o próprio sexo. Era um desafio. Mais do que tudo Len se ressentia do prazer dela cada vez maior, da indiferença em relação a ele.

Len desejava fazer sexo com Sylvia, mas, receoso de se denunciar, continuou sendo impotente com ela. Ao fazer sexo com sua mulher, ressentira-se com o fato de usar cocaína continuamente; sua percepção da realidade se alterou. Por ocasião do aniversário de seu casamento comprou uma casa esplêndida em uma estação de esqui e fretou um avião para que todos os seus amigos fossem até lá comemorar aquela união tão perfeita. Todo mundo acreditava nisso e invejava o casal.

Uma semana após a comemoração Len surpreendeu-se em uma cidade estranha, tendo guiado até lá automaticamente. Perturbado e aterrorizado, conseguiu chegar até uma cabine telefônica e ligou para Sylvia, dizendo o quanto a amava, que precisava dela e que jamais amara realmente sua mulher. Durante dez minutos entregou-se a um monólogo fragmentado, repleto de referências detalhadas ao envolvimento sexual de ambos. De repente, sucumbiu e começou a chorar. Quando a voz, no outro lado da linha, finalmente respondeu, Len sentiu que o mundo desabava, pois, em sua confusão, havia telefonado para Robin, que ouvia tudo aquilo em silêncio, cheia de espanto. Abalado demais para se recompor e tendo se exposto demais para fingir que tudo aquilo não passava de uma brincadeira, Len tentou organizar seu pensamento, já desorganizado, a se deteriorar ainda mais, na esperança de intervir entre ele e Robin, de que sua loucura agisse como um amortecedor e que, assim, obtivesse a solidariedade dela. Infelizmente, a loucura não estava inteiramente sob seu controle. Robin reagiu sem a menor demonstração de compaixão, fez pouco caso de seus sentimentos de culpa e referiu-se à mágoa que Len havia causado a seu pai, bem como pelo fato de abandonar a família. Len ficou abaladíssimo e desligou-se da realidade. Não se sabe como conseguiu chegar à casa de Sylvia e contar-lhe toda a história, mas sem muita lógica.

Atendi Len na terapia. Durante o tratamento ele finalmente enfrentou os problemas de sua vida e recuperou a distância de que necessitava para aceitar o fato de que seu casamento jamais fora feliz. Conseguiu perceber que seu caso com Sylvia serviu para fazer vir à tona sua obsessão, o que o ajudou a resolver sua culpa. Separou-se de Robin e, finalmente, divorciaram-se.

Quando a traição é sintoma de um conflito emocional sério e não-resolvido, o relacionamento melhora ou se dissolve, quando finalmente o conflito é ventilado. Os problemas subjacentes, uma vez expressos, requerem que o relacionamento se modifique e se adapte, a fim de que se possa resolvê-los. No entanto, em um relacionamento como o de Len e Robin, no qual os papéis são rigidamente estabelecidos e o comportamento é medido a partir de padrões pouco realistas, a traição é encarada com grande pesar e os motivos subjacentes jamais são levados a sério. O parceiro ofendido só enxerga sua mágoa. Em seu declínio, o relacionamento assume a aparência de dois exércitos em armas e ambos os lados justificam seu fracasso em se harmonizarem devido ao que lhes foi feito. Um deles não se sentiu amado, o outro sentiu-se traído. Os problemas de Len passaram a ser importantes para Robin somente quando ele se tornou impotente. A única coisa que a preocupava era o fato de ele não se sentir mais atraído por ela. Robin preferia não lidar com as necessidades reais de Len, quaisquer que elas fossem.

Em um relacionamento, no plano da fantasia, muitos parceiros têm uma vida sexual rica e difusa. Isso só se torna um problema quando o parceiro se vê forçado a manter suas necessidades em segredo. Esses desejos ocultos se intensificam, prendem toda a atenção da pessoa e, com o passar do tempo, todos os pensamentos tendem a se concentrar em questões ligadas ao sexo. A crença segundo a qual esses sentimentos sexuais reprimidos são maus faz com que o problema se agrave. Ocultar uma obsessão sexual requer o emprego de defesas, bem como esconder qualquer outro tipo de sentimento.

Quanto maior a defesa, maior a distância que a pessoa sente da realidade. Parceiros que traem obsessivamente, muitas vezes exibem um comportamento que se avizinha da loucura. É, com efeito, o modo como eles se sentem. Tornam-se preocupados com a possibilidade de serem surpreendidos, de se separarem, de ficarem juntos, de chamarem seu cônjuge pelo nome errado e de explicar mal seus álibis. Seus parceiros, muitas vezes, interpretam tais atitudes como resultado do estresse, com freqüência, que se apresenta mas se recusam a ir fundo o suficiente para entender o que está se passando, pois hesitam em provar que aquilo de que desconfiavam é verdade.

Permitir que todos os sentimentos se expressem e sejam acolhidos com solidariedade e compreensão é a melhor maneira de impedir que se desenvolva uma situação como aquela que foi vivida por Robin e Len. Infelizmente, o verdadeiro problema de Len é que ele jamais quis se casar com Robin, mas não conseguiu resistir às pressões sociais, nem admitir o fato para si mesmo. Se Robin era retratada como uma garota perfeita, por que haveria de sentir relutância em desposá-la? Sua baixa auto-estima não lhe permitiria rejeitá-la. Sua preocupação sexual era a única forma segura que seu protesto podia assumir. Quando o desejo de partir ficou alimentado pela energia sexual, isso levou o conflito a um ponto de ruptura. Se Len tivesse conseguido admitir sua relutância em se casar, provavelmente sua obsessão não se teria desenvolvido, pois, no centro dessa obsessão, existia uma raiva que ele não se sentia seguro para expressar.

Se você se casar antes de se harmonizar com sua necessidade de ser livre, lutará contra a liberdade durante toda a duração de um relacionamento. Usará esse relacionamento para ajudá-lo a encobrir aquilo que não quer descobrir a respeito de si mesmo. Culpará o relacionamento por sua infelicidade e a seu parceiro por não corresponder a suas necessidades ou preenchê-las, quando a verdade é que você, provavelmente, não foi claro ou não se dispôs a reconhecer tais necessidades. Por um lado, você precisa fazer a si mesmo algumas perguntas, mas, por outro, receia ouvir as respostas. Quais serão essas perguntas? "Será que presto? Será que sou sexualmente capaz e normal para me sentir desse jeito? Será que mais alguém tem tais sentimentos?" Quando tais interrogações persistem, provocam dúvidas e certa fragilidade. Você sente que qualquer coisa terá o poder de abalá-lo.

Explorar o sexo em vez dos próprios sentimentos é sempre um equívoco.

Freqüentemente, como parte de seu disfarce, o parceiro que trai é tão bem-sucedido ao isolar suas emoções que chega a perder contato com os sentimentos do parceiro. Com o tempo, o relacionamento esfria. Os parceiros desconfiam um do outro em relação àquilo que eles mesmos não conseguem admitir para si mesmos. Fariam melhor se dissessem a verdade e lidassem abertamente com os verdadeiros problemas.

Quando se trata de perdoar, não existe ninguém mais generoso do que a pessoa que não quer enxergar.

CASO III: O PARCEIRO CRONICAMENTE DOENTE

Charles cresceu à sombra de seu pai, empresário bem-sucedido, que operava na bolsa de valores. Este era um homem brusco, intimidante, muitas vezes próximo de ficar rico e, com a mesma freqüência, muito próximo da ruína. Financista criativo, não conseguia reconhecer plenamente que seu filho era muito bem dotado para a matemática e a eletrônica. Ressentido com o pai devido a esse fato e também com o modo como ele traía sua mãe, Charles decidiu que jamais seria como ele.

Ele saiu-se muitíssimo bem em seus estudos, mas jamais desenvolveu a autoconfiança que seu talento deveria lhe proporcionar. Inseguro, às vezes tornava-se exibicionista como seu pai, só para impressionar as pessoas e dar a impressão de que era competente. A diferença é que, ao contrário do pai, Charles tinha na verdade uma mente extraordinária, mas, por ter sido sempre boicotado pelo pai, sentia-se por demais inseguro para acreditar em si mesmo. Assim, quando duvidava de si, Charles agia exatamente como seu pai e, nesses momentos, tornava-se difícil acreditar que ele, na realidade, era um homem caloroso, terno, de gostos muito sutis e de maneiras refinadas.

Charles conheceu Edith tocando flauta em um concerto da orquestra da faculdade. Não conseguia tirar os olhos dela e achou-a linda. Ela, porém, padecia de uma forma muito grave de asma e dedicara-se à flauta seguindo os conselhos do médico da família, para tentar melhorar seus problemas respiratórios. Sua alergia, no entanto, era tão séria que não conseguia tocar de modo algum no início da primavera, quando o pólen se espalha pelo ar. Edith era frágil e admirou muito Charles. Ela era menos segura do que ele e Charles sentia-se forte só de estar em sua companhia. Seu estado delicado despertou nele sentimentos de proteção, os quais jamais sentira por parte de seu pai. Eles formavam um par perfeito.

Casaram-se, Charles foi trabalhar em uma grande empresa e daí a um ano demitiu-se e abriu sua própria empresa de computação. Durante toda a década de 70 alcançou um sucesso moderado. Seus lucros eram gastos com a família. Edith necessitava de muita assistência médica. A casa que construíram custou 250 mil dólares, dados os inúmeros equipamentos que tiveram de colocar para proteger a saúde de Edith. Um elaborado sistema de precipitação do pó, embutido no aparelho de ar condicionado e o sistema de calefação asseguraram que a casa, construída com material apropriado, permaneceria livre de agentes irritantes.

A saúde de Edith constituía uma preocupação constante e ela desistiu do sonho de tocar flauta. Charles gostava de narrar a seus amigos, com evidente exagero, o que o talento musical de Edith prometia, sobretudo naqueles momentos em que o afeto que sentia por ela diminuía. Protegê-la tornou-se o objetivo de sua vida e quando dúvidas em relação ao afeto que ela sentia por ele lhe ocorriam, Charles punha esses pensamentos de lado e procurava se aproximar de Edith.

À medida que se avizinhava a década de 80, a empresa de Charles alcançou um sucesso que ultrapassava todos os seus sonhos. De repente, ela valia milhões de dólares. Por mais estranho que isso pudesse parecer, Edith sentia inveja do sucesso do marido. Tornou-se mais fechada e o fato de ela se afastar de Charles deixou-o mais inseguro, tornando-o convencido e, em suas relações sociais, um tanto irritante. Eufórico com o sucesso, agora queria assumir grandes riscos financeiros a fim de provar ao mundo que era competente, ao passo que seu pai não passava de um pretensioso. No entanto, suas demonstrações exteriores de amor por Edith não diminuíam. Quando ela se recusava a fazer amor por sentir-se excessivamente debilitada ou quando o interrompia fingindo que lhe faltava o fôlego, Charles sempre compreendia.

Para ele era fácil ser compreensivo. Tinha um interesse oculto em imaginar que Edith o amava e proporcionava a ela todos os benefícios da dúvida. Charles estava certo. Edith, de fato, era doente. Tinha asma, porém, sua doença mais sintomática era a depressão. Sua baixa auto-estima já não podia mais ser negada. Começou a se refugiar cada vez mais em casa. Edith não se sentia capaz de ter vida própria e achava especialmente doloroso viver na companhia de um homem que procurava uma compensação contínua pelo fato de ter crescido à sombra do pai. Além disso, Charles havia provado que era possível superar a fraqueza e triunfar. Seu sucesso desafiava a lógica que Edith empregava, ao alegar que a asma limitava sua vida. Charles obteve enorme sucesso e, ao contrário de seu pai, era uma pessoa autêntica, mas as restrições que Edith lhe fazia o levavam a sentir-se emocionalmente pobre. O pior é que, incapaz de discutir abertamente seus sentimentos com ela, ele também sentia-se solitário, triste e incapaz de admitir para si mesmo que eles haviam se distanciado um do outro.

Charles tomou a resolução de construir uma grande propriedade no campo. "Não é para provar o que quer que seja a meu pai, mas é para nós, para recompensar-me por um trabalho bem-feito", disse a Edith.

"E o sistema de filtragem do ar? Levamos anos para deixar essa casa em ordem. Não quero passar novamente por tudo isso. Lembre-se do quanto eu era doente quando nos mudamos para cá."

Charles lembrava-se, sim. "É claro", disse.

Edith retomou seu tricô e sorriu.

Charles recapitulou todo seu relacionamento com Edith e pensou em sua vida. Sentia que algo lhe faltava, mas não sabia exatamente do que se tratava. Ao longo dos anos Edith havia se tornado uma pessoa controladora, mas ele achava que isso era compreensível. "Ela sente falta de sua carreira", pensou. "Engordou, provavelmente, devido à retenção de líquido, por causa dos esteróides. Tem passado momentos muito difíceis. Gostaria que pudéssemos morar em uma casa mais espaçosa, não por uma questão de exibicionismo, mas para termos mais quartos." Finalmente, ele fez uma sugestão: "E se começássemos a construir uma casa nova agora e só nos mudássemos para lá depois que tivessem sido feitas todas as adaptações necessárias? Deixe tudo por minha conta. Nós temos como arcar com as despesas e todo o sistema de ventilação será computadorizado. Vai ser uma verdadeira obra de arte, você verá. Quanto a isso, sou muito eficiente".

Edith voltou-se para Charles e encarou-o com frieza. "Não quero outra casa."

"Se você não gostar dela, poderemos vendê-la."

"Estou feliz aqui."

"Mas, eu tenho como fazê-la. Há recursos de sobra, que não estou usando. Além do mais, é meu dinheiro."

"Você só fala de si mesmo. Por que não pensa em nós?", disse Edith, começando a respirar com dificuldade.

Charles sentiu-se diminuído e encurralado. Levantou-se automaticamente e foi procurar o inalador. Ao chegar ao banheiro contemplou-se no espelho. "Tenho quarenta e cinco anos. Pareço dez anos mais velho. Os melhores anos ainda me aguardam. Meu sucesso está apenas começando. Posso me permitir ter e fazer o que bem quiser. Tenho de assumir isso. Devo ter tudo aquilo que desejar", disse a si mesmo, fazendo um gesto que transmitia uma enérgica tomada de decisão.

No dia seguinte, Charles inscreveu-se em um clube onde iria praticar esportes e cuidar de sua saúde.

Embora fosse bem-sucedido, sua empresa estava às voltas com muita competitividade. Edith precisava dos cuidados de Charles, mas receava encorajar seu desejo, no sentido de empolgar-se com o sucesso. Temia que a casa nova o tornasse ainda mais arrogante e irritante, assunto que ela raramente abordava com franqueza. Tentou controlá-lo, diminuindo-o. Ela sentia também um grande medo de perder suas raízes e recorria ao temor para controlar Charles. A competitividade na empresa diminuía os lucros, aumentando com isso o estresse de Charles. Sua luta renovada proporcionava a Edith uma sensação perversa de alívio e ela, de certa forma, não se sentia tão mal em relação a si mesma. No entanto, quando ele vinha procurar seu apoio e sua intimidade, a asma piorava.

Charles ainda não tinha ressentimentos em relação a Edith, pois notava que suas atitudes a deixavam ansiosa. Mesmo quando as coisas não iam tão bem assim em sua empresa, ele continuava fazendo planos para a casa nova, em parte para provar a si mesmo que ainda se encontrava em situação financeira sólida e, em parte, para atormentar Edith, aliás, o que ele jamais reconheceria. Ela boicotava continuamente os esforços de Charles em relação à casa e sempre que ele desenrolava as plantas diante dela, para que as aprovasse, Edith repetia que eles não tinham condição de fazer semelhante despesa e que não tinha a menor intenção de mudar-se.

"Mas você não entende? Quero construir essa casa. Estamos enfrentando uma situação passageira, um reajuste técnico no mercado. Haverá uma seleção final. As empresas mais fracas não agüentarão, mas tenho certeza de que ficarei por cima. Sou o melhor de todos, jovem, ágil, competente. Todo mundo sabe disso."

"Não quero essa casa", afirmou Edith, com ar sofredor.

"Mas eu preciso dela." Os olhos de Charles estavam cheios de lágrimas.

"É exatamente o que seu pai teria dito", provocou Edith.

Charles ficou espantado diante daquele comentário e, após alguns momentos, declarou: "Eu sei".

Não havia nada de especial com aquela secretária na companhia de quem Charles passou duas horas, em um motel afastado, daí a dois dias. Ele passou a maior parte do tempo dizendo-lhe o quanto Edith era maravilhosa e que tocava flauta muito bem. Embora enviasse flores à secretária no dia seguinte e um cartão daí a um mês, fizeram amor apenas uma vez. Ainda assim, Charles pensava nela o tempo todo.

Tentou fazer sexo com Edith de uma forma gratificante, imaginando a secretária em seu lugar. Edith, porém, não se mostrava muito interessada e, quando isso acontecia, queria acabar rapidamente com a coisa. Embora o sexo fosse, sempre, exatamente igual, agora Charles sentia-se magoado diante da reação de Edith.

Charles percorria a longa fileira de bétulas, nos fundos do grande terreno que havia comprado, de onde se avistava a estrada e entregava-se a seus sonhos. Era o início da primavera e as árvores floridas perfumavam o ar. O momento era muito belo, porém, ele encontrava-se inteiramente só. Queria algo mais. Não tinha certeza do que se tratava. Decidiu deixar Edith agir como bem entendesse e não importuná-la mais com suas necessidades. "Tirarei de tudo isso o melhor partido possível", pensou. "Não há a menor necessidade de perturbar minha vida e destruir meu casamento. Edith não tem culpa por estar doente. Tenho de tomar uma decisão madura. Tenho de agir como um homem adulto e obter aquilo que me faz falta. Não se trata de um ato impulsivo. Não me apaixonarei mais. Tudo será superficial, físico, mas não dispensarei as mulheres bonitas. Quem sabe, até mesmo mulheres casadas, que têm tanto a perder quanto eu..." Charles entrou no carro, quando uma chuva primaveril começou a cair, marcando aquele momento. Tudo lhe parecia maravilhoso, cheio de promessas. Sentiu-se jovem novamente.

Procurou companhia, sexo e acabou encontrando o que queria.

Um grupo de investidores de Chicago reconheceu o valor que se ocultava das ações da empresa de Charles, em baixa, e este se viu no centro de uma disputa. Seu pai teria condições de lidar melhor com aquela situação e, embora fizesse o melhor que pudesse, Charles acabou perdendo-a, tendo grandes prejuízos. Milhões de dólares, que pareciam tão seguros, se evaporaram da noite para o dia. Com muita tristeza, Charles vendeu o terreno onde queria construir a nova casa. Edith mostrou-se muito compreensiva e consolou-o. Fez-lhe ver que tinham muita sorte por serem proprietários de uma casa de que realmente gostavam e afirmou que ainda tinham um ao outro.

Aqueles ímpetos de traição, cuidadosamente planejados, quando Charles era rico, tornaram-se incontroláveis, agora que sua situação financeira se modificava para pior. A necessidade que ele tinha de se afirmar foi transposta do escritório para a alcova. A porta da sexualidade se abrira diante dele e, agora, sentia ímpetos cada vez mais intensos, em se tratando daquilo que antes não passava de uma pergunta sem resposta. Charles entregou-se às mulheres. Ainda tentava ser indiferente e distanciado de seus relacionamentos. Não queria complicações em seus envolvimentos, apenas sexo. "Agora tenho de voltar ao trabalho", era a frase a que sempre recorria, quando chegava o momento de despedir-se. Charles começou a sentir-se mal, pois sua maior necessidade era a intimidade e apenas entregar-se ao sexo, o que não fazia muito sentido. Embora continuasse a referir-se a Edith com muito afeto, por ocasião de suas aventuras extraconjugais, qualquer demonstração de compreensão por parte das mulheres com quem saía o afetava profundamente. A despeito de suas intenções, apaixonava-se de vez em quando e, mais uma vez, se empolgava. Começou a chegar tarde em casa e a beber, para poder lidar com sua ansiedade.

Edith tinha uma necessidade inata de aceitar as desculpas que Charles lhe dava. Jamais desconfiou de nada e atribuía seu estranho comportamento à má situação financeira da empresa. Ela chegou perto da verdade ao descobrir, na carteira de Charles, a foto de uma das mulheres com que ele saía. Porém, ele deu uma desculpa engenhosa, afirmando que ela era candidata a um emprego na empresa. Não se falou mais no assunto. O incidente, no entanto, deixou Charles aterrorizado. Pensava nele continuamente e chegou à conclusão de que, embora tentasse ser mais discreto, ser surpreendido não passava de uma questão de tempo. Se Edith descobrisse o que estava acontecendo, Charles tinha certeza de que isso a mataria. Apesar de todo o ódio que ele reprimia, a ameaça estava chegando perto demais de seu lar. Rompeu com aquele relacionamento, mas ainda assim procurava aventuras que preenchessem suas necessidades.

A asma de Edith criava muitos problemas para Charles. Por mais que a amasse, magoava-lhe seu declínio físico. Achava que não podia culpá-la, mas Edith era a tal ponto manipuladora que, quando recorria à sua doença para controlá-lo, ele não conseguia deixar de assumi-la como algo pessoal. Por mais que tentasse, não podia encontrar um espaço a partir do qual pudesse iniciar uma discussão aberta sobre as necessidades dele e o relacionamento entre ambos. Insistia em mostrar ao mundo que eles continuavam sendo aquele mesmo casal apaixonado. Racionalizou sua covardia, não enfrentando Edith, e dizia a si mesmo que ela já estava prejudicada por seus problemas físicos e que ele não queria agravar sua situação. A verdade é que sentia-se tão inseguro que o temor de correr o risco de uma rejeição o impedia de pôr seu amor à prova, mesmo que a saúde de Edith fosse perfeita. Embora fingisse ajustar-se a ela, continuava tendo necessidades físicas que não eram preenchidas. Como receava demais expressá-las, tais necessidades se apoderavam dele, sem encontrar a menor oposição.

É necessário uma compreensão especial de si mesmo para poder aventurar-se no mundo, à procura da gratificação sexual, e não perder seu centro. Charles conseguia fazer isso bastante bem até que seus negócios fracassaram. Então, rompeu-se o equilíbrio entre o sexo como substituto daquilo que lhe faltava e com o objetivo de vangloriar-se e aumentar sua auto-estima. Precisava cada vez mais de sexo para sentir-se bem consigo mesmo, mas não conseguia, no mundo exterior, o apoio de que necessitava a fim de permanecer estável. A ostentação aumentava sua insegurança, o que era compreensível. Viu-se envolvido em muitas situações equivocadas com mulheres das quais sequer gostava e muito menos respeitava. Estava se tornando cada vez mais fragmentado. "Será que estou ficando como meu pai?", perguntou a si mesmo, quando saía do apartamento de uma garota de vinte e três anos de idade, às 3 horas. Desconfiava que sim. Cheio de culpa e tristeza, resolveu modificar sua vida.

Charles decidiu que precisava ter um relacionamento duradouro que não ameaçasse seu casamento. Por ocasião de um jantar, acabou se abrindo com Cybel, uma velha amiga, pessoa muito confiável, cujo marido padecia de uma forma grave de artrite. Cybel ouviu-o durante alguns instantes e sorriu: "Sei que você é infeliz há muitos anos", comentou.

O arranjo que se estabeleceu entre eles era perfeito. Cybel tinha tanto a perder quanto ele. Nenhum dos dois queria romper o casamento. Ambos receavam aventurar-se sozinhos no mundo e precisavam de um amigo. O compromisso vem funcionando muito bem, há anos. O compromisso de permanecer com seus parceiros concede-lhes liberdade para expressar seu amor. No entanto, momentos de estresse em casa também provocam estresse em seu relacionamento, pois quando Edith e o marido de Cybel se tornam difíceis, Charles ou ela pensam em se casar. Embora ambos possam até mesmo se empenhar nesse sentido, cada um deles, no fundo, sente-se contente diante da recusa do outro. Seu relacionamento lhes permite expressar sentimentos que, normalmente, seriam contidos, ao mesmo tempo em que, durante momentos de crise, um apóia o outro. Ambos sentem-se correspondidos, sem se sentirem culpados. Cybel ajuda Edith, com freqüência, e Charles, no momento, estuda a possibilidade de abrir uma empresa com o marido de Cybel.

Esse casal, que sofre há tanto tempo — Edith com sua manipulação e Charles, com sua recusa em enfrentar a verdade — é mais típico do que casais cujos relacionamentos são prejudicados por aventuras amorosas. A maior parte das pessoas não se separa e quanto mais tempo ficam juntas, mais probabilidades têm de continuar nessa situação. Foi o caso de Charles com Cybel que, finalmente, lhe permitiu reconhecer que o sexo era apenas parte do que lhe faltava em seu relacionamento com Edith. Embora continue insistindo que Edith é nobre e bem-intencionada, agora reconhece que a capacidade que ela tem de dar é limitada e que a dependência dele em relação à fragilidade de sua mulher, no sentido de ela lhe dar força, contribui em boa parte para a estabilidade da ligação que existe entre ambos.

Trair quando um parceiro é cronicamente doente pode ser algo compreensível, porém, jamais é uma situação inteiramente livre de sentimentos de culpa. Independentemente de como se lida com a culpa — racionalizar que as necessidades sexuais, ao serem reduzidas, tornam mais fácil ser um parceiro melhor ou insistir que esta é a única maneira que possibilita ao relacionamento permanecer intacto — ela intervém na vida mental do casal.

Às vezes, através da doença, um parceiro já não se assemelha mais à pessoa que foi um dia. As bases em que um dia o amor foi estabelecido não são mais tão evidentes. A necessidade de um cuidar do outro torna-se unilateral. Quando uma pessoa apenas dá e a outra apenas recebe, a energia necessária a uma compreensão amorosa é consumida pela doença. A verdadeira compreensão e a verdadeira dádiva são necessárias para que um relacionamento funcione. Não existe maior teste no amor do que este. Quando ocorrem imprudências instaura-se um prolongado debate interno no casal.

Ao contrário das doenças que duram pouco, nas quais um parceiro saudável tem recordações recentes de uma troca amorosa ativa, nas doenças de longo prazo, sobretudo quando há depressão, é fácil esquecer que o amor existiu um dia.

Quando o parceiro doente usa continuamente sua saúde debilitada como uma desculpa, a situação se reveste de culpa, ressentimento e rejeição. Charles teria achado praticamente impossível ter uma discussão aberta com Edith a respeito de como ela usava sua doença para controlá-lo, pois ele se empenhava demais em não admitir esse fato para si mesmo.

Charles poderia ter tomado muitas outras iniciativas. Edith poderia ter sido encorajada a tocar flauta, apenas para seu próprio prazer. Charles precisaria aprender a expor suas necessidades mais abertamente, de tal modo que Edith tivesse a oportunidade de aprender outros modos de ser sexualmente generosa e fortalecer o relacionamento. Charles precisava tornar-se mais afirmativo e aprender a reduzir sua vulnerabilidade ao controle por parte de Edith. Assim, poderia ajudá-la a aventurar-se mais e a expandir-se em áreas que lhe proporcionavam satisfação e reconhecimento. Isso teria aumentado a auto-estima dela e, por sua vez, lhe permitiria dar mais de si mesma a Charles.

Quando uma pessoa usa a doença para obter ganhos, desistir dela pode parecer uma séria perda de poder sobre aquilo que a cerca. Depois que uma pessoa esteve doente durante algum tempo, arriscar-se a ser novamente íntegro pode significar uma ameaça tão grande quanto o fato de lidar com a própria doença. Aprender a expandir o próprio mundo a partir dos acanhados limites de uma doença, aprender a aceitar aquilo que não se pode mudar, a sentir-se amorosa, apesar das limitações ou do declínio, exige o apoio do amor que existe apenas quando um casal é aberto, confia no amor existente entre eles, dedica-se a dar valor e a comemorar todo o bem que se pode encontrar em um relacionamento.

O amor que é encontrado em pequenos lugares pode preencher o mundo inteiro.

CASO IV: TROCA DE CASAIS — PROVANDO A PRÓPRIA CAPACIDADE SEXUAL

Arnold tinha 50 anos quando desposou LuAnn, uma secretária de 25 anos que havia contratado para sua empresa de desenho industrial. Embora trabalhassem muito e os negócios prosperassem, a vida que levavam excedia, e muito, seus rendimentos e eles se viam constantemente endividados. Quando LuAnn expressava suas preocupações com a empresa e assinalava a Arnold que havia erros de contabilidade, em vez de demonstrar gratidão por ela ter impedido futuros problemas, ele a agredia e fazia pouco dela. Seu ego o impedia de ouvir qualquer crítica. Ela, em geral, tinha razão, mas, em vez de enfrentá-lo, corrigia em silêncio os erros dele e tentava manter em equilíbrio os livros de contabilidade.

LuAnn era muito mais brilhante do que Arnold supunha, quando se casaram. Ele havia interpretado mal sua passividade, achando que era lentidão. À medida que ela se tornou mais confiante, examinou os livros de contabilidade da empresa e descobriu que Arnold vendia cópias de móveis como se fossem originais. Seu espanto e seu senso de responsabilidade deixaram-na deprimida. Já não conseguia mais sentir aquela poderosa atração sexual por Arnold, que a levara a desposá-lo. Arnold, aquele homem atraente e jovial, no fundo, era uma pessoa inconsistente. LuAnn sentiu-se sua cúmplice, fraca demais para enfrentá-lo, medrosa demais para romper com ele.

Arnold era o tipo de homem que usava a cama para tornar tudo melhor. LuAnn sempre gostava de sexo, mas embora concordasse de bom grado toda vez que ele se aproximava dela, jamais dava o primeiro passo. Ele estava sempre ligado em sexo e, ocasionalmente, quando seus avanços eram detidos por LuAnn, ficava agitado. Tornou-se obcecado com a diferença de idade entre eles e perguntou-lhe várias vezes o que estava ocorrendo. Ela negou que existisse algum problema, mas permitia que Arnold lhe comprasse jóias requintadas e, com isso, ele vencia suas resistências. LuAnn sabia muito bem quanta desonestidade era necessária para aceitar aquele presente e, assim, sua auto-estima diminuiu muito e sua depressão aprofundou-se ainda mais. Odiava-se por ser tão necessitada.

LuAnn surpreendeu-se, ao concordar com a sugestão feita por Arnold, de comparecerem a uma festa com vários casais, onde participariam de sexo grupal. De imediato não compreendeu o fato, mas parecia acolher muito bem aquela degradação. Era como se quisesse se punir e expiar sua culpa pelo fato de estar se vendendo.

Iam semanalmente a festas daquele tipo e Arnold fazia questão de se relacionar com todas as mulheres presentes, insistindo sempre em terminar com LuAnn, como se, simbolicamente, quisesse reafirmar seu compromisso com ela e melhorar o relacionamento. Jamais perguntava como ela se sentia ao participar daqueles encontros, pois estava completamente absorto em entregar-se a suas proezas. No entanto, sempre ficava de olho em LuAnn quando ela estava com outro homem, como se quisesse certificar-se de que ela, na verdade, não estava se divertindo.

Certa noite, um novo casal entrou para o grupo e quando LuAnn estava com o homem, Arnold notou que ela havia ficado extremamente excitada e envolvida. Vendo-se subitamente ameaçado, desvencilhou-se de sua parceira e aproximou-se de LuAnn, tocando-a. Ela não correspondeu.

Ele sentiu-se arrasado e achou que ela o havia traído!

No dia seguinte Arnold veio me consultar, trazendo LuAnn que, aliás, o acompanhava com muita relutância.

"O senhor consegue imaginar o atrevimento desta criatura! Lá estava eu, fazendo um gesto de amor, disposto a estabelecer contato com ela, demonstrando meu afeto, quando ela se envolvia com aquele jovem punk. Comecei a acariciar sua perna, toquei em seus cabelos e ela simplesmente me pôs de lado. Não consegui acreditar. Minha própria mulher, me fazendo de bobo na frente de todas aquelas pessoas, tão carinhosas!" Arnold esboçou um gesto de indignação e de espanto.

LuAnn foi até a janela, com os olhos cheios de lágrimas, constrangida com a situação e com o fato de ter de admitir sua participação nas sórdidas atividades de Arnold.

"Mas, afinal, o que ela quer? Nosso casamento parece que está indo para o brejo. Olhe só para as jóias dela. Olhe para suas roupas. Cuido dela de um modo maravilhoso. Dou-lhe tudo o que ela deseja. No que se refere ao sexo eu também lhe dou tudo o que ela quer. E o senhor, por acaso, conhece muitos homens de 54 anos que conseguem estar com oito mulheres diferentes em uma única noite?"

"Que conseguem estar ou que precisam estar?", perguntei intencionalmente.

LuAnn ficou atônita, como se tivesse sido atingida por um raio. "Tem razão", afirmou. "Ele precisa se provar e, para isso, me usa."

Aquela revelação libertou LuAnn e, subitamente, ela se deu conta de tudo de que havia desistido ao permitir que uma pessoa mais fraca e menos inteligente controlasse sua própria vida. Tornara-se tudo aquilo que ela mais odiava em Arnold. Decidiu-se naquele mesmo instante, que mudaria e correria o risco de ficar novamente só, de tal modo que pudesse levantar a cabeça e viver sob seu único controle. A vigorosa personalidade de Arnold e a fraqueza de LuAnn permitiram que ela aceitasse seu comportamento corrupto. Percebeu que nada daquilo tinha a ver com ela e que Arnold sempre a enganaria. Só conseguiu mudar quando compreendeu que ela também era corruptível e que tinha de assumir responsabilidades por sua própria fraqueza.

CASO V: OBRIGANDO O CÔNJUGE A TRAIR

Angela e Marvin casaram-se após um namoro tempestuoso e um noivado prolongado, rompido seis vezes, segundo as contas dela, e cinco, de acordo com as dele. Brigavam por causa disso, assim como por tudo o mais. Angela prosseguiu com aquele casamento a fim de resolver sua ambivalência. Finalmente, conseguiu superar sua indecisão. Continuou a trabalhar e decidiu voltar a estudar em vez de ter filhos. Marvin foi promovido a gerente regional de vendas da grande empresa em que trabalhava, que era fornecedora de material de escritório.

O casamento deles era emocionalmente fechado, rígido. Angela deu-se conta de que o relacionamento estava errado, mas não tinha idéia do que fazer para modificá-lo. Marvin não se dispunha a admitir sua infelicidade, afirmou amar Angela e querer que ela o amasse. Angela, porém, sabia das coisas. Ele ignorava os sentimentos dela, permitia que suas preocupações profissionais dominassem seus diálogos, usava o dinheiro para controlá-la e rebaixava-a o tempo todo. Ela o desdenhava e retinha o afeto e o apoio, mas ainda interpretava o papel de esposa terna e maltratada.

Então, Angela ficou conhecendo Robert, igualmente infeliz com sua mulher, Charlene, e que também não tinha coragem de pôr um ponto final em uma situação que, obviamente, não funcionava para ele. Os dois fizeram um plano de romper com seus respectivos casamentos. Como nenhum dos dois casais estava tendo relações sexuais satisfatórias, Robert e Angela começaram a discutir com seus parceiros como melhorar sua vida sexual. Embora tal lógica parecesse impossível e os resultados, improváveis, conseguiram convencer seus respectivos cônjuges a participar de um curso sobre sexualidade que tinha uma esquisita conotação religiosa. Naquele cenário bizarro, os casais foram solicitados a trocar de parceiros e a se permitirem sentir a novidade de fazer sexo com outra pessoa. O objetivo era voltar para casa com a energia sexual novamente despertada e redirecioná-la para seu parceiro.

Aquilo não passava de mistificação, porém, servia muito bem aos objetivos de Angela e Robert.

Eles imediatamente formaram um par, deixando Marvin e Charlene na porta do tal curso para que se entendessem. Charlene afirmou estar horrorizada, mas não deixou de comparecer a um só encontro. Marvin sentiu que a experiência era benéfica. Gostava de fazer sexo com quem quer que desejasse, mas após ver Angela e Robert juntos, ficou com ciúmes. Após os encontros, quando tentava fazer com que Angela compartilhasse com ele sua "sexualidade recém-despertada" e procurasse mostrar que ainda o amava, ela sempre estava muito cansada.

Após vários encontros Angela declarou que havia estabelecido uma ligação muito séria com Robert e que, no momento, os dois se dedicariam a seus sentimentos sem que houvesse interferências externas. O líder do grupo os animou nesse sentido. Charlene pareceu não se importar. Marvin, porém, que inicialmente bancava o distante, que não se deixava envolver, começou a entrar em pânico e ameaçou processar judicialmente o líder do grupo por interferir em seu casamento. Era tarde mais. Angela e Robert proclamaram seu amor "recém-descoberto" e procuraram racionalizar a situação, afirmando a seus parceiros que eles haviam participado daquilo com os olhos abertos e que, afinal de contas, todos eles eram adultos. O que tinha de acontecer, acontecera e o resto não importava.

Foi a piada do século.

Essa forma de traição não passa de uma manipulação do parceiro para que ele faça sexo, a fim de poder justificar a própria infidelidade. Em parte serve para diminuir a culpa, mas não passa de uma dupla ofensa à outra pessoa, inicialmente enganando-a e, em seguida, subtraindo sua dignidade e o direito de exercer sua crítica, rebaixando-a ao nível de quem assim procede. Manipular seu parceiro com a finalidade de reduzir a própria ambivalência ou mitigar a própria culpa é apenas acrescentar o insulto à ofensa. Se você pretende trair, não equacione o problema insistindo com seu parceiro para que ele lhe faça companhia. Se está agindo assim com o intuito de obter a cooperação de seu parceiro para pôr um ponto final em um relacionamento que não tem coragem de deixar, você jamais conseguirá se sentir bem em relação a essa questão.

CASO VI: O AMOR COMO SUBSTITUTO DA DOR

O pai de Irene era dono de um verdadeiro império: moinhos, fábricas de produtos químicos, florestas, minas, petróleo, estaleiros, manufaturas e distribuidoras. Quando morreu, Irene tinha 15 anos de idade. As empresas tinham negócios em 71 países. Irene o amava muito e era a filha preferida.

As empresas foram divididas entre Irene e seus três irmãos. Embora fosse extraordinariamente brilhante, ela se mostrou incapaz de se concentrar e parecia meio perdida, após a morte do pai. Teve muitos casos, todos de curta duração, no contexto de uma garota rica e mimada, que fazia tudo aquilo que bem entendia e quando queria. Parecia estar sempre preocupada com algum romance, mas quando seus casos chegavam ao fim não dava a impressão de que se importava. Sempre havia outro romance à sua espera. Começou a cursar uma faculdade, foi reprovada no primeiro ano e casou-se com Thomas aos 18 anos, para grande alívio de sua mãe. O casamento foi um verdadeiro acontecimento social, amplamente noticiado por três jornais e mencionado em duas revistas de circulação nacional. A família nem aprovava nem desaprovava Thomas. Apenas se alegrava com o fato de que Irene finalmente parecia ter sossegado.

Thomas e Irene prosperaram e tiveram quatro filhos. Ela não tinha profissão ou o menor desejo e necessidade de trabalhar. Gostava dos esportes e preenchia seu tempo montando a cavalo, jogando tênis, praticando esqui aquático e nadando. Embora jamais tivesse mais de uma relação extraconjugal por vez, teve casos, virtualmente, com todos os homens por quem se sentia atraída. Suas regras eram simples: controlava o relacionamento. Quando obtinha dele tudo o que queria, terminava. Ter tudo o que desejava significava amar e romper quando o relacionamento começava a se aprofundar. Ao longo dos anos Irene teve dezenas de casos, deixando-se arrastar pelas águas enquanto pudesse se manter à tona e abandonando-os assim que ela ameaçasse arrebentar. Irene não sabia se Thomas tinha conhecimento do que se passava, mas permanecia em uma atitude de discrição e jamais perguntava como passava seu tempo.

No dia em que sua própria filha fez 15 anos, Irene ficou agitada e, após uma festinha em família, pegou o carro dizendo que precisava tomar um pouco de ar fresco e foi até o apartamento de um antigo amante, pedindo-lhe que a acolhesse e a amasse. Depois, quando o antigo amante fez uma piada, predizendo que ela se vestiria, iria embora e se esqueceria do que havia se passado, Irene pôs-se a soluçar convulsivamente e recusou-se a se retirar, fazendo uma cena que lhe era muito pouco característica.

Irene procurou um psiquiatra. Infelizmente, era um homem mais velho, solitário, cujas necessidades combinavam com as dela. Seu encanto ainda juvenil, sua fragilidade, sua vulnerabilidade o atingiram profundamente. Ela se aproveitou do fato e seduziu-o durante a segunda sessão. A idéia lhe ocorreu quando o psiquiatra começou a lhe fazer perguntas sobre seu pai. Irene pôs um ponto final na terapia na sessão seguinte, quando o psiquiatra se ofereceu para devolver o dinheiro das consultas e prosseguir com aquele relacionamento fora do consultório. Telefonou-lhe durante várias semanas antes de conseguir aceitar o fato de que ela o rejeitava. Sentiu-se usado e manipulado pelo fato de ter deixado de lado seus padrões éticos, algo que jamais fizera. Sua auto-estima fora rebaixada e ele ficou completamente desnorteado. Os telefonemas do psiquiatra deixaram Irene abalada. Ela o magoara demais. Embora tivesse a situação sob controle, como sempre insistia em fazer, seu afeto por aquele homem a impedia de não pensar mais na situação. O psiquiatra havia sido tão bondoso que ela permitiu que ele assumisse alguma importância em sua vida. Pela primeira vez, deu-se conta de que havia algo de errado em seu comportamento traiçoeiro. Sempre conseguira romper antes que os sentimentos se impusessem, mas agora sentia-se péssima e achava que não conseguiria ir adiante.

Quando atendi Irene em meu consultório ela parecia uma criança frágil, porém exibia um encanto de mulher de sociedade e maneiras desenvoltas, que disfarçavam sua insegurança e suas incertezas. Ajudei-a a compreender que jamais havia lidado com a morte de seu pai e que usava aqueles casos para aproximar-se dos homens e ter a sensação de controlá-los, algo de que sentia falta quando seu pai morreu. Descobrimos que ela temia ser abandonada, mas, ao proceder assim com aqueles homens, sentia-se como se estivesse se identificando com o abandono por parte de seu pai. Somente após se permitir uma intimidade com o outro psiquiatra e vivenciar a mágoa que havia provocado nele é que Irene pôde entender o quanto havia sofrido com a morte do pai.

Uma dor que se inibe é responsável por boa parte de um comportamento autodestrutivo, sexualmente impulsivo ou prejudicial. Uma pessoa feliz sabe como prantear a morte de alguém. Uma pessoa infeliz está dominada por mágoas do passado que não foram resolvidas. A vida é repleta de perdas. Se você não conseguir expressar a mágoa e a raiva provocadas por cada perda, no momento em que elas ocorrem, esses sentimentos não o deixarão e o sensibilizarão em relação a futuras perdas, levando-o a encará-las com temor, a encarar superficialmente suas experiências dolorosas ou a evitá-las inteiramente. Isso apenas serve para criar mais dores não-resolvidas e, assim, aumentar o peso de uma dívida emocional.

Prantear é expressar a raiva pela mágoa provocada por uma perda.

Cada um dos casos de Irene tornou-se uma tentativa mal resolvida pelo fato de ela ter desistido de seu pai. No entanto, como tinha grande desenvoltura social, conseguia manipular os homens com facilidade e, assim, a perda ficava sob controle. Dessa maneira, mantinha a dor à distância.

Não se pode prantear alguém com sucesso a menos que se tenha um bom nível de auto-estima. É por isso que os filhos passam momentos difíceis quando perdem os pais. Eles, a exemplo de Irene, muitas vezes dependem dos pais para poder ter auto-estima e, quando um dos pais morre, sua capacidade de lidar com a perda diminui. Irene chegou até mesmo a comentar: "Se pelo menos meu pai estivesse aqui para me ajudar a suportar a dor de sua morte..."

Esta, na verdade, era a história de sua vida.

POR QUE AS PESSOAS TRAEM

Existem tantos motivos para trair quantos para evitar a dor. A traição sempre assinala um ponto fraco em um relacionamento. Não existe algo como um caso inocente, inofensivo. Se um caso for considerado sem significado, de que vale um parceiro que pode continuar sendo traído impunemente?

Muitos homens de negócios, casados, entregam-se a aventuras de uma só noite, mas o mesmo fazem esquiadores durante um feriado, garotas que vão se divertir na cidade e garotos que fazem programas com outros garotos. Em algumas culturas isso é alardeado como se fosse normal. Trata-se, porém, de um equívoco. Se cada infração à exclusividade que deve existir em um relacionamento pode ser perdoada, recorrendo-se a circunstâncias, drogas e desculpas, então esse relacionamento não tem realmente importância alguma para os parceiros. Quando tudo foi dito e feito, desculpas dadas para diminuir a dor provocada pela ofensa da traição não passam disso — desculpas. Os fatos continuam sendo simples e claros. Seu parceiro lhe foi infiel e você se sente magoada, pois já não é mais encarada como uma pessoa especial.

Tornou-se moda, nos dias de hoje, rotular a infidelidade praticada por parceiros na casa dos trinta ou dos quarenta anos como "a crise da meia-idade". O parceiro ou a parceira chega à metade da vida e começam a reconhecer sua falta de realização e a questionar se a vida que levam é a melhor que poderiam ter. As pessoas mais sujeitas a atravessar uma crise de meia-idade são aquelas que jamais questionaram os valores que regem suas vidas, a quem falta a coragem de seguir os próprios sentimentos ou discutir aquilo que realmente lhes importa.

Todos nós precisamos crescer. Todos nós precisamos nos tornar honestos sobre nossas necessidades e nossas situações, compreender que essa é a única oportunidade que obtemos da vida. Viver em plenitude é nosso primeiro imperativo e nossa mais profunda necessidade. Os parceiros precisam compreender que expressar tal desejo não é uma traição à lealdade, mas um entendimento cada vez maior de que a vida tem muitas facetas e a felicidade de se viver junto apenas chega para aqueles que ainda estão livres para ir atrás dela.

A traição é, com freqüência, a válvula de segurança que permite o escapamento das frustrações acumuladas, à medida que as pessoas se dão conta de que são infelizes e tateiam, desesperadamente, tentando se realizar. Mesmo que você não seja desmascarado, alguém sempre fica magoado quando você trai. Não se pode trair e sentir-se totalmente bem consigo mesmo, porque a traição é um ato de desonestidade. Você poderá racionalizar seu comportamento, alegar que não é amado, que é privado de muitas coisas ou que merece um tratamento melhor. No entanto, mesmo que isso for verdade, por que gastar sua energia com uma aventura extraconjugal, sobretudo se vale a pena salvar seu relacionamento? Por que não correr o risco de se abrir antes de trair, quando ainda não tem nada a esconder?

Se, por acaso, a pessoa com quem você está cometendo a traição é a pessoa certa para você, torna-se difícil apreciar o amor que existe entre vocês. Você não poderá amar com liberdade porque não pode ser totalmente autêntico e, ao mesmo tempo, trair. Se está usando a outra pessoa para explorar a vida sem seu parceiro ou para determinar seu valor como uma mercadoria sexual, o ato da traição poderá propiciar respostas, mas torna o caso uma simples experiência.

Existem exceções, quando, por exemplo, alguém encontra seu verdadeiro amor fora de um relacionamento estabelecido e rompe, a fim de realizar-se, iniciando uma vida nova. Isso, porém, não é propriamente uma traição, mas significa começar tudo de novo. Trair, enquanto se espera continuar mantendo um relacionamento original, quase sempre piora qualquer situação. Os casais podem recuperar-se, mas até o limite em que ambos sejam honestos um com o outro. Comece a ser honesto antes de trair.

O PROBLEMA DA TRAIÇÃO

Se você se entrega à traição para se pôr em dia com aquelas experiências que sente que lhe negaram, correrá o risco de viver uma fantasia e de tornar-se desencorajado. As águas de um rio nunca passam duas vezes pelo mesmo lugar, afirma o ditado. Você, certamente, jamais poderá voltar ao passado. Provavelmente, isso é bom, pois, independentemente do quanto esses dias que se foram lhe pareçam felizes, você atribui a eles aquilo que sente faltar em sua vida presente. Experimentar viver sozinho também poderá desencorajá-lo e intimidá-lo e, assim, você permanece em um relacionamento que lhe faz mal. Tendo testado aquela vida que você fantasiou a partir do ponto de vista restrito de uma pessoa casada, poderá chegar a conclusões erradas e sentir que jamais conseguirá se sair melhor.

Apesar de toda a excitação que proporciona — pôr para fora e compartilhar uma paixão há tanto tempo contida, a redescoberta da própria sexualidade, o gozo cósmico proporcionado por relação sexual que não lhe opõe restrições, o cheque devolvido, o filho doente, a sogra enlouquecida pela amargura — a traição de algum modo diminui uma pessoa. É um anestésico à dor de se viver e, portanto, limita a alegria que ela pode propiciar.

Além do mais a traição complica sua vida. Você se torna preocupado com paixonites que lhe atormentam a consciência. Avilta sua credibilidade, apresentando desculpas toda vez que se ausenta de casa, até mesmo quando não faz isso para dar um telefonema secreto. Corre o risco de perder a credibilidade como pessoa honesta.

O pior da traição é que ela o transforma em mentiroso. Ela o leva a ocultar partes de sua consciência, não só de seu parceiro, como de você mesma. Se receia se abrir com seu parceiro, devido ao medo do que você poderá dizer, então já se traiu, ao limitar a liberdade de se expressar intimamente em seu lar.

Quando você trai, também está sendo traído. A traição limita sua liberdade, ao dar-lhe a ilusão de que você é livre para trair. Se é livre, então por que tem de trair? Talvez por reconhecer que chegou ao fim de seu relacionamento e perceber que já não tem mais nada a ver com ele. Sua traição é sinal de que você ainda não terminou o trabalho da separação.

Se acaso você descobriu que seu parceiro o traiu, é muito fácil atacá-lo, entregar-se à autocomiseração e passar a adotar um comportamento que provoca culpas. Tais reações são comuns inicialmente, mas não faz muito sentido permanecer magoado. Você precisa dar ouvidos a seu parceiro e compreender por que ele ou ela o traíram. Se achar difícil proceder assim, então o motivo que levou seu parceiro à traição se deve ao fato de que não é fácil comunicar-se intimamente com você e que você é uma pessoa controladora ou punitiva. A menos que se decida tornar-se mais aberto em relação a isso, provavelmente, o problema continuará e se agravará.

A traição é um sinal. A longo prazo, os parceiros são flagrados de propósito, só para permitir que seus atos falem pelos sentimentos que eles receiam exprimir. Aceitar a traição como uma tentativa desesperada de se comunicar é a melhor atitude e aquela que apresenta as maiores probabilidades de se chegar a um desfecho bem-sucedido.

VOCÊ DEVERIA CONTAR?

Se você está traindo seu parceiro, deveria contar-lhe?
Como a traição é uma trapaça, inicialmente as pessoas sempre dizem: "Você está louco? É claro que não". Há, porém, instâncias em que você gostaria que seu parceiro conhecesse a outra pessoa e se tornassem amigos. Gostaria que ele compreendesse que você ama a ambos, aceitasse que o relacionamento de vocês mudou e que, agora, você quer que ele seja aberto. Você brinca com a idéia. Quer ser aceita. Na verdade, não deseja magoar ninguém. Quer apenas aquilo que julga ser seu direito. Será que é tão ruim assim? Sabe, em seu íntimo, que se contasse para seu parceiro ou parceira, eles ficariam arrasados. Você teme a reação. Odeia os problemas existentes em seu relacionamento que a levam a procurar fora uma solução tão desconfortável e comprometedora. Seria perfeitamente feliz se acaso seu parceiro se assemelhasse mais à outra pessoa: aberto, animado, feliz, interessado em você, excitado por você. Começa a comparar os dois e, antes amorosa, agora se torna impaciente.

Portanto, a menos que decida confessar tudo e declarar seu desejo de voltar a assumir um compromisso com seu parceiro em um novo nível de honestidade e sinceridade, não conte nada.

Não é uma boa idéia comunicar a seu parceiro o que está acontecendo, a fim de aliviar sua culpa, sem ter a menor intenção de modificar seu comportamento ou para vingar-se dele por mágoas que ele lhe provocou. Agindo assim, você apenas se rebaixará ao papel de vilão e perderá o respeito que sente por si.

O problema com a traição é que ela sempre é uma forma pervertida de comunicação. Em vez disso, seria melhor pensar no que você gostaria de dizer e dizê-lo. A traição apenas serve para confundir a comunicação. Em vez de se posicionar com tranqüilidade, indicando que algo está errado, ao trair você leva seu parceiro a um estado de choque, dúvidas em relação a si mesmo, descrença e desorganização. Sua mensagem fica totalmente perdida e você apenas dificulta sua realização no futuro.

ANTES DE TRAIR

Tenho plena consciência de que nada disso impedirá alguém de trair, quando o desconforto de não se sentir amado for maior do que a coragem de falar diretamente. Tentem, porém, lembrar-se disso, para sua própria orientação: quando vocês criam uma situação instável para expressar sua infelicidade, a infelicidade assim criada também obscurece sua comunicação.

Repito: antes de trair, expressem aquilo que está em seu coração. Corram o risco de ser rejeitados, desaprovados e não ser levados a sério. Falem tudo o que sentirem e com honestidade. Lembrem-se de que se a traição está em seu coração, vocês não terão nada a perder se derem mais uma oportunidade à honestidade. Quem sabe? Se, para variar, vocês forem profundamente sinceros, desta vez serão ouvidos. Se forem ignorados ou se lhes disserem que seus sentimentos não têm importância, talvez encontrem coragem para agir por sua própria conta e de um modo que preserve sua auto-estima e sua dignidade.

Talvez vocês não tenham de viver com seus parceiros, porém sempre terão de viver com vocês mesmos.

CAPÍTULO TREZE

PERDOAR

Perdoar é dizer à pessoa que o ofendeu que você já não sofre mais. Talvez a maior das dores existentes em um relacionamento seja provocada pela traição, mas até mesmo ofensas menores podem ser uma ameaça, a menos que sejam perdoadas.

Para perdoar outra pessoa é necessário ser vulnerável e reconhecer que você foi ofendido. É preciso, também, assumir a responsabilidade por se expor à ofensa, sobretudo se a pessoa já o magoou antes. Quando você permite que alguém o magoe, sentir-se-á indignado por não se proteger. Você precisa entender que as pessoas, em geral, se magoam umas às outras sem que haja intenção e, portanto, merecem uma segunda oportunidade. As pessoas magoam os outros de propósito, quando foram feridas. Elas também merecem uma segunda oportunidade. As pessoas magoam os outros quando são fracas, receiam dizer a verdade, são viciadas ou não têm consideração pelos outros. Talvez elas não mereçam uma segunda oportunidade, mas ainda assim você precisa perdoá-las.

Você não poderá perdoar outra pessoa se não estiver disposto a desabafar sua dor. Quando se recusa a perdoar, sua prolongada expressão de mágoa torna-se uma contrariedade, pois é uma tentativa de levar a pessoa a sentir-se culpada.

Lembre-se de como se sentiu quando magoou alguém. Mesmo que tivesse bons motivos para sentir-se zangado e revidasse, magoando, isso jamais o fará sentir-se bem. Quando você procura a vingança, torna-se uma pessoa injuriosa. Agir motivado pela raiva sempre rebaixa sua auto-estima.

É muitíssimo comum ter fantasias em torno da raiva antes de expressar a mágoa que se sente. No entanto, quando permitimos que tais fantasias se acumulem, ficamos com tamanha raiva que receamos perder o controle e provocar danos à outra pessoa, caso nos expressemos. Isso nos aprisiona em nossa raiva, o que é uma posição perigosa, pois, ao contermos nossa raiva, sempre acabamos nos magoando. É difícil pensar bem de si quando se está preocupado em liquidar com alguém. No entanto, quando não conseguimos nos expressar diretamente, em nossas fantasias humilhamos aqueles que nos atormentam e os colocamos de joelhos. Trata-se de uma vitória perversa.

Se você tentar agir motivado por esses sentimentos de raiva, terá de pôr seu amor de lado e modificar sua atitude, que passará da ternura à agressão. Você terá de chafurdar, no ódio, um lugar terrível para sua consciência repousar. Estando nesse lugar, o mundo inteiro lhe parecerá mau. Você olhará em torno de si, procurando provas que justifiquem o fato de ser mesquinho e, ao agir assim, consome toda sua energia. Terá de se fechar para aquilo que existe de bom em seu relacionamento, negar que ama a outra pessoa, que ela é amorosa ou que a ama.

Aprenda a dizer: "Estou sofrendo". Isso contribuirá, mais do que qualquer outra coisa, para manter seu relacionamento aberto ao amor.

Você precisa deixar de lado sua mágoa, para seu próprio bem. Precisa perdoar seu parceiro, não para libertá-lo da culpa, mas para libertar-se da raiva. Você precisa viver no presente. Prender-se à dor sempre o amarrará ao passado. Isso é especialmente verdadeiro quando seu parceiro a magoou o suficiente para destruir o relacionamento de vocês. Mesmo que tal relacionamento pareça ser impossível, ainda assim é necessário aceitar as contas emocionais. Uma coisa é perder um relacionamento. É algo de que podemos nos recuperar. Coisa muito diversa é entregar-se à autopiedade, recusar-se a superar uma ofensa para fazer com que seu parceiro pareça um vilão. Por mais que os outros se solidarizem com você, no fundo ninguém se importa quando você sente pena de si mesmo. Você acabará perdendo a auto-estima e passará a acreditar que merecia ser tratado do jeito que foi.

UM GUIA PARA O PERDÃO

Prepare seu parceiro, dizendo-lhe que ele a magoou e que você quer lhe dizer como foi que isso aconteceu. Explique que sua intenção é perdoá-lo. Diga-lhe que a única coisa de que você precisa é que ele a ouça.

Aceite a situação por aquilo que ela é. Não faça barganhas com a realidade.

Não perdoe superficialmente ou apresse o processo só para se livrar dele. Leve todo o tempo necessário para expor tudo. Seu parceiro precisa saber que ele o magoou. Você precisa saber por que está perdoando seu parceiro.

Não se queixe. Não assinale as promessas que não foram cumpridas. Se você já abordou muitas vezes as ofensas que lhe foram feitas e nada se modificou, é preciso aceitar que nada terá a probabilidade de mudar. Não lute com isso. Você precisa decidir o que quer fazer em relação a esse problema, independentemente de quaisquer promessas que você espera que seu parceiro faça e mantenha.

Permaneça centrado em si mesmo. Diga a seu parceiro que se sente magoada e, exatamente, por quê. Siga sua expressão natural, sem censurar seus sentimentos.

Se tiver de esperar antes de compartilhar, anote quais são seus sentimentos de mágoa e leia-os para seu parceiro da próxima vez que se encontrar com ele. Isso lhe permitirá pôr para fora tais sentimentos e diminuirá bastante seu estresse. O estresse é aquela pressão provocada pelo fato de retermos nossos sentimentos. O simples fato de expressar tais sentimentos fará muitíssimo bem à sua ansiedade, pois você não precisará usar suas defesas para contê-los. Não sentirá vontade de explodir. Terá condições de concentrar-se melhor. Culpar seu parceiro por um dia em que as coisas não deram certo é um erro. Seu parceiro pode ser responsável por tê-lo ofendido, mas você é responsável por reprimir seus sentimentos.

Deixe que a reação de seu parceiro seja livre e espontânea. Você tem de correr o risco de descobrir que a outra pessoa não se importa por tê-lo magoado, e, portanto, não se importa com você. Isso também significa que você corre o risco de descobrir que não é amado.

Tente evitar acusações ou insinuações sinistras. Lembre-se de que a maior parte das ofensas se caracteriza pela falta de consideração e pela insensibilidade. Não são planejadas. Seu objetivo é educar seu parceiro, tendo em vista aquilo que mais a sensibiliza, torná-lo consciente de sua própria vulnerabilidade à mágoa e tornar seu comportamento menos automático, mais seletivo. Você conseguirá isso diminuindo as defesas dele. Gritar ou atacar os pontos fracos dele apenas servirá para levá-lo a se fechar completamente.

Se seu parceiro começar a dar desculpas ou a interrompê-lo, repita que você está magoado e que precisa desabafar essa mágoa para poder voltar a sentir-se bem na companhia dele. Faça-lhe ver que conter esses sentimentos negativos desvaloriza o relacionamento e solapa seu amor.

Uma vez que exprimiu seus sentimentos, peça a seu parceiro que lhe conte seu lado da história. Ouça em silêncio. Ele, provavelmente, exporá suas próprias mágoas. Mostre-lhe aquela consideração que gostaria de receber quando compartilha seus sentimentos. Quando ele terminar, comente a dor que ele está sentindo e expresse tudo aquilo que ainda permanece de sua própria dor. Lembre-se de que expor a própria mágoa aliviará o estresse, porém, mais mágoa poderá vir à tona, sobretudo se você a reteve durante algum tempo. Expresse isso também.

Quando terminar, diga: "Sinto-me melhor. A mágoa passou. Eu o perdôo".

Agora você terá toda a liberdade de ficar ou de ir embora. A decisão só compete a você.

Se preferir, poderá evitar um confronto com a pessoa que a magoou. No entanto, viver a própria mágoa e exibir suas feridas aos amigos, a fim de obter a solidariedade deles lhe fará muito pouco bem, caso esses amigos o encorajem a continuar enraivecido e indisposto a perdoar. A solidariedade não é um alívio se ela prolongar sua infelicidade.

Seu objetivo é livrar-se de sua dor, não alimentá-la ou fortalecer sua raiva. O objetivo da sobrevivência não é viver com ressentimento, mas contente, com paz de espírito. Perdoar é a única coisa que torna isso possível.

Se está planejando ficar com seu parceiro, perdoe-o. Mesmo que nunca mais queira vê-lo é especialmente importante que o perdoe, pois as mágoas que você não releva só servirão para alimentar lembranças negativas, que haverão de interferir nos bons momentos que o aguardam no futuro.

Você é responsável pelo próprio sofrimento. Independentemente do quanto foi magoado, a responsabilidade de superar essa mágoa é sua. O motivo pelo qual você sente dor é torná-lo consciente de que algo está errado e precisa ser corrigido. Você é a única pessoa que pode fazer tal correção.

Se seu parceiro não estiver disposto a reconhecer que o magoou, torna-se impossível confiar nele. Aqui não há meio-termo. Se uma pessoa se dispõe a admitir que ofendeu, então existe uma esperança. Se a outra pessoa não quer reconhecer que magoou, seu amor não pode significar muita coisa para ela e não vale a pena ter seu amor.

Expressões de mágoa, muitas vezes, se transformam em discussões acaloradas, pois os parceiros, em vez de abordarem a mágoa causada, concentram-se em sua raiva. Conserve essa mágoa. A raiva está implícita na ofensa e se dissipará quando a mágoa se for. Concentrar-se na raiva não passa de um revide, algo que conspira contra o perdão.

Você é responsável por expressar sua mágoa de modo a não causar pesares. Se acredita que a outra pessoa merece ser ofendida, no fundo estará afirmando que ela não é uma boa pessoa. Se isso for verdadeiro, por que é que vocês estão vivendo juntos?

Atos de perdão são atos tranqüilos, que implicam ternura. Constituem a expressão da confiança em seu amor e naquilo que existe de bom em cada um de vocês. É preciso que você volte a conceder à outra pessoa o benefício da dúvida, mas somente poderá agir assim se acaso se dispuser a ser vulnerável.

Um amor profundo permite que os parceiros aceitem as mútuas fraquezas. Ele revela como se pode ofender e como se pode pôr a culpa em alguém. Em vez de tirar vantagem injusta da proximidade e da intimidade que o amor gera, os parceiros amorosos procuram provas de seu afeto e o constroem esclarecendo todos aqueles sentimentos negativos que bloqueiam a expressão do amor.

Seja honesto, quando se trata de expressar sua mágoa e, então, seu amor o manterá uma criatura íntegra.

CAPÍTULO CATORZE

PLANEJAR UMA SEPARAÇÃO

Às vezes, isso simplesmente não funciona. As brigas, as diferenças impossíveis de se resolver, o fracasso em levar em consideração o valor dos sentimentos mútuos, o conflito contínuo, tornam impossível aos parceiros viverem da melhor forma possível, juntos ou separados. Quando isso acontece, as pessoas se desencorajam em relação a uma vida a dois e em relação a si mesmas. À medida que um relacionamento começa a deteriorar-se, os parceiros se empenham em sair-se da melhor maneira possível, e, muitas vezes, diminuem o outro como um primeiro passo para recuperar a segurança perdida.

É difícil viver com um inimigo que conhece nossos pontos fracos, que nos encara com desconfiança e que está acumulando ressentimentos contra você. Em uma situação como essa você não pode ser autêntico. Tem de tomar muito cuidado com seus comentários, receando que eles possam ser distorcidos e usados contra você. Tem de ocultar seus sentimentos vulneráveis, bem como suas necessidades, pois podem ser usados para manipulá-lo. No estágio final de um relacionamento essa situação desmoralizante ocorre com muita freqüência.

Você precisará preservar sempre sua identidade independente, sobretudo quando seu relacionamento se encontra em dificuldades. Em primeiro lugar você é uma pessoa; em segundo, encontra-se em uma relação desarmoniosa ou feliz. Insistir em ter, antes de tudo, um compromisso para consigo mesmo, não é sinal de deslealdade ou de falta de engajamento. É, antes, um sinal de força.

Você ainda pode ser autêntico em um relacionamento e, mesmo que este nem sempre lhe dê apoio, você, pelo menos, é livre. Infelizmente, o fato de ser autêntico é, muitas vezes, a primeira derrota em um relacionamento em declínio. Embora os problemas que levem um relacionamento ao fim possam variar, perder a própria liberdade é o verdadeiro motivo que leva as pessoas a se separarem. O melhor motivo para romper com um relacionamento é recuperar aquela sua parte que já não se faz mais presente quando vocês estão juntos.

Existe sempre grande ressentimento quando você perde a liberdade de ser você mesmo. Todos nós ansiamos por nos tornarmos algo melhor, por desistir dos falsos conceitos que temos em relação a nós mesmos e por desenvolver nosso potencial, de tal modo que possamos dar uma contribuição significativa. No entanto, sua capacidade de dar o melhor de si depende de sua liberdade de ser autêntico. Talvez você sinta que tenha apenas talentos sem grande significado, uma cultura limitada, dotes sem valor. Não importa. Sua vida lhe pertence. Se acaso conseguir identificar e desenvolver aquilo que, em você, é único, você se tornará uma fonte de força para todos aqueles que estão à sua volta. Imagino o que seria o mundo se todas as pessoas desenvolvessem o que elas têm de melhor.

O que tudo isso tem a ver com a separação?

Quando seu relacionamento está abalado pelo conflito e por uma mágoa contínua, é fácil perder de vista seu valor enquanto pessoa. Nesses momentos, o esforço necessário para começar tudo de novo pode parecer excessivo, impossível. Quando você usou seu relacionamento para esconder-se do mundo, desistir dele pode lhe parecer algo duplamente arriscado. Você jamais conseguirá escapar do próprio destino. Caso tenha abandonado uma carreira pelo casamento ou assumido um emprego mais seguro tendo em vista o bem de sua família, as brasas adormecidas de uma vida que poderiam tê-la realizado completamente permanecem bem lá no fundo, em seu íntimo.

Infelizmente, quando as pessoas reconhecem, finalmente, que são infelizes ou que algo lhes falta, elas, muitas vezes, assumem os riscos equivocados e procuram um amante que as traga de volta à vida ou, então, recorrem a drogas que diminuam seu mal-estar. Isso só serve para confundi-las e perturbá-las. A verdadeira solução consiste em correr o risco de testar-se e sentir a excitação provocada pelo fato de voltar a estar novamente cheia de vida.

DANDO UM TEMPO SOZINHO

Quando o fato de viver junto com alguém sem que isso não lhe proporcione felicidade levou você a perder de vista seus méritos e sua direção na vida, é útil dar um tempo sozinho para sentir como você é, contando apenas consigo mesmo. Não precisa ser uma separação hostil ou prolongada, mas que lhe permita rever a situação, de tal modo que você possa decidir o que fazer, livre da influência inibidora de seu parceiro.

Há alguns anos, quando meu primeiro casamento fracassava, levei minha mulher para a Noruega, durante as férias, e lá conversamos sobre nossa infeliz situação e sobre o que deveríamos fazer a esse respeito. Naquele verão a Noruega era uma terra que contrastava exageradamente com nosso sombrio estado de espírito. Percorremos regiões repletas de lagos, de riachos em cujas margens cresciam flores, passamos por montanhas de cumes nevados, cascatas e pastagens, para onde o gado é levado durante o verão. Chegamos bem na hora do jantar à cidadezinha de Balestrand, no fiorde de Sogne, banhada pela luz dourada do sol da meia-noite. Não foi uma chegada feliz. Passamos o dia discutindo, enraivecidos, rodeados por aquele cenário maravilhoso. Quando o jantar foi servido já não nos dirigíamos mais a palavra.

Uma senhora mais velha, que estava na mesa ao lado, nos observava e teve a inspiração de enviar-nos uma garrafa de vinho com seus cumprimentos. Sorri e agradeci. Após o jantar minha mulher retirou-se e o dono do albergue e aquela senhora me convidaram para ir tomar um licor feito em casa à beira do fiorde. O sol se punha no horizonte e voltaria a surgir dentro de uma ou duas horas. "À magia do Norte", brindou a senhora. "Venho aqui durante duas semanas no verão. Venho só. Foi um acordo que fiz com meu marido, quando nos casamos no dia de meu aniversário, há vinte e cinco anos. Amanhã faço 50 anos."

"Parabéns", eu disse, acrescentando mais um pouco de lenha à fogueira que o dono do albergue havia montado. As montanhas que rodeavam a cidadezinha estavam mergulhadas na sombra, mas, embora fosse quase 23 horas, a superfície vítrea do fiorde ainda refletia o céu dourado e prateado.

"O acordo que fiz com meu marido", começou a explicar a senhora, "era que eu partiria todo ano para reconsiderar se haveria ou não de querer voltar. Neste ano ele ficou preocupado pela primeira vez, pois queria dar uma festa especial. As pessoas são tão engraçadas, no que se refere a datas e anos... No fundo, o que significam cinqüenta anos, vinte e cinco anos? O que importa é aquilo que a gente sente agora. Não é verdade?"

"Sim", concordei, imaginando de onde poderia ter surgido uma mulher como aquela.

Ela cutucou as brasas na fogueira e sorriu para mim. Parecia tão livre, tão aberta... Simpatizei imediatamente com ela.

"Não se pode fazer promessas para sempre", disse. "É o que coloco para meu marido todo ano, antes de viajar. Ele ainda não sabe se voltarei para Oslo na próxima semana."

"E a senhora, voltará?" Eu estava muito curioso. As incertezas que pairavam sobre meu casamento não me saíam da cabeça.

"Pergunte-me daqui a duas semanas", disse ela, rindo. "Talvez eu esteja me enganando e sempre tive a intenção de voltar, mas o fato de saber que, uma vez por ano, tenho a oportunidade de reconsiderar minha vida, ser livre para partir e começar tudo de novo dá à minha alma espaço suficiente para respirar."

"São decisões que só podem ser tomadas pela pessoa", declarei, com um sorriso de admiração.

"Isso também se aplica ao senhor", ela afirmou.

"Existem pessoas que sabem ler os pensamentos nesses países do Norte", pensei comigo.

Ocupar o espaço de que você necessita para examinar o que realmente deseja para si pode ser o início ou o fim de uma nova tentativa de ficar junto com alguém. É difícil tomar a decisão correta quando se tem um parceiro atemorizado, que não se desliga de você, que solicita certificar-se de que ainda é amado. É impossível tomar a melhor decisão, a menos que você tenha a liberdade de examinar todas as opções, mesmo aquelas que julga impossíveis ou tolas. Afastar-se para ficar a sós com seus pensamentos e ponderar o que mais lhe convém é uma experiência maravilhosa.

Infelizmente, muitas vezes os casais esperam até depois que decidiram separar-se para sempre ou querem estar com um amante antes de empregar o tempo necessário para reconsiderar suas vidas. Seria muito mais proveitoso se, a exemplo de minha amiga norueguesa, mais pessoas pudessem, com certa regularidade, passar mais momentos sozinhas, a fim de fazer um balanço de vida. Que maravilha saber que sempre somos livres para escolher o que nossa vida se tornará!

Exercer controle sobre a própria vida indica que uma pessoa é livre.

Bons motivos para se afastar e ficar a sós

Eis alguns bons motivos para dar um tempo e afastar-se de seu relacionamento:

Porque você já não agüenta mais e quer imaginar o que deseja fazer.
Porque sente-se confuso.
Porque não tem certeza se ainda ama.
Porque sente-se próximo demais do relacionamento e excessivamente distanciado de si mesmo.
Porque quer partir.
Porque está tentando imaginar mediante que condições concordaria em prosseguir com o relacionamento.
Porque ama outra pessoa.
Porque é difícil amar a si mesmo onde você está.
Porque está cansado e entediado com os problemas da outra pessoa e quer ver como é o mundo sem ela, pelo menos durante algum tempo.
Porque não é levado a sério e precisa mostrar a seu parceiro que está sendo sincero, ao dizer que quer melhorar as coisas.
Porque sente-se invadido.
Porque precisa de uma nova perspectiva na vida.

ORIENTAÇÕES PARA SE FAZER UMA SEPARAÇÃO

Se acaso decidir separar-se de seu parceiro, é importante estabelecer algumas diretrizes. Para isso não existem regras. É você quem precisa criar tais diretrizes. Não solicite permissão. Cabe-lhe decidir o que você quer e do que precisa.

Se está indo embora somente por um fim de semana para refletir melhor sobre o que está acontecendo, a regra é que um confia no outro e não precisam de regras. Você espera estar de volta na noite do domingo. Se está se afastando para evitar ser agredida ou insultada, procure em primeiro lugar a segurança. Estabeleça as regras quando estiver fora de perigo. Se vai tirar um mês de férias sozinho, poderá querer definir os limites de seu comportamento e o de seu parceiro durante a separação. Finalmente, se está se separando para se reavaliar, bem como seu relacionamento, deverá conceder a seu parceiro idêntica liberdade.

Aqui está um resumo das questões mais importantes que precisam ser consideradas e sobre as quais deve-se estar de acordo quando se planeja uma separação.

Por que você está se separando?

O que você quer: paz de espírito, férias rápidas, a oportunidade de perceber aquilo que vem lhe faltando, segurança, sanidade, tranqüilidade, excitação, aventura?

A separação é realmente necessária? É motivada pelo desejo de estar quites com seu parceiro ou de atormentá-lo? Se for assim, é melhor que se abra com ele sobre seus sentimentos de raiva. Se, ainda assim, precisar partir, ouça seu coração e encontre motivos mais convincentes. Quando se vai embora por despeito, há uma tendência a manter a raiva bem viva, para que ela nos motive. Isso é algo que trabalha contra nós, pois desvia nossa energia. Se a raiva persistir, você poderá chegar à conclusão de que lhe falta a capacidade de decidir, duvidará de si mesmo e, numa atitude equivocada, voltará a manter um relacionamento que talvez não seja bom para você.

A quem deve comunicar?

Você deve decidir não apenas a quem comunicar, mas o que comunicar. Lembre-se de que uma separação é um período de reavaliação. Se acaso vocês terminarem juntos, você não haverá de querer atormentar-se com aquelas distorções que comunicou a outras pessoas, a fim de justificar sua posição. A família do parceiro pode ser especialmente inclemente. Revelar detalhes pessoais negativos em um momento como esse equivale a fornecer armas a um intruso. Se você declara que a outra pessoa não tem o menor valor e, mais tarde, a aceita de volta, o que isso revela a seu respeito, a respeito de sua credibilidade ou de sua capacidade de julgamento? A melhor abordagem consiste em dizer que existem diferenças pessoais e que você está tentando resolvê-las.

Durante quanto tempo devem ficar separados?

Você pode partir por um dia, um fim de semana, uma ou duas semanas a fim de resolver aquele estresse tão penoso, provocado por uma situação difícil. Separações mais curtas são proveitosas para que você possa recuperar sua força, de tal modo que terá condições de voltar e lidar com os problemas que o acabrunharam. Trata-se de períodos refrescantes, de mudanças de cenário para que possa recuperar perspectivas. Separações mais prolongadas servem para que você reconsidere seriamente sua vida com seu parceiro, sobretudo sua decisão de voltar ou de partir de uma vez por todas.

Durante separações curtas é melhor que vocês se mantenham afastados e não estabeleçam contato, a não ser quando se tratar de emergências. Definam o que é uma emergência, antes de partir, caso contrário elas serão inventadas com a finalidade de perturbar sua solidão. A menor interferência em uma separação breve pode arruinar os efeitos positivos provocados pelo afastamento. Um telefonema por parte de um parceiro irado ou inseguro servirá para lhe recordar todos os motivos que o levaram a querer partir e pode precipitar uma decisão prematura, no sentido de tornar a separação permanente. Portanto, se seu parceiro desejar ficar sozinho, conceda-lhe esse espaço, sem interrupções. Sua compreensão e sua maturidade trabalharão mais a seu favor do que suas súplicas ou uma atitude de ressentimento ou de mau humor.

Se você está reconsiderando seriamente seu compromisso, sugere-se uma separação mais prolongada. Obviamente, isso requer um certo planejamento. Quem sabe você precise encontrar alguém com quem possa dividir uma casa ou apartamento ou fará outros arranjos, quanto à moradia, e que, em caso de necessidade, passarão de temporários a permanentes. Permanecer com seus pais durante um longo período não é tão produtivo quanto ficar só. No entanto, quando os filhos estão envolvidos e as finanças não se encontram em situação muito favorável, talvez, inicialmente, esta possa ser a única solução. Ainda assim, ficar só pode ser a melhor solução para você. Não passe de uma situação de dependência para outra.

Separações que duram mais de um ano são freqüentemente improdutivas e, em geral, refletem um conflito profundo entre necessidades e valores, uma grande ambivalência ou culpa pelo fato de estar indo embora ou ainda uma recusa de trabalhar os problemas do relacionamento. Você deve chegar a uma decisão sobre seu relacionamento no prazo máximo de seis meses.

Reexaminando as questões

Ao discutir uma separação, insista em uma total honestidade por parte de seu parceiro e expresse com precisão aquilo que está sentindo. Este não é o momento de fazer acusações ou de bancar a vítima indefesa. Você está solicitando um tempo, para decidir se quer continuar seu relacionamento e mediante quais condições.

Em última análise, você se separa para poder ser uma pessoa real, para dizer o que pensa, para compartilhar o que sente, para elaborar seus próprios pensamentos e para voltar a ser você mesmo. No plano ideal, você deverá decidir quais liberdades quer reinstalar em seu relacionamento. Se esse relacionamento for bom, ele permitirá que você obtenha tudo aquilo de que necessita.

Planejando suas finanças

Se você estiver planejando aquilo que, eufemisticamente, é denominado uma separação provisória — trata-se, na verdade, de quase um divórcio — terá de testar sua independência e sua capacidade de contar consigo mesmo. Solicitar o apoio de seu parceiro toda vez que enfrentar um problema é algo que não pode lhe convir de modo algum. O melhor é fazer algum tipo de acordo quanto a seu sustento e ater-se estritamente às despesas, de tal modo que poderá fazer certos reajustes, no caso de querer que tal acordo se torne permanente. Você deve ter uma idéia geral de quais serão suas necessidades financeiras, antes de se separar. Tendo em vista tal objetivo, mantenha um registro de sua vida financeira e anote sua despesas mensais, só para ter certeza de que você compreende o quanto custa sua manutenção.

E o sexo?

Você tem a intenção de manter-se fiel, de encontrar seu parceiro e de fazer amor com ele? Encontrar seu parceiro, enquanto vocês estão separados, é algo que, às vezes, pode recriar o romance que se perdeu ao longo de seu relacionamento, mas, com freqüência, termina em discussões terríveis, súplicas para que você volte e aquelas mesmas tentativas de manipulação que o fizeram ir embora. É claro que, se após um determinado tempo o sentimento de amor retornar com a distância, é um sinal de que a separação está cumprindo com seu objetivo e que você deve deixar seu coração guiá-lo.

O que você dirá a seus filhos?

Não tente restringir o acesso de seu parceiro aos filhos durante a separação, a menos que acredite que ele está causando mal às crianças. Infelizmente, semelhante tática é muito usada por parceiros fracos e ressentidos, que desejam punir seus companheiros. Os cônjuges que demonstram tamanhas restrições, em geral, procuram revidar deixando de dar seu apoio. Restringir o acesso aos filhos é uma faca de dois gumes. Pense nas necessidades das crianças. Independentemente do que acontecer, do quanto se sente indignado ou injustiçado, você e seu parceiro sempre serão os pais de seus filhos. O correto é tornar a situação a mais descontraída e a mais natural possível para as crianças, nesses momentos de tamanhas incertezas e tensões que provocam desorganização. As crianças não precisam ouvir a versão dos pais em relação ao conflito. Ambas as visões são incompletas e distorcidas. Durante o momento da separação, você e seu parceiro devem agir em relação aos filhos do mesmo modo como agiriam caso estivessem se dando muito bem. Digam-lhes que no momento vocês não estão se entendendo muito e que precisam se afastar um do outro para poderem pensar com clareza. Sejam sinceros, mas não descarreguem neles sua infelicidade e não lancem a culpa sobre seu parceiro.

Lidar com a família

Vocês devem ir juntos a acontecimentos importantes, tais como enterros e casamentos? Ou devem ir sozinhos ou, então, não devem comparecer? Se um acontecimento familiar importante estiver se aproximando, conversem a respeito. Não esperem até o último minuto.

O fato de você estar se separando não significa que você deverá encorajar sua família a evitar seu parceiro ou abandoná-lo. Proporcionar um ao outro a liberdade de procurar manter os laços de família e apreciá-los contribui muito para uma futura reconciliação. Repito: manipular os membros da família para que eles o apóiem não é uma boa idéia. Seja tão natural quanto possível e permita que os outros sejam autênticos, sem tentar influenciar o comportamento deles.

Condições para uma reconciliação

Se o fato de permanecerem juntos lhes parece algo tão sufocante quanto estar em um campo de batalha, cessar as hostilidades deve ser o pré-requisito mínimo para que vocês possam voltar um para o outro. Se está indo embora porque seu parceiro não quer trabalhar com você os problemas de seu relacionamento ou insiste em que é perfeito, a mudança dessa posição é um requisito para sua volta. Não se deixe pressionar pela solidão, pelo medo ou por problemas financeiros, que a levarão a fazer acordos desfavoráveis e impedir-lhe-ão de esclarecer melhor aquilo que está errado. Você correrá grandes riscos de voltar a cometer os mesmos erros que o colocaram na situação em que se encontra atualmente.

O MOMENTO DE CRESCER

Existem poucas coisas mais difíceis do que encarar a dissolução iminente de um relacionamento. Cada parceiro deseja preservar a auto-estima, estar com a razão e culpar o outro. Uma separação neutraliza antigas manipulações. As tentativas por parte de um dos parceiros, no sentido de controlar, criar sentimentos de culpa ao agir como se fosse uma pessoa indefesa ou restringir o apoio financeiro passam a ser encaradas como motivos para que o casal se mantenha afastado, enquanto que, no passado, tais atitudes tinham o poder de mantê-los unidos. Este é o momento do crescimento, de livrar-se das restrições que seu relacionamento criou para você, de aprender a confiar em si, de compreender que seu relacionamento só terá uma chance se ambos forem livres para discordar e para decidir por si mesmos.

Talvez você não aprecie a idéia de que seu cônjuge queira estar a sós, mas procure não encarar isso pessoalmente. Use a separação em seu próprio benefício. A separação também é sua. Pense em suas necessidades. Você não pode permanecer em um relacionamento com alguém que é profundamente ambivalente quanto ao fato de vocês continuarem juntos e sem que você tenha suas próprias reservas. Um relacionamento não pode ser terrível para um dos parceiros e maravilhoso para o outro.

Não entre em pânico ou não tente resistir à decisão de seu parceiro. Não faça ameaças sobre a atitude que tomará, caso ele vá embora. Isso apenas servirá para levar seu parceiro a adotar um comportamento impulsivo ou fará com que ele o desafie. Se o pior vai acontecer e se seus mais profundos temores irão se realizar, não há nada que você possa fazer para impedir a situação. Com toda certeza, o fato de você se opor ao inevitável apenas fortalecerá a decisão de seu parceiro.

Concordar com a separação sem preconceitos ou censuras, até mesmo sob circunstâncias que parecem se voltar contra você, marca um momento decisivo em seu relacionamento. Esteja à altura da ocasião. Seja compreensivo e solidário. Reconheça que o relacionamento não está indo bem. Receba de bom grado a oportunidade de ficar separado. Lembre-se de que cada um de vocês precisa fazer aquilo que é correto para si mesmo. Reconhecer tal fato poderá proporcionar a seu parceiro uma esperança verdadeira de reconciliação. Indique que você quer que as coisas dêem certo, se é isso que existe de melhor para ambos. A empatia é uma abordagem muito mais correta do que ameaças ou tentativas de manipular ou controlar.

A RECONCILIAÇÃO

Não deve haver punição ou um comportamento que produza sentimentos de culpa quando os parceiros se reconciliam. Se acaso seu parceiro quiser voltar, encare esse fato como uma oportunidade de tornar seu relacionamento mais aberto, um verdadeiro companheirismo. Dialogue a respeito de qualquer assunto. Por que ele está voltando? Por que ela quer começar tudo de novo? O que você aprendeu em relação a si mesmo, durante esse período?

O que lhe causou infelicidade? O que quer modificar? Expresse suas necessidades. Tente chegar a uma nova compreensão. A reconciliação não é o momento de varrer os problemas para debaixo do tapete. É o momento de abordar tudo aquilo que você acha necessário trabalhar. Seja flexível, portanto, aceite o papel que você desempenha no problema, mas insista em chegar a um entendimento sobre o conflito que se dá entre vocês dois. Perdoar superficialmente a outra pessoa, movido pelo desespero, sem elevar o nível de confiança entre o casal poderá fazer com que as coisas pareçam melhores durante algum tempo, mas em nada contribui para que o relacionamento funcione.

SEPARAR-SE PARA SEMPRE

Se você decidir tornar a separação permanente, anuncie a decisão tão logo tenha certeza dela. Se a decisão for correta, ela lhe dará a força necessária. Ainda assim, não se surpreenda se, de repente, experimentar intensos sentimentos de tristeza, ainda que esteja deixando o mais cruel de todos os cônjuges pela vida com que sempre sonhou. Encerrar um capítulo de nossos erros é uma experiência sensata. Certifique-se de que não confunde seus sentimentos de arrependimento, por ter cometido erros, com sua decisão de partir. Não anuncie esse fato quando estiver encolerizado, mas faça-o com determinação. A última coisa que você deve querer é iniciar uma briga. Haverá lágrimas. Poderá haver amargura. Seu objetivo é permanecer em termos amistosos, mesmo que vocês não possam mais ser amantes.

CONSELHOS SOBRE O DIVÓRCIO

Se você for casado e concordar em tornar a separação permanente, deverá aguardar durante alguns meses antes de contratar um advogado. Você precisa desse prazo para refletir e certificar-se. O processo legal tem um momento próprio e alguns advogados especialistas em divórcio têm um modo de proceder que desencoraja a reconciliação, por mais que eles aleguem o contrário. Antes de tudo, opte por sustentar-se temporariamente. Independentemente do que seu advogado lhe disser, sustentar-se é o que melhor lhe convém. Talvez não convenha ao advogado.

Se for possível, proceda de maneira impecável. A abordagem do adversário é necessariamente destrutiva e, muitas vezes, requer que os parceiros abandonem sua boa vontade a fim de conceder a seus advogados a liberdade de atacar, o que é um contra-senso. Ser punitivo ou vingativo, a essa altura, apenas reflete sua inadequação anterior, no sentido de expressar seus sentimentos. Tentar fazer com que o tribunal puna seu parceiro é, sobretudo, um sonho furado, que custa muito dinheiro. Advogados inescrupulosos o encorajarão a recorrer à lei até seus limites máximos, para que você obtenha seus direitos. Seus verdadeiros direitos, porém, consistem em se livrar da influência indevida de quem quer que seja. Resolva essa questão o mais rapidamente possível, de tal modo que possa ter uma vida própria.

Se você escolher um advogado que lhe pedir uma porcentagem sobre o montante da pensão fixado pelo juiz, saiba que está cometendo um grande erro, sobretudo se os filhos estiverem envolvidos na questão. É bem verdade que alguns maridos precisam de restrições legais que os obriguem a dar um apoio mínimo, mas tais pessoas são minoria. Se perceber que seu ex-marido é esse tipo de pessoa, pergunte a si mesma se sua raiva tem algo a ver com o fato, antes de presumir o pior. Recorrer a um tribunal para recompensá-la por sua fraca capacidade de julgamento, no sentido de se deixar envolver, é indício de alguém que tem de si mesma uma imagem pouco positiva.

Durante o período de procedimentos legais, leve um bloco de anotações na bolsa e sempre que tiver uma idéia sobre o processo, escreva-a e comunique-a a seu advogado. Será algo de menos a preocupá-la. Fale com seu advogado o menos possível. Faça anotações e organize uma agenda do que quer obter, toda vez que se encontrar com ele.

Lembre-se de que seu objetivo é superar a raiva que sente, perdoar e começar tudo de novo. A última coisa que você deseja é cometer duas vezes o mesmo erro. Aceitar a responsabilidade pela metade do problema é a melhor garantia de que isso não acontecerá.

Estejam vocês juntos ou separados, agora o caminho que leva ao crescimento está aberto e você alcançou uma vitória importante

QUARTE PARTE

ESTAR JUNTOS DA MELHOR MANEIRA POSSÍVEL

CAPÍTULO QUINZE

CRIAR SEU PRÓPRIO MANUAL DE SEXO

Costuma-se dizer, com freqüência, que quando o sexo é ruim, ele é uma grande parte de um relacionamento e, quando é bom, ocupa uma parte muito pequena.

O PROBLEMA SEXUAL MAIS COMUM ENTRE OS HOMENS

A espontaneidade sexual reflete a abertura da comunicação entre os parceiros. Por exemplo, quase toda impotência, em homens de resto saudáveis, é resultado de uma raiva reprimida. É inusitado que um homem jamais tenha tido certas dificuldades com esse problema, mas elas costumam ser temporárias. Os homens impotentes, muitas vezes, sentem-se culpados e temem correr o risco da rejeição ao revelarem sua raiva e, assim, provarem que são maus. Em vez disso, privam suas parceiras do prazer sexual, alegando, ao mesmo tempo, que a culpa não é deles. É como se eles dissessem: "Mas como posso magoá-la? Tenho tão pouco poder que nem mesmo consigo uma ereção". Em vez de reconhecer seus sentimentos mais profundos, eles exprimem remorso por sua incapacidade de atuar sexualmente, procurando, junto a suas parceiras, apoio e confiança, ao mesmo tempo em que as punem.

Como as emoções existentes são, em geral, escamoteadas, muitas vezes o problema parece obscuro e complexo, sem que haja a menor esperança de resolvê-lo. Por exemplo, quanto mais carinhosas são as parceiras, mais culpados se sentem esses homens pelo fato de magoá-las, negando-se ao sexo. Além disso, como a impotência também é uma ameaça à sexualidade da mulher, esta se põe a imaginar o que há de errado com ela e por que não consegue excitar seu homem. Tenta, freqüentemente, excitá-lo, só para dar provas a si mesma. Quando tal atitude é motivada mais pela insegurança do que pelo desejo, ela aumenta a mágoa do homem, intensificando sua raiva e fazendo com que a situação piore. A despeito do empenho da mulher, o homem permanece impotente só para provar que ela é sexualmente pouco atraente. A impotência é uma contradição, na qual o homem vence ao sacrificar sua sexualidade.

Assim como ocorre com outros problemas em um relacionamento, o primeiro passo para se superar a impotência consiste em reconhecer a raiva e revelar a mágoa que a provocou. Isso se torna difícil para aqueles homens que pensam que admitir a própria mágoa equivale a ser fraco. Quando um homem se sente mais fraco do que sua mulher, a impotência, algumas vezes, pode ser a única expressão da raiva com a qual ele se sente bem.

Envolver-se em uma atividade sexual na qual se requer, ao mesmo tempo, vulnerabilidade e agressividade, é algo que também ameaça esse tipo de homens. Sempre que sentirem medo de ser agressivos, também serão impotentes. Precisam, portanto, provar sua virilidade em outras áreas, sobretudo se não estiverem dispostos a reconhecer que têm um problema sexual. Nesse caso, os homens impotentes podem ser declaradamente agressivos e competitivos em áreas mais "seguras", tais como os negócios e os esportes.

Aqui estamos diante de muitos paradoxos. Com freqüência, os homens são capazes de se relacionar com uma parceira e não com outra, com "mulheres más" que merecem ser maltratadas, porém, não com suas parceiras. Se um homem for impotente mas tiver ereções durante o sono ou quando se levanta, o problema, provavelmente, é emocional, pois, no estado do sonho, aquelas defesas que operam quando estamos conscientes diminuem.

Os homens se tornam preocupados com a impotência e perdem rapidamente a perspectiva, pensando apenas em seus egos feridos e em sua incapacidade de relacionar-se sexualmente. Com freqüência, a auto-absorção obscurece totalmente os sentimentos de sua parceira. Embora os homens reconheçam que a mulher não está sendo satisfeita, acreditam que é ele quem está sofrendo de verdade.

Alguns homens impotentes evitam todo tipo de contato físico, sob o pretexto de que não desejam magoar suas parceiras, o que é uma boa desculpa para dar ainda menos. Outros homens mostram-se repletos de ternura, como se desejassem ser ninados, consolados e perdoados pelo fato de serem tratados como uma criança.

Lidar abertamente com a raiva oculta, reduzir o estresse mediante o repouso, tirar férias, combater o tédio por meio de variações quanto à técnica, posição, momento e lugar — tudo isso pode ajudar a aliviar a impotência, que se deve a causas psicológicas. A depressão que provoca a impotência é, sobretudo, o resultado de uma raiva contida. Infelizmente, para resolver esse problema os homens, algumas vezes, recorrem às drogas e/ou procuram relacionar-se com parceiras mais atraentes ou carinhosas. Não permita que a impotência o confunda. Assuma que é uma raiva inibida e lide com essa mágoa subjacente.

O PROBLEMA SEXUAL MAIS COMUM ENTRE AS MULHERES

A frigidez é um pouco mais complicada, pois as mulheres não podem recorrer a um pênis flácido como desculpa para não participarem do sexo. Precisam formular desculpas mais elaboradas quando não se dispõem a reconhecer sua mágoa e sua raiva. A exemplo dos homens, as mulheres atravessam momentos em que seu ardor sexual se evapora. Isso é comum após o nascimento de uma criança, sobretudo quando a mulher sente-se por demais preocupada em desempenhar seu novo papel e sente que seu marido e seu filho são crianças que precisam de seus cuidados. Algumas mulheres sentem-se desinteressadas pelo sexo durante os dias do ciclo menstrual, em certos períodos de suas vidas e quando receiam algo. As mulheres são muito menos capazes de fazer sexo somente por aquilo que ele é, ao contrário dos homens que, de repente, se excitam só de recordar algo *sexy* que ocorreu há vinte e cinco anos. É mais provável, em se tratando das mulheres, que uma mãe infeliz lhes tenha ensinado que não é correto apreciar o sexo ou que este é insatisfatório ou sujo. Trata-se de uma tentativa de desencorajá-las e de proteger sua castidade.

É a atitude da mulher em relação a si mesma que determina sua sexualidade. A baixa auto-estima, o receio de se descontrolar, a ansiedade em ser amada são os principais motivos que levam as mulheres a ter problemas com o sexo. Uma mulher que não se sente bem em relação a si mesma não poderá sentir-se verdadeiramente *sexy*. Embora algumas mulheres usem o sexo para se sentirem amadas, este lhes parece manipulador e exaustivo. Não é excitante. Quando uma mulher sente que precisa realizar um bom desempenho para agradar seu parceiro, a experiência poderá ser *sexy*, para os padrões masculinos, mas, com freqüência, é um tanto distanciada, representada e não muito satisfatória.

A mulher frígida não se interessa pelo homem e, em geral, tem bons motivos para isso. Poderá achar que ele é insensível, exigente, controlador ou cheio de si. Incapaz de exprimir seu rancor, ela revida, não participando do sexo. O homem tende a perder a paciência e acha que é muito difícil lidar com ela. Em vez de tentar compreendê-la, com freqüência, ele apenas exige seus direitos. Isso contribui para provocar danos ainda maiores à igualdade entre os parceiros.

Uma mulher que não tem a permissão de dizer "não" sem se sentir culpada jamais dirá "sim" com verdadeira entrega.

Uma mulher que é privada de sua própria carreira, de sua própria identidade, que se sente dependente e sem poder, também se sentirá ressentida, mesmo que não esteja disposta a admitir tal fato para si mesma, mesmo que afirme o contrário perante o mundo. Ela freqüentemente não é levada a sério, não lhe dão ouvidos e não é tratada como uma igual. Assim, quando seu parceiro solicita sexo, ele a fortifica em sua recusa. Quando este é o único poder que uma mulher pode exercer sobre seu parceiro, estejam certos de que ela o usará.

A maior parte das mulheres frígidas não é insensível sexualmente. Acontece que está de tal modo magoada e irada que não há como expressar sentimentos receptivos, de ternura. Se uma mulher está zangada com um homem pelo fato de ele a refrear e de não ligar para ela, a última emoção que expressará é o desejo sexual. A sexualidade de uma mulher depende de sua capacidade de sentir-se vulnerável, confiante e amada. Já se gastou milhões de dólares em psicoterapia tentando deixar isso bem claro a maridos frustrados. Os homens se traem quando querem o sexo a partir de uma posição dominadora, pois o sexo é unicamente o subproduto de um relacionamento aberto, onde existe um sentimento e os parceiros são livres.

Uma vida sexual feliz é um prolongamento de uma vida feliz em conjunto com alguém. Se vocês não são felizes juntos, por que deveriam esperar que sua vida sexual fosse boa?

Embora os homens inseguros provavelmente se disponham a rotular suas parceiras sexualmente desinteressadas como criaturas psicologicamente prejudicadas, ou apontem para uma infância infeliz, como uma explicação para o fato de não se excitarem, eles, com tal atitude, apenas estarão se enganando. Apesar de todos os problemas relativos à auto-estima ou a crenças equivocadas sobre o sexo, quando este não funciona, habitualmente, o problema se localiza no relacionamento. Muitas daquelas mulheres rotuladas como frígidas se entregaram facilmente à paixão nos braços de um parceiro carinhoso.

Os homens não conseguem imaginar o amor sem sexo.

As mulheres não conseguem imaginar o sexo sem amor.

A mulher frígida não o é por natureza, mas por reação. Ela quer a ternura e o amor, mas se vê reduzida a reter o sexo, a fim de não perder sua identidade. Evita participar do sexo, pois ele a torna ainda mais dependente do homem e é exatamente isso que ela está tentando evitar.

A frigidez é um símbolo pervertido da independência.

OS FATORES QUE AFETAM A REAÇÃO SEXUAL

O orgasmo requer a confiança e a disposição de ser vulnerável.

Para que o orgasmo seja compartilhado e não se reduza à masturbação de um parceiro na presença do outro, os parceiros precisam ser abertos, amorosos, perceptivos, generosos, expressivos, confiantes, carinhosos, empenhados, livres, acolhedores. Os parceiros controladores, exigentes, impacientes, agressivos, sarcásticos, desconfiados, fechados, irados, críticos e desconfiados apresentam menos probabilidade de manter relacionamentos sexualmente satisfatórios.

Para ter uma vida sexual ideal, ambos os parceiros precisam estar atentos aos sentimentos mútuos, dentro e fora do quarto. Não se pode fingir um orgasmo, do mesmo modo que não se pode fingir a mágoa. O preço que se paga por isso é a perda da sensibilidade em relação a si mesmo e aos sentimentos de seu parceiro.

PERVERSÕES SEXUAIS COMUNS

O que quer que aconteça entre dois parceiros e que os torne felizes é bom.

Perversão é fazer amor sem se envolver, sem se importar com o outro. Perversão é forçar outra pessoa a fazer sexo de modo a proporcionar prazer unicamente a você. Perversão é ameaçar com a punição, caso a outra pessoa se recuse.

O QUE É NORMAL?

É normal fazer sexo de uma a quatro vezes por semana. Também é normal fazer sexo uma vez em duas ou três semanas, e cinco vezes numa viagem de fim de semana. É tão incomum fazer sexo uma vez por mês quanto todo dia, mas nenhuma das situações é absolutamente anormal. Se o seu parceiro precisa continuamente de sexo para se sentir amado, valorizado, desejado ou considerado, trata-se de um reflexo da própria carência dele, e, portanto, um hábito.

Sexo intenso e freqüente durante breves períodos pode ser algo delicioso. Mas quando se insiste em sexo muitas vezes todo dia, já não tem muito a ver com amor, já é uma obsessão. O sexo pelo sexo cria um círculo vicioso. Há um estado de irritabilidade que acompanha o sexo diário prolongado que os participantes confundem com excitação elevada. Na verdade, a criação e o alívio dessa irritabilidade são mecânicos. O efeito está no fazer, não o resultado. Alguns parceiros são capazes de abandonar uma relação para ter esse tipo de sexo, mas quando o encontram, facilmente se perdem nele.

ESCREVENDO SEU PRÓPRIO MANUAL SOBRE SEXO

O melhor sexo cria um estado de satisfação que dura dias, porque é amor manifestado na forma de envolvimento físico. Vocês estão um para o outro porque se encontram em contato com os sentimentos do parceiro, e porque dar prazer é tão maravilhoso quanto receber prazer. Você se torna os sentimentos do parceiro. O motivo de muitos casais não terem uma vida sexual intensa é porque não têm um relacionamento aberto, sentindo o outro. Não se pode ter uma experiência sexual profunda a menos que se possa chorar e brigar junto, a menos que possam perdoar-se mutuamente, e a menos que possam estar um para o outro na doença e na adversidade. O nível de confiança necessário para transcender a experiência sexual e elevar o nível de amor requer um estado contínuo de aceitação e compromisso. Manter esta abertura é trabalho permanente de uma relação.

Relações passageiras, aquelas onde estranhos compartilham intensa paixão, são em grande parte fantasia. Tecnicamente, o aspecto físico de fazer amor pode ser partilhado por pessoas que tenham bons instintos em relação a este tipo de coisa, e sensíveis a seus parceiros. A sexualidade mais profunda, porém, fica incompleta se não houver compreensão. A proximidade maior que se pode ter com outra pessoa vem como expressão da alegria que se sente em se estar junto.

Penetração não é proximidade. Técnica não é compreensão. Experimentação não é coragem, e freqüência não é afeto.

Se existe pouca vontade de ventilar as diferenças entre vocês, você e seu parceiro terão contato sexual breve e pouco intenso. Se não estiverem dispostos a compartilhar os tempos difíceis, os momentos bons serão limitados. É preciso criar um mundo privado brilhante que reflita toda a gama da sua compreensão e sentimentos.

Cada casal escreve o seu próprio manual sobre sexo, um texto vivo de experiências tecidas juntas a partir de duas vidas. É possível tornar sua vida sexual mais gratificante ampliando o compartilhar e a comunicação entre vocês. O que se segue é um guia para elaborar o seu próprio manual sobre sexo, facilitando a discussão das suas necessidades e fantasias. Às vezes não se tem o que se quer enquanto não se pede.

Estes exercícios, ensaios e listas destinam-se a tornar a sua vida sexual mais plena e gostosa. Completem as listas um de cada vez, sem a presença do parceiro. Depois, conversem sobre as respostas. Sugere-se que os exercícios sejam feitos numa hora e lugar em que você possa mostrar, ao parceiro, aquilo que você quer.

SUAS ZONAS ERÓGENAS

Não existem duas pessoas anatomicamente iguais. Algumas pessoas sentem prazer sexual e uma excitação altamente erótica a partir de um contato aparentemente inocente, tal como fazer com que seu parceiro beije sua orelha ou quando ele segura seu rosto. O maior engano que você pode cometer com um amante é presumir que aquilo que você está fazendo é prazeroso só porque você acha que assim deve ser. Solicite um retorno. Em caso de dúvida, peça instruções. Embora fazer com os outros aquilo que você quer que façam com você seja uma boa regra e, em geral, funcione no contato sexual, também é bom manter em mente o oposto. Não faça para seu parceiro sexual aquilo que a magoaria. Contemple seu rosto e preste atenção na mudança de sua expressão. Não existe nada como a dor para transformar uma noite *sexy* em uma briga motivada pelo fato de que você está se importando ou não com o que acontece.

EXERCÍCIO 1
Delimitando o mapa do amor

Faça uma lista de cada parte do corpo que você gostaria que fosse tocada. Para cada uma delas indique:
Onde quer ser tocada.
Quando? Antes, durante ou após fazer amor?
Como? Ligeiramente, com firmeza, com um leve tapa?
Com o quê? Com as mãos, lábios, língua?
O que eu quero que você faça e em que ordem
Como me sinto, se você agir da maneira certa

Após completar esta lista, troque anotações com seu parceiro. Então, usando as anotações dele como guia, explore as zonas erógenas do parceiro, uma de cada vez. Se tiver quaisquer dúvidas, solicite a seu parceiro instruções precisas que ajudem. Você precisa saber como seu parceiro deseja ser tocado, o que é agradável, sensível e o que provoca maior excitação. Diga a seu parceiro como se sente, quando toca e é tocada. Não se apresse. Talvez vocês não consigam explorar todos os itens da lista de cada um. Em um outro momento poderão voltar àquilo que ficou faltando. Dê conselhos específicos. Seja cooperativa. Revezem-se.

É importante ser uma boa professora. Encoraje, seja paciente, reconhecida, disposta a permitir que o exercício progrida até o ponto em que ambos fiquem envolvidos. É igualmente importante ser uma discípula submissa e disposta. Portanto, o treino e o estudo são recomendados.

EXERCÍCIO 2
O que me excita

Faça uma lista de tudo aquilo que você acha que possa despertar seu interesse sexual. Ela inclui observar o perfil de seu parceiro sob determinada luz, o cheiro do cabelo dele, ser beijada no pescoço quando estiverem na fila de um cinema.

Ao completar a lista, focalize a atenção em seus sentidos. Que visões, sons, cheiros, gostos, toques lhe proporcionam prazer? Não se preocupe se, de vez em quando, sentir-se excitada por outra pessoa que não seu parceiro. Cada homem e mulher sexualmente vivo sente-se atraído por outras pessoas. Isso não significa que você quer se envolver. Trata-se apenas de um indício de que você tem uma energia sexual vital. Você precisa conhecer todas as coisas que a excitam, de tal

modo que possa transportar essa excitação para seu relacionamento.
Para cada item de sua lista indique:

O que lhe parece *sexy* e por quê.

Como pode incluir mais excitação em sua vida em comum.

Após completar a lista, compartilhe-a com seu parceiro. Converse a respeito de suas necessidades. Com que freqüência tais necessidades são preenchidas? Você é livre para demonstrar essas necessidades? Está disposta a satisfazer as necessidades de seu parceiro? Se você e seu parceiro trocassem de posição, o que você faria para lhe proporcionar prazer? Fale sobre a experiência ideal que excitaria essa pessoa. Já teve algum dia semelhante experiência? Caso contrário, por que não criá-la?

EXERCÍCIO 3
Expressar seus sentimentos românticos

Sempre que se sentir excitada ou disposta, compartilhe a sensação com seu parceiro. O mínimo que você pode esperar é compartilhar seu sentimento de intimidade e de amor. É necessário que um sorriso ou um ligeiro aperto de mão sejam tão importantes para você quanto ter sexo. Em caso afirmativo, vocês farão amor o tempo todo.

O amor é algo ligeiro, aéreo, livre, que nasce do capricho e da fantasia, encorajado por pequenas promessas de amor e por palavras de encorajamento. Tais promessas não significam garantias de que você será atendida, sempre que solicitar. Se você permitir que o amor flua livremente, então, o manterá vivo. Se insistir em seus direitos e naquilo que lhe é devido, sua conta ficará reduzida a zero, em breve.

No meio de um jantar, em uma festa, você poderá murmurar algo de atrevido para seu parceiro. Quanto mais formal o ambiente que a cerca, mais excitante essa experiência lhe parecerá. É igualmente maravilhoso dar um telefonema rápido e tórrido para seu parceiro, durante o dia, repleto de sugestões e desejos. Deixar pequenos bilhetes amorosos nos bolsos de seu parceiro ou em sua pasta é outra maneira de dar vida ao romance.

Acolha essas demonstrações tão atrevidas com um espanto fingido, com gratidão e aceitação. Finja que ficou ofendido, que não entra no jogo, mas deixe evidente que está apenas fingindo. Você não haverá de querer isolar-se de sua parceira. Deixe que a excitação se acumule.

Ocasionalmente, durante os momentos em que esse sentimento está crescendo, faça comentários adicionais sobre como está progredindo seu interesse, que é cada vez maior. Se isso lhe parecer tolo e indigno, se começar a imaginar o que aconteceu com a excitação sexual que havia em sua vida, eu lhe direi o que está acontecendo. Sua atitude o envelheceu. Está na hora de recomeçar a brincar.

Sandy telefonou para a rádio onde eu tinha um programa. Sentia-se constrangida diante de seu interesse sexual, que declinava. Tinha apenas trinta anos de idade.

S: Venho pensando em procurar um terapeuta especializado em sexo, pois tenho problemas. Acho que o senhor diria que eles se dão no plano sexual. Sou casada há quatro anos. Não é a primeira vez que experimento tais sentimentos.
V: Que sentimentos?
S: Sinto-me constrangida sexualmente.
V: O que é constrangedor?
S: Não consigo me vestir de maneira *sexy* sem me sentir constrangida. Não consigo fazer nada daquilo que fazia quando nosso relacionamento estava no começo. O modo como me sinto não faz sentido. Quero fazer o que conseguia fazer e quero sentir prazer com isso.
V: Você se sente sexualmente atraída por seu marido?
S: Sinto-me, sim, mas...
V: Quem quer que você se vista de maneira *sexy*?
S: Eu. Ele também, só que não sinto vontade.
V: O que significa vestir-se de maneira *sexy*?
S: Usar meias com ligas, lingerie transparente, coisas desse tipo. Isso acaba sendo embaraçoso, uma vez que você conhece alguém e passa a viver usando essas coisas todo dia.
V: Muito bem. Quer dizer, então, que a idéia de usar lingerie transparente não a faz sentir-se sexy. Mas por que está sendo tão rigorosa consigo mesma? Por que não assume que está tudo bem e que nada de mal lhe aconteceu?
S: Bom, acho que é porque, quando estou sozinha e me sinto *sexy*, eu me satisfaço sozinha, mas isso não acontece com a freqüência de antes. Desde que minha filha nasceu meus impulsos sexuais diminuíram muito. É menos da metade do que costumavam ser.
V: E acha que existe algo de errado com você?
S: Sim... é, acho que sim.
V: O que mudou, depois que sua filha nasceu?
S: Eu costumava trabalhar em período integral e agora não trabalho mais.
V: Isso é importante. Você fica em casa o dia inteiro e não se sente estimulada.
S: Ah, sim, com toda certeza!
V: Com toda certeza? Hmmm. Você se sente constrangida, sem dúvida.

mas não me parece que o motivo principal seja o sexo. Você se sente constrangida por não gostar de ficar em casa tanto quanto acha que deveria. Não se sente mais *sexy* porque se acha na obrigação de ser mãe.
S: Pois é!
V: Você precisa ordenar sua vida. Costuma sair com a mesma freqüência de antes?
S: Oh, não!
V: Com que freqüência saía antes do nascimento do bebê?
S: Mais ou menos uma vez por semana e pelo menos uma vez a cada duas semanas.
V: Qual foi a última vez em que saiu?
S: Fomos a um concerto, creio que há dois meses.
V: Está vendo? Vocês pararam de ser um casal romântico.
S: Quando saímos... é como se voltássemos para a adolescência.
V: Sandy, preste atenção no que diz. Você permitiu que sua vida amorosa escapasse de suas mãos. Se a garota mais *sexy* do planeta levasse a vida que você leva, dentro de um ano ela se transformaria numa criatura insípida. Como é que você espera ser sensual, usar lingerie transparente, ficar nua e usar apenas um boá, fazer loucuras na cama quando, para início de conversa, sequer sente vontade de sair de casa para se divertir? Você se transformou em uma velha.
S: Sim, eu sei.
V: Pois, então, dê um jeito nisso.
S: Acho que preciso me comunicar melhor com meu marido.
V: Você precisa dizer a ele como é que se sente, por ficar trancada em casa, mas, acima de tudo, é preciso sair mais. Vocês dois precisam planejar passar mais tempo juntos. Nenhum relacionamento pode suportar uma ausência de momentos de lazer, um na companhia do outro, sem deteriorar-se.
S: É mesmo?
V: Sem dúvida. Vocês precisam sair juntos pelo menos uma vez por semana.
S: Isso seria divino!
V: Pois faça isso. Vocês precisam dedicar um tempo um ao outro. Qual foi a última vez que foram ver vitrines ou sentaram-se em um café ao ar livre, contemplando as pessoas passar e ficar jogando conversa fora? O único momento em que têm intimidade é quando estão na cama. Não é uma tolice? Você se relacionaria sexualmente com alguém que a tratasse assim? Você precisa de romance, pois não é uma máquina. Diga a seu marido que o ama muito, mas que ambos têm agido de maneira horrível em seu relacionamento. É preciso injetar nele vida nova, torná-lo melhor. É necessário que faça por você tudo aquilo que costumava fazer um dia. O fato de ter uma filha não a impede de ser uma pessoa. Ser

mãe não significa que você parou de ser uma mulher atraente. Você se afastou de tudo e agora está dizendo: "Por que será que me sinto constrangida? Talvez eu deva procurar um terapeuta especializado em sexo". Pegue o dinheiro que você daria ao terapeuta, saiam uma vez por semana, à noite, e durmam fora de casa pelo menos uma noite por mês.
S: Puxa! Seria maravilhoso!
V: Faça com que isso se torne parte de sua vida. Você não só precisa, como merece isso. Vai agir?
S: Vou conversar com meu marido a esse respeito.
V: Não, simplesmente aja.
S: Pois, então, vou agir.
V: Divirtam-se.

A espontaneidade sexual é fácil de ser atingida. Leva tempo para abafar o impulso romântico. Quando um parceiro pensa: "De que adianta?", toda vez que ele ou ela sentem uma inclinação romântica, mas reprimem seu sentimento, o dano aumenta, depositando camadas de dúvida e de desilusão sobre os sentimentos sexuais. Afastando de si a mágoa provocada pela decepção e a raiva provocada pela falta de realização, os sentimentos acabam se enraizando ainda mais fundo. Abrir-se um para o outro para poder voltar a sentir é a direção correta que permite que o romance volte a despertar e seja preservado.

EXERCÍCIO 4
O que me bloqueia

Trata-se de um assunto delicado em qualquer relacionamento. Faça uma lista de tudo aquilo que a excita sexualmente e de todas as coisas que lhe desagradam. Sua lista pode incluir questões ligadas ao gosto, estilo, abordagem, um determinado ato sexual, uma maneira de abordar uma questão sexual, uma técnica, o cenário para o ato amoroso etc. Coisas que também podem ser incluídas nesta lista dizem respeito a tudo que se relaciona com os hábitos pessoais de seu parceiro ou um estilo sexual que a leva a querer evitar o sexo. Não elimine o que quer que seja por considerá-lo insignificante, mesquinho ou que poderia provocar mágoa em seu companheiro. Se algo diminuir seu prazer, então seus sentimentos já estarão sendo atingidos. Qualquer coisa que estiver interferindo precisa ser mencionada.

Junto a cada item da lista indique:

O que a ofende especificamente? Por quê?
Já comunicou a seu parceiro? Por que não?

Suas objeções foram levadas a sério?
Seu parceiro é exigente ou não se preocupa com seus sentimentos?
Você se sente usada ou tratada como um objeto sexual?
Seus sentimentos ou seu prazer são ignorados?
Aquilo que está em jogo lhe parece pouco natural, pervertido, sujo, tolo, estúpido ou simplesmente nada *sexy*?
Ele a constrange ou a deixa zangada?
Por que se sente assim em relação a essa questão?

Em geral, a repulsa que um parceiro sente em realizar um ato sexual diz mais respeito aos sentimentos para com a outra pessoa do que com o ato em si. Alguns atos sexuais simbolizam a conquista e a submissão ou a rendição e a possessão. Entregar-se a eles sem restrições requer que ambos os parceiros sejam livres para poder agir assim. Se você tem problemas em expressar seus sentimentos a seu parceiro, esperar expressões exóticas de paixão será algo pouco realista. Não deverá causar surpresa descobrir que um parceiro está muitas vezes disposto e ansioso por executar, com outra pessoa, o mesmo ato sexual que recusou, sem a menor hesitação, a sua companheira. Aquilo que mais abate as pessoas é o sentimento de que deram muito de si e obtiveram muito pouco de volta. Procurar o amor, provar a própria adequação e desafiar a adequação de seu parceiro é algo que também exerce um determinado papel. Em relação a isso os homens diferem das mulheres. Após uma terrível discussão, durante a qual foram feitos os comentários mais prejudiciais, os homens conseguem solicitar o sexo, pois querem ter a certeza de que ainda são dignos de ser amados.

Após organizar a lista daqueles itens que a levam ao desinteresse, faça a si mesma as seguintes perguntas:

Quais de suas reações negativas é uma representação de sua raiva em relação a seu parceiro? Como é que você foi magoada? Seu parceiro tem consciência disso? Você está tentando puni-lo? Disfarçar sua raiva, declarar que você sente raiva de si mesmo e que não merece o prazer sexual é uma solução insatisfatória. Revela que você é mais defensivo do que irado, que não é honesto e que tal atitude não faz bem a sua auto-estima.

Se um dos itens de sua lista é algo que seu parceiro evoca repetidamente, solicitando sua participação, reflita no quanto sua resistência a essa participação é um jogo de poder. Se o modo pelo qual o assunto é suscitado a ofende — por exemplo, o fato de seu parceiro abordar a questão incluindo a narrativa de todas as decepções que ele sofreu no passado, jogar com seus sentimentos de culpa ou questionar sua adequação sexual —, indique que tal atitude é, para você, mais problemática do que o ato em si.

O sexo que traz realizações é algo que deve ser compartilhado. Vocês haverão de querer proporcionar felicidade um ao outro. É algo difícil, se você se sentir ressentida por ser julgada frígida ou nada romântica. Compartilhe, finalmente, sua lista com seu parceiro. Expresse os sentimentos que vem ocultando. Se acaso seu parceiro também fez uma lista, discuta-a. Você ficará surpresa ao descobrir que, uma vez que tais questões foram abordadas, elas, habitualmente, poderão ser resolvidas.

EXERCÍCIO 5
Romance

O objetivo deste exercício é definir seu conceito dos momentos românticos que um casal pode passar junto e compartilhá-lo com seu parceiro. Embora seja maravilhoso que seu parceiro preveja suas necessidades, sempre é importante compartilhá-las. Tornar tais necessidades conhecidas é o primeiro passo para que elas sejam atendidas.

Para fazer isso descreva para seu parceiro, com todos os detalhes possíveis, aquele que você considera o momento ideal. As seguintes indicações devem orientá-la:

O momento do dia e os lugares que você considera mais românticos.
As ações de seu parceiro que você considera mais românticas.
As atividades que gostaria de compartilhar com seu parceiro.

Todo mundo tem uma versão diferente daquilo que é romântico. Para mim, romance significa compartilhar a antecipação da descoberta e da aventura, explorar novos caminhos, conhecer novas pessoas, ter tempo para existirmos juntos. Ser romântico é sentir-se feliz por compartilhar com a pessoa amada nossa percepção do mundo.

Pode haver pouca sexualidade na descrição que você faz do romance. Embora os momentos românticos possam se perder no ardor sexual, em parte deles o sexo poderá estar muito pouco presente. A essência do romance é o beijo, que é um fim em si mesmo. Você beija porque gosta de estar presente. Seu beijo absorveu o toque dos rostos e o suave murmúrio da respiração e da intimidade. Um beijo romântico não se preocupa para onde vai. Um beijo romântico sela para sempre um momento. Aquilo que o distingue é sua completitude, não necessariamente sua inocência. Ele transforma uma noite de garoa, sob um poste iluminado, em uma recordação grata. Um beijo, quando se pára o carro, por alguns momentos, em uma estrada da qual se avistam paisagens deslumbrantes transforma uma cadeia de montanhas em um bem pessoal. Diante da magia de um beijo, observar juntos a curvatura da terra torna-se um reflexo da expansão cósmica dos sentimentos mútuos que experimentamos. Um beijo é o universo inteiro.

O romance não acontece o tempo todo porque existem outras questões que interferem. Você precisa tomar conta de suas carências emocionais antes de poder ser romântica. É por isso que o romance é muito mais comum em relacionamentos que estão apenas iniciando. Os parceiros não abrigam antigas emoções que não foram expressas e que bloqueiam seus sentimentos. Se você deseja reavivar o romance em seu relacionamento, primeiro terá de expor seus sentimentos.

O amor romântico é aquilo que constitui um relacionamento bem administrado. Ele pode ser seu se você se dispuser a planejá-lo. O romance precisa de tempo e de espaço. O romance é um enquadramento da realidade em uma determinada atitude, a crença de que tudo que há no mundo existe unicamente para vocês dois. O mundo é seu palco e seu amor é o grande desempenho. É um assunto estonteante e requer duas pessoas livres, dispostas a comemorar o fato de estarem juntas, dispostas a se pertencerem mutuamente, decididas a resolver qualquer questão que surja entre o casal, antecipando tudo o que existe de bom e que ainda acontecerá.

EXERCÍCIO 6
Planejar a espontaneidade

Talvez isso possa parecer uma contradição, mas o planejamento é a essência de um relacionamento romântico feliz. Leve em consideração quanto tempo o mundo exterior interfere em sua vida íntima, com que freqüência a preocupação com as contas e os filhos, a carreira ou os cuidados com a casa atrapalham os momentos em que vocês deveriam estar juntos. Todos os relacionamentos esbarram nessas questões. Você precisa tomar conta de sua vida a fim de ser livre para amar. Não se pode amar tendo em mente uma série de problemas que não foram resolvidos. Também não é possível permitir que eles tenham precedência sobre o amor. Não permita que o trabalho se acumule. Não varra os problemas para debaixo do tapete, mas planeje os momentos em que ficará com a pessoa amada, com seu tempo livre de preocupações mundanas.

Durante esses momentos sempre haverá alguma menção aos problemas, mas não permita que a resolução deles seja o foco contínuo desse tempo tão precioso. Não reaja a problemas que são levantados por ocasião daquela liberdade de expressão que sobrevém quando você está relaxado. Pense no assunto da seguinte maneira: se você estivesse fugindo dos cuidados dispensados a seu relacionamento, tivesse um caso com seu parceiro e se ele abordasse essas mesmas questões, você reagiria com empatia; não criaria problemas adicionais, comportando-se como se estivesse magoada ou queixando-se de que tais preocupações estariam estragando os bons momentos que vocês passam juntos. Apreciar o fato de estarem juntos é a parte romântica do amor. Descubra essa mutualidade em todos os momentos que você compartilhar e valorize-a. É tudo uma questão de atitude. Você poderá dizer: "Pronto, ele recomeça a falar de negócios" ou, então, poderá permitir que esse momento passe, sem ressentimentos, concentrando-se no fato de que vocês estão juntos, de mãos dadas e sorrindo. Lembre-se de que a livre expressão de tudo aquilo que estiver pensando mantém o caminho desimpedido. Confie no romance e ele a recompensará, surgindo diante de você.

Se você não planejou nada de especial, tente caminhar. Os parques e os jardins são livres, bem como olhar vitrines, ver as pessoas passar, visitar museus e galerias. No entanto, se tiver a seu lado alguém a quem ama e que compartilhe tudo isso com você, o tempo se tornará precioso. Você precisa transmitir seu prazer de ter o parceiro a seu lado. Se acha que não tem tempo para esse tipo de coisas, então é preciso criar um espaço para elas. Essas eram as coisas que você costumava fazer antes de ser tão ocupada, tão bem-sucedida, famosa, importante, indispensável, antes que a necessitassem.

A vida reafirma a vida, mas você deve estar presente para ela. Compartilhar com alguém os momentos simples da vida é algo que proporciona imensa plenitude. Ir de encontro à vida com o coração aberto e o desejo de estar com alguém: é isso que constitui um relacionamento. Você precisa abrir espaços para que seu amor floresça. Você precisa demonstrar seu amor neste mundo. Isso dará coragem aos outros e restaurará sua fé.

Bert, um empresário de 52 anos, telefonou para meu programa.

B: Achei que gostaria de fazer uma pergunta ou talvez compartilhar uma experiência emocional que tive há umas duas horas e que foi muito diferente de tudo que já vivi até hoje. Tive um compromisso em Newport Beach e, depois que ele terminou, descia o Balboa Boulevard na hora do almoço. De repente, percebo um restaurante chamado "Os Anos Cinqüenta". Disse a mim mesmo: "Preciso parar aqui e almoçar". Entrei e, de repente, me senti de volta a meus tempos de colégio. Tudo era exatamente como a cafeteria que freqüentávamos: o cardápio, a música que tocava, a decoração, até mesmo o uniforme da garçonete...

V: Qual foi a emoção que você sentiu?

B: Sentei-me, comecei a ler o cardápio e era como se minha vida estivesse passando diante de mim.
V: Qual foi a emoção?
B: As lágrimas escorriam por meu rosto.
V: Qual foi a emoção?
B: Bem, não sei se era nostalgia, se era saudade...
V: Saudade de quê?
B: Acho que eu gostaria que aquele tempo voltasse...
V: E quem você gostaria que estivesse presente?
B: Minhas amizades.
V: Especificamente, quem?
B: Na verdade, pensei na primeira namorada que tive no colegial.
V: Então, você estava pensando nela. E do que se lembrava, em se tratando dela?
B: Bem, ela era bonitinha e vivia sorrindo.
V: O que aconteceu com ela?
B: Fui servir o Exército e ela acabou se casando, mas...
V: Você estava apaixonado?
B: Naquela época estava, sim. Acho que estava.
V: Nunca mais voltou a sentir esse tipo de amor?
B: Não, nunca mais.
V: E é isso que faz falta em sua vida?
B: Bem, amo demais minha mulher e meus filhos.
V: Compreendo, mas volto a perguntar: é isso que faz falta em sua vida?
B: Pode ser. Nessas últimas duas horas aconteceu tanta coisa que eu já não tenho mais certeza.
V: Você dá a impressão de que está sentindo falta de excitação e de amor em sua vida.
B: Surgiu também a recordação de como as coisas eram há trinta, trinta e cinco anos.
V: Do quanto havia de novo em tudo aquilo.
B: Sim.
V: De como você era querido.
B: Sim.
V: Do receio de se tornar íntimo. Como é que ela se chamava?
B: Kathleen. Quando a garçonete se aproximou para eu fazer o pedido, as lágrimas corriam por meu rosto. Fiquei tão envergonhado que pedi desculpas. Ela serviu o lanche, absolutamente delicioso, mas consegui dar apenas duas ou três garfadas. Eu estava a tal ponto tomado pela emoção que tive de levantar e retirar-me.
V: Alguma vez perdeu o apetite por causa de Kathleen?
B: Não que eu me lembre. Nós gostávamos de hambúrguer e de batatas fritas.

V: O que foi que você comeu hoje, na hora do almoço?
B: Pedi um *cheeseburger* e batatas fritas.
V: Às vezes, antigos sentimentos retornam desse jeito. É apenas o reflexo de uma situação atual. Na vida que você leva no momento você não se permite ser tão livre e aberto com sua mulher quanto deveria. Acho que tem de recuperar parte daquilo que perdeu, de tal modo que não sinta que o passado é o único momento em que encontrou o amor. Penso que você precisa encontrar mais tempo para se divertir. Qual foi a última vez que você e sua mulher reservaram uma tarde de sábado para visitar galerias, caminhar pela praia ou fazer algo que escapasse à sua agenda tão apertada?
B: O senhor está se referindo não só à minha agenda, mas à dela também...
V: E qual foi a última vez?
B: Puxa, já faz um bom tempo. Acho que há muitos anos não nos divertimos conforme o senhor sugeriu.
V: Pois quero que uma vez por semana vocês reservem três horas só para os dois. Você voltará a encontrar os anos cinqüenta em seu próprio coração, pois sua mulher sente falta deles tanto quanto você.
B: Pois é... Ultimamente ela vem me dizendo: "Você não me dá mais suficiente amor e afeto".
V: E você não pode receber amor por parte dela, caso ela se sinta assim. Reserve três horas por semana ou a tarde de sábado. Faça disso um hábito. Presenteie sua vida com isso. Na verdade, tire toda a tarde de sábado só para vocês dois.
B: A idéia é maravilhosa.
V: É o melhor presente que você jamais se deu.

O amor faz parte de um plano universal, mas você precisa proporcionar-lhe tempo e espaço para respirar. Compartilhe com sua parceira sua versão do que é um momento romântico e discutam como é possível fazer com que ele aconteça. Reserve um momento para ficarem a sós, uma vez por semana, e transformem esse plano em realidade. Reservem diariamente alguns momentos para estarem presentes um para o outro e com muita ternura. As recompensas que resultam de um conselho tão simples são enormes. Lembrem-se de que o amor é uma dádiva. Não esperem nada de volta. Sejam apenas amorosos, ternos e sinceros.

EXERCÍCIO 7
Como é que eu preciso que você me ame

Descreva, em algumas linhas, o que você considera ser a experiência sexual mais gratificante e amorosa. Comece dizendo como e onde gostaria de ser abordada. Entre em detalhes, descrevendo todo o processo

— antes, durante e após. Indique o que gostaria de fazer e o que gostaria que fizessem com você.

Quando terminar, reveze-se com seu parceiro, murmurando no ouvido um do outro o que ambos escreveram. Essa troca de sentimentos se tornará uma ocorrência freqüente em um relacionamento verdadeiramente romântico.

É maravilhoso perder-se em uma experiência sexual e fundir-se com a outra pessoa, em se tratando dos sentimentos que ambos compartilham, mas vocês precisam permanecer em contato um com o outro e têm de estar presentes para a experiência que seus parceiros estão vivenciando. Se você não se sentir especialmente excitada, encorajar a excitação de seu parceiro é um recurso dos mais estimulantes. Emita sons que transmitem a sensação de gozo e prazer e diga pequenas palavras de encorajamento. Tais palavras poderão parecer uma bobagem, se você as tirar do contexto e empregá-las em qualquer outra situação, mas o erotismo daquele momento tão sensual faz com que nelas vibre uma verdade toda especial. Seja atrevida, porém não deixe de dar apoio a seu parceiro. Elogiem mutuamente seus dotes e seu desempenho sexual. Não receie que seu parceiro caçoe de você. Gemer, rir, dizer coisas sem sentido aumentam a excitação do momento.

Se algo estiver lhe agradando, comunique a seu parceiro. Você poderá murmurar "Mmmmmmmm!" ou "Não pare" ou "É isso mesmo que eu quero" ou, então, "Você está me deixando louca!", mas diga qualquer coisa. Se quiser mais, diga a seu parceiro, sem rodeios. Lembre-se de que por mais que seu parceiro se importe com você, durante aqueles momentos que se encaminham para o clímax o enfoque está na realização. É fácil perder-se na paixão.

Seja carinhosa, obscena, tola, mas seja aquilo que você sente.

EXERCÍCIO 8
Compartilhar fantasias

O objetivo deste exercício é intensificar sua percepção e sua inventividade, no que se refere ao sexo. As pessoas têm fantasias sexuais o tempo todo. Muitas sentem-se constrangidas com isso, outras experimentam um sentimento de culpa porque tais fantasias envolvem outras pessoas que não seus parceiros e, algumas vezes, até mesmo gente do próprio sexo. Existe, portanto, o receio de revelar tais pensamentos. Todo mundo tem um amplo espectro de pensamentos sexuais, porém, isso não significa nada além de que nossa mente é ativa e de que somos estimulados por uma ampla variedade de interesses. Grande porcentagem da população tem pensamentos homossexuais. Isso não significa que tais pessoas sejam homossexuais. Todos nós tivemos pais e mães e, portanto, aprendemos a amar as pessoas de ambos os sexos. Freqüentemente, quando estamos sozinhos e introvertidos, temos tendência a desejar um relacionamento mais íntimo e somos passíveis de sexualizar sentimentos de proximidade, só para intensificá-los. Se formos receosos, poderemos entrar em pânico diante da perspectiva, mal-acolhida, aliás, de experimentar tais sentimentos. Não existe melhor idéia do que permitir-se a liberdade do sentimento e de imaginar tudo aquilo que você quiser. Tentar inibir tais sentimentos sempre os leva a crescer e, então, você terá medo de perder o controle sobre essas fantasias.

Compartilhar suas fantasias com seu parceiro é uma maneira maravilhosa de gerar a confiança e a intimidade. Com o objetivo de ajudá-la a fazer isso, mantenha um caderno de anotações durante várias semanas, no qual você escreverá todas as suas fantasias sexuais. Aqui vai uma sugestão dos títulos sob os quais você agrupará suas anotações:

Fantasias que me excitam.
Coisas que fiz e que tornaram possível a realização de minhas fantasias.
Coisas que fariam você mais *sexy* para mim.
Lugares aonde eu gostaria de ir para fazer amor.
Recompensas que eu mantenho em reserva.
As coisas estranhas em que penso.
Coisas que eu gostaria de tentar, pelo menos uma vez, antes de morrer.

Deixe seu caderno de anotações em um lugar onde seu parceiro possa encontrá-lo.

EXPERIMENTAÇÃO SEXUAL E CRESCIMENTO

Posições e práticas: Ovídio disse que o amor tem mil posições. A variedade em seu relacionamento sexual é importante, embora haja muito a se dizer sobre aquilo que a faz sentir-se à vontade e aquilo que a satisfaz. Ainda assim, pela excitação e pela mudança de ritmo que isso provoca, é divertido olhar os exemplares dos manuais clássicos do amor. *The perfumed garden* (O jardim perfumado), um manual árabe, e o *The Kama Sutra* (Kama Sutra) podem ser um bom ponto de partida. É interessante que os dois parceiros os leiam em voz alta, na cama, e tentem pôr seus ensinamentos em prática. A principal coisa a ser retida é que ninguém tem a resposta perfeita para suas necessidades individuais. Se uma posição for desconfortável ou machucar, evite-a. Adapte o que existe de melhor para você. Tome cuidado para não transformar essa busca em algo acadêmico e intelectualizado. Faça com que ela seja divertida e um pouquinho lasciva.

Acessórios: É útil fazer experiências com vibradores, sobretudo quando a mulher sente dificuldade em atingir o orgasmo. Mantenha-os limpos e em velocidade baixa. O excesso de estímulo pode levar os homens e as mulheres a ultrapassarem o ponto máximo de excitação, levando-os à fase pós-orgasmo sem sequer o terem experimentado, o que é muito decepcionante, depois de toda aquela preparação. Seja carinhoso e contemple a expressão de sua parceira. Siga seus próprios sentimentos. Solicite um retorno. A melhor maneira de fazer experiências com um vibrador é permitir que sua parceira o use nela, enquanto você a estimula manualmente, levando-a ao clímax. À medida que ele se aproximar, você poderá penetrá-la e ambos completarão juntos o ato. Isso é especialmente útil para aqueles homens que têm problemas em manter uma ereção ou que tendem prematuramente ao clímax. Se uma mulher usar um vibrador enquanto o homem estiver dentro dela, isso pode levá-lo a ter um orgasmo de menor intensidade quase involuntariamente.

Espelhos: Os espelhos constituem um estímulo maravilhoso e natural. É como participarmos de uma orgia conosco, porém, em condições seguras e com ardor. Recomendo os espelhos devido a sua simplicidade e ao retorno que eles proporcionam.

É também boa prática manter um diálogo de pé, diante de um espelho, observando suas expressões à medida que você fala. Ficará espantada diante das novas informações que irá obter.

Iluminação: O sexo no escuro é aconchegante e reconfortante, porém menos erótico do que quando as luzes estão acesas. Tente modificar a iluminação. Use velas ou abajures. Contemplar o que está acontecendo é muito divertido.

Música: Ligue o som, mas mantenha-o apenas como fundo sonoro. Você haverá de querer se perder no momento, porém também quer que ele seja romântico e excitante. O som muito alto pode prejudicar, e muito, o clima.

Massagem: Compre um livro sobre massagem e revezem-se, massageando-se mutuamente. É aconselhável usar uma loção umidificante de alta qualidade e oferecer a massagem sem que haja a expectativa de ganho sexual. Preste especial atenção à sola dos pés, a parte inferior das costas, as nádegas e o pescoço. A fim de aliviar o estresse esfregue com delicadeza o pescoço, os ombros e o antebraço durante, no mínimo, cinco minutos.

Se você quiser fazer uma massagem sexual, use um óleo específico para massagens, perfumado. As massagens devem diminuir gradualmente de ritmo e envolver as zonas erógenas. Um ligeiro toque é desejável. Focalize o toque em qualquer região que seu parceiro indicar e que o faz sentir-se bem. Afaste-se da área e volte a ela lentamente, com toques ligeiros, provocando-a quase até o ponto em que seu parceiro aproxima o corpo para encontrar-se com sua mão. É uma espécie de súplica física. Aproxime-se cada vez mais do centro da excitação, usando um pouco mais de pressão. Não se apresse. Seja um modelo de controle, de provocação e, então, entregue-se de uma vez.

A massagem é uma boa maneira de intensificar seus instintos sexuais. Você conseguirá isso prestando atenção em seu parceiro ao tocá-lo. É um pouco como aqueles jogos infantis de descoberta, quando direcionamos a outra pessoa, indicando se sua aproximação está ficando mais quente ou mais fria, mais próxima ou mais afastada do objetivo a ser alcançado. Faça o mesmo com seu parceiro quando fizer uma massagem e preste atenção a sua reação aos lugares mais sensíveis. Repito que desenvolver um canal aberto para um *feedback* deve ser seu objetivo. Independentemente de quanto tempo vocês estiverem juntos, massagear, obedecendo a tais instruções, é uma boa maneira de aprofundar os laços que a ligam a seu parceiro.

Incenso: O incenso é um complemento nada caro e exótico. Poucas coisas podem criar um clima como aquele que o incenso proporciona.

Água: banhos quentes de imersão, banho de chuveiro ou tomar um banho quente, juntos, são ótimos para relaxar e para ficar limpo o suficiente e agradar o mais exigente dos amantes. São especialmente bons se você está pensando em fazer experiências com novas posições ou práticas.

Vídeos: Filmar pode ser um negócio arriscado. Existe sempre a ansiedade de que os vídeos possam ir parar em mãos erradas. Um espelho é mais barato e mais seguro.

Pornografia: A pornografia pode ser estimulante, mas, caso seja usada em excesso, tornar-se-á tediosa. A pornografia, em geral, é mais estimulante para os homens, que podem isolar-se mais facilmente do amor do que as mulheres. No plano ideal, a pornografia pode servir como desinibidora da excitação sexual. Manter esse tipo de interesse é algo que diz respeito unicamente a você.

QUANDO FAZER AMOR

Fazer sempre o amor como um hábito, pouco antes de dormir, é uma prática comum, mas não especialmente *sexy*, pois a expectativa é que, logo após, você pegue no sono. Acontece com freqüência que, na hora de dormir, os dois parceiros estão cansados demais para se envolverem seriamente com um ato amoroso ou o homem talvez não consiga controlar-se suficientemente para satisfazer a mulher.

Fazer amor pela manhã parece natural para muitos homens simplesmente porque eles têm uma ereção, ao acordar. Algumas vezes, o estímulo para que isso ocorra é uma bexiga cheia e, de vez em quando, um sonho. Capitalizar essa ocorrência fortuita faz mais sentido para os homens do que para as mulheres, mas não há como negar que muitas mulheres gostam de começar o dia fazendo amor. Os homens costumam ficar magoados quando recebem um não nesses momentos, sem se dar conta de que suas companheiras estão preocupadas em aprontar as crianças para ir para a escola, começar a executar as tarefas do dia e entrar em outro ritmo.

Não se pode planejar quando fazer sexo com qualquer garantia razoável de sucesso. O pior é determinar um momento, não estar no estado de espírito apropriado e ouvir o parceiro dizer: "Mas você prometeu!" Repito: tente encontrar momentos e lugares onde você possa seguir seus instintos. Se estiver com disposição, comunique isso baixinho a seu parceiro ou parceira e seja afetuoso(a). Pode-se reservar alguns minutos tórridos, no meio do dia, e com freqüência. Isso é maravilhoso para um relacionamento e vocês terão um pequeno segredo para compartilhar.

RECUSAR O SEXO

Os momentos mais degradantes e menos *sexy*, em um relacionamento, poderão ocorrer quando um parceiro quer fazer amor e o outro, não. Em vez de pressionar o parceiro e torná-lo defensivo, pergunte-lhe por que não quer se envolver. Não o interrompa e simplesmente pergunte, até entender. Pergunte-lhe o que ele sente e lembre-se de que dor de cabeça, cansaço, depressão têm uma fonte comum: conter sentimentos de mágoa. Você não haverá de querer partir para uma discussão sobre a psicodinâmica de seu relacionamento com as luzes apagadas, deitada na cama. Diga a seu parceiro que tem consciência de que algo o preocupa e que gostaria de compreender. Ofereça-se para discutir o assunto caso ele deseje, mas pela manhã.

Não brigue na cama. Não durma sem expressar sua raiva ou sua mágoa.

Não aceite como algo pessoal a recusa em fazer sexo. O simples fato de aceitar, como algo legítimo, os sentimentos de seu parceiro sem exigir o sexo pode ser o sinal do amor e da aceitação que ele precisa receber.

Lembre-se de que não há problema algum em não querer fazer sexo.

Se acaso seu parceiro não quiser fazer sexo com você, não fique rolando na cama, enraivecido, não fique puxando os lençóis, não fique murmurando baixinho palavras de autocensura, não compare seu parceiro com outra pessoa e não fique evocando os momentos em que aquilo ocorreu um dia.

Em vez disso, dê um beijo carinhoso em seu parceiro, passe a mão na cabeça dele, esfregue suas costas, abrace-o com ternura, mas sem apertar muito. Não dramatize a recusa em fazer sexo e a situação haverá de melhorar. Se você suplicar sexo, parecerá muito pouco *sexy*. Levar um parceiro a suplicar também provoca sentimentos de culpa. Não transforme seu parceiro em um vilão.

Fazer sexo com pena, só para livrar-se das importunações de seu parceiro e não ficar lhe devendo nada é outra prática nociva, porém, com freqüência, ela acaba por deteriorar um relacionamento. Em geral é a mulher que faz uma dádiva sexual ao marido, só para atenuar um desentendimento. É muito melhor reconhecer que existem problemas e dizer que, como resultado, seus sentimentos sexuais estão momentaneamente obscurecidos. Em vez disso, trabalhem esses problemas e permitam que os sentimentos sexuais mútuos voltem naturalmente à superfície.

Boa parte do sexo que se faz com pena tem a ver com o fato de tranqüilizar um parceiro assustado, assegurando-lhe de que ele ainda é amado. É melhor tranqüilizar por meio de palavras e de uma discussão amena.

SER ESPORTIVA

Dar algo a seu parceiro quando ele está necessitado é um ato de bondade. Você não precisa estar disposto para ter relações sexuais significativas, afetuosas, mas necessita de uma compreensão e de um empenho duradouros que permitam que essa dádiva seja feita com liberdade. Quando um relacionamento é bom, a dádiva unilateral é permissível e, em geral, termina com os dois parceiros apreciando aquele momento. Esse mesmo procedimento, em um relacionamento que está às voltas com dificuldades, é como uma invasão e dá a sensação de que a pessoa está sendo usada.

Como em tudo o mais, existem gostos adquiridos em um relacionamento sexual. Aquele mesmo ato que você poderá ter encarado com temor e rejeição ao ouvir falar dele pela primeira vez pode tornar-se fonte duradoura de reconforto e intimidade. Nada é perversão, se proporciona prazer a ambos e intensifica seu relacionamento. Se você tiver a capacidade de proporcionar uma nova fonte de excitação e de prazer a seu parceiro, tente envolver-se com o prazer que isso lhe dá, o que, no mínimo, é tão compensador quanto qualquer outra coisa. Com freqüência, o fato de exercer controle sobre a excitação e a paixão de seu parceiro é um sentimento altamente excitante. Tente entregar-se a tais sentimentos e participar deles como puder. Dizer sim a novas experiências e ir um pouco mais fundo em seu envolvimento ajudará a construir um novo nível de intimidade.

A atitude conta quase tanto quanto o desempenho. Querer agradar, ser demonstrativa em relação a seus sentimentos, compartilhar abertamente sua excitação é fonte de muitos incentivos. Um parceiro que corresponde e que revela sua excitação confirma a capacidade de sua parceira, no sentido de provocar excitação e aumentar a excitação desse mesmo parceiro. O sexo, sem essa reação, tem uma intensidade muito mais baixa e é muito menos satisfatório.

MOMENTOS DE TRANQÜILIDADE

Todo relacionamento atravessa fases que vão de maior a menor atividade sexual. Tais fases, na maior parte das vezes, são irregulares e refletem a modificação na abertura de um parceiro em lidar com tais problemas. Não é de surpreender que, quando os filhos apresentem problemas ou durante os períodos de preocupação financeira e de estresse provocado pela carreira, a freqüência sexual costume diminuir. Se os parceiros usarem as relações sexuais como compensação para aquilo que falta em sua vida ou como um tranqüilizante, eles tendem a dessensibilizar-se, procurando mais o alívio do que o prazer em estar juntos. Em conseqüência, seu gozo diminui.

Esta é uma época terrível à qual devemos nos ajustar. O tempo parece muito condensado. As exigências do mundo são duras e a pressão, no sentido de dar mais, nos desgasta. Procuramos nos consolar de tudo isso junto à pessoa a quem amamos. Apoiar-se um no outro torna-se uma grande tentação, bem como servir-se dos bons sentimentos que existem um no outro para poder prosseguir. Quando o amor é dado sem restrições, essa solicitação é mantida em um nível mínimo, mas ainda assim é possível abusar do sexo e destruir sua magia. É preciso pôr de volta aquilo que se retira de um relacionamento.

Permita que seu relacionamento seja aquilo que ele é. Não sinta que vocês precisam ser amantes o tempo todo para continuar amando. Todo mundo atravessa períodos em que se sente menos voltado para o sexo. Cada um de nós está evoluindo e o papel que o sexo desempenha nesse processo é diferente, em diferentes momentos. Saiba que, em seu relacionamento, haverá esses momentos de tranqüilidade. Não ponha a culpa em seu parceiro, mas procure compreender e aceitar.

Não há nada melhor do que a recompensa que vem do fato de amar e ser amado.

CAPÍTULO DEZESSEIS

REFLEXÕES SOBRE PORQUE VOCÊS ESTÃO JUNTOS

LEMBRAR POR QUE VOCÊS ESTÃO JUNTOS

Quando um relacionamento não vai indo bem é fácil esquecermos por que juntamos nossas forças. Sentimos pena de nós, nos queixamos de nosso parceiro e catalogamos nossas decepções. Entregamo-nos a nossa negatividade para nos convencermos de que nossa situação não tem remédio, que devemos ir embora e que já não somos mais obrigados a dar o que existe de melhor em nós.

Todos os parceiros precisam aprender a confiar no amor que existe entre eles e a lembrar de como era bom quando estavam apaixonados. Mas, de repente, deixar de amar parece ser algo tão devastador que os parceiros querem desistir, antes de darem ao amor a oportunidade de ele se provar.

Sua recordação dos bons momentos é sua força, mas é também uma anulação em potencial. Você não pode usar a recordação dos bons momentos para revestir sua raiva de insensibilidade. Seu amor precisa ser real para ser completo. Portanto, você deve permitir-se sentir a própria decepção, enxergar seu parceiro sob uma luz cada vez mais clara, aprender a aceitar e, finalmente, a amar a pessoa real que vê emergir diante de si e dentro de você.

Um bom relacionamento o leva mais para junto de si, bem como para junto da pessoa a quem você ama, torna-o mais amorável, proporciona novas dimensões a sua vida, o faz sentir-se junto da pessoa amada, mesmo estando só.

Lembrem-se por que vocês estão juntos: é para viver suas vidas dos dois lados.

SENTIR O PODER DE SEU AMOR

Nossas fraquezas e nossas forças fazem parte das mesmas características. O lado que mostramos é, sobretudo, um reflexo do quão amorosos nos sentimos.

O amor nos dá a coragem de darmos o que existe de melhor em nós. Quando duvidamos de nossa capacidade de amar sempre nos diminuímos. O amor nos inspira para realizarmos nosso potencial. Com o amor, uma pessoa dependente poderá tornar-se independente, uma pessoa controladora poderá tornar-se livre e uma pessoa competitiva poderá aprender a cuidar dos outros. O amor de nosso parceiro está lá para recordar que somos amoráveis, mesmo quando não nos encontramos em nossos melhores momentos, mas ele não pode substituir o amor que sentimos.

O amor é um apoio, mas, embora seja dado gratuitamente, não se trata de um empréstimo permanente. O amor é um fluxo de sentimentos. Para manter esse fluxo, em ambas as direções, os parceiros devem ser dignos do amor que lhes é concedido.

O lado mais satisfatório do amor por outra pessoa é perceber que seu amor opera uma mudança e para melhor. Não existe nada mais acabrunhante do que amar alguém que parece não crescer nunca, que permanece prisioneiro dos mesmos temores, alimenta a mesma negatividade, invalida o mérito de nosso amor. Uma pessoa como essa não se ama o suficiente para retribuir o amor que recebe.

Em momentos de tensão e de dificuldades, é uma tentação assinalar as falhas de um parceiro. Ao agir assim, você estará sendo impulsionado pela frustração e pela amargura. Lembre-se de que sempre terá uma escolha. Decida procurar o que existe de bom sem ficar cego diante dos defeitos de seu parceiro.

Encoraje, mas não seja pouco realista.

Seja verdadeiro, mas não use a verdade como um meio de punição.

Seja consolador, mas permita que seu parceiro sinta a dor de sua própria decepção.

Ame para dar apoio, não para dominar. Se acaso seu parceiro se tornar dependente de seu amor, nenhum de vocês dois será livre.

O amor precisa ser retribuído. Aceite o amor que lhe dão e demonstre essa aceitação.

O amor lhe proporciona a coragem de ser você mesma na presença da pessoa que a ama. Use essa coragem para dar o melhor de si.

PACIÊNCIA

Em momentos difíceis em um relacionamento, a inclinação natural é pôr para fora as emoções de maneira destrutiva. Conceda a seu relacionamento e a seu parceiro o benefício da dúvida. Dê um pouco mais de tempo antes de reagir. Você não perderá nada permanecendo em silêncio, permitindo que a loucura que está a sua volta se dissipe por si só.

Coloque-se acima dela.

Encontre-se a si mesmo, no meio de toda a confusão.

Deixe que sua calma seja aquela ilha de sensatez que restaura novamente o equilíbrio de vocês dois.

Se você se deixar arrastar por esse turbilhão, certamente a situação haverá de piorar.

Espere que a situação melhore.

Lembre-se de que a cura leva tempo.

Procure as provas de que ainda existe algo de bom entre vocês.

Alimente esse bem, acolhendo os sentimentos positivos que venham a surgir.

Deixe que a negatividade passe de lado. Não a atraia, resistindo ou se apegando a ela. Não se entregue à mágoa. Não seja um recipiente do ódio.

Diante das ofensas e das acusações, não perca a cabeça e seja sua melhor amiga. Permita que as respostas cheguem até você.

Decida o que é melhor para você enquanto ouve, mas não reaja enquanto estiver decidindo.

Ao pôr em prática suas decisões, aja com serenidade.

Seja paciente.

RECOMPENSAS

O que você está obtendo de tudo isso? O que você conseguiu, provavelmente, é aquilo que tinha de obter.

Está feliz com isso?

É o que esperava?

É suficiente?

É verdadeiro?

É o que você quer?

Toda essa luta valeu a pena?

Se você estiver infeliz, diga.

Se estiver desencorajado, demonstre.

Declare-se.

Lute por seus sentimentos.

Solicite aquilo que deseja.

Seja autêntico.

Crie momentos mais favoráveis, dando o melhor de si quando estiver com seu parceiro.

Você não pode viver para o futuro. Sua recompensa é o modo como você se sente agora.

RECORRER AO AMOR

O segredo do amor é recorrer a ele.

Em tempos de adversidade, lembre-se de seu amor.

Quando existe uma escolha, recorra ao amor.
Recorrer ao amor não é evitar a dor, mas insistir na cura.
Recorrer ao amor é permitir que os outros se integrem a sua tristeza, de tal modo que possam lamentá-la, e em seguida, desobstruir os caminhos para voltar a sentir a alegria.
Você não pode carregar o fardo de um amigo.
Você não pode assumir a dor de uma pessoa amada.
Recorrer ao amor é ser autêntico na presença dos outros.
O amor que flui através de você é apenas uma resposta parcial às pessoas a quem você ama.
É a força vital procurando se expressar, preenchendo-o, ligando-se a tudo aquilo que é amorável, é nutrir o que há de bom.
Se estiver em dúvida, recorra ao amor e compreenderá.
Se estiver sofrendo, recorra ao amor e crescerá.
Se estiver abandonado, recorra ao amor e voltará a encontrar a felicidade.
Você é o mundo. Preencha-o com o amor.

OS CASAIS MAIS FELIZES

Os casais mais felizes compartilham uma visão única do mundo.
Os casais mais felizes são parceiros em um destino que criam juntos.
Ninguém é obrigado a ser aquilo que o outro não consegue realizar.
Cada um pertence a si mesmo e é livre.
O presente não tem dívidas.
O momento é desprovido de medo.
A resposta é: Eu te amo.
A pergunta não tem importância.

EPÍLOGO

Amar significa preocupar-se com os sentimentos da outra pessoa como se eles fossem seus.

Se você não se ama, é impossível que seu amor por outra pessoa seja profundo. Se outra pessoa não considera seus sentimentos importantes, então o que ela afirma amar, ao dizer que que ama você?

Amor é a aceitação daquilo que sobrevém com o fato de conhecermos todos os defeitos de uma pessoa e não a rejeitar devido àquilo que descobrimos, mas viver na expectativa das coisas boas. A maior paz que o amor pode proporcionar é que não existem surpresas a ser descobertas que não o levarão a amar a outra pessoa. O amor que dura está baseado na aceitação do parceiro em relação àquilo que eles verdadeiramente são.

Amor é confiança. Você confia em que o amor reside em você e que você merece ser amado. Você confia em que está sendo tratado diretamente, com lealdade, e confia em que seu parceiro sente-se da mesma maneira.

Tal é o papel do amor: Ele é aberto, ele é livre.

Tal é o ritmo do amor: O amor é correspondido e acomodado. As agendas apertadas se modificam e, a partir das pressões e do caos, criam-se oportunidades de se estar junto. As distâncias são transpostas, as ausências, suportadas e a união é comemorada.

O amor tem prioridade. O amor vem em primeiro lugar. O amor é agora. O amor é o que existe de melhor. O amor é também o que vem em seguida e o que vem por último.

Tal é o ritmo do amor. É um movimento interior, que procura dançar entre as estrelas.

A perspectiva do amor é cada vez mais íntima e mais ampla, mais calorosa e mais livre. É abertura e dádiva, é expansão e abrangência. É generosidade de sentimentos, pois reconhece a unicidade dos sentimentos que existem entre dois parceiros. É uma paixão entre iguais ou, então, não é absolutamente nada.

A dança do amor é um coração que bate mais forte, uma crença no impossível, pois, subitamente, ele se torna real.

O amor é a honestidade que se faz visível.
O amor é a dádiva que se torna aceitável.

O amor ajuda os necessitados a crescer, superando a inveja e caminhando em direção à auto-aceitação, partindo da possessividade para a autoconfiança, deixando de lado o ciúme para confiarmos em nós mesmos.

Precisamos do amor como precisamos de ar. Precisamos do amor como precisamos comer. Precisamos do amor como precisamos do amor.

Quando você se encontra em um relacionamento que a nutre e que a aceita, você pára de perseguir aquelas recompensas simbólicas que reconfortam uma alma perturbada. Você se sente em paz, já que tem aquilo de que necessita. Uma casa é vazia sem amor, mas uma alma é vazia, caso ela não ame aquilo que a faz única. Você não pode amar outra pessoa, a menos que seja fiel a sua própria singularidade, a sua solidão, a estar com você mesma.

Uma vida sem amor a si é uma vida solitária.

Uma vida sem o amor de outra pessoa é uma vida que não lança reflexos.

Amor é abertura e encantamento. Amor é alívio, nasce de intimidades compartilhadas e de dúvidas em relação a si mesmo, revestidas de uma sinceridade infantil. O amor é simples e fácil, quando é natural.

No entanto, quando o amor é perturbado, quando a dúvida se interpõe, quando as demonstrações abertas de um sentimento dão lugar à suspeita e o amor se afasta, a confiança nos falta e o espírito do amor se oculta. Ele não morre, apenas se esconde por detrás de sentimentos obscuros que impedem sua expressão.

Uma vez o amor foi oferecido abertamente, sem medidas, mas agora ele se expressa com cautela, machucado, tateando para certificar-se de que haverá segurança em voltar a amar. O clima é testado, a paisagem é medida, o parceiro é avaliado através de um olhar amargurado, que duvida. Qualquer comportamento, palavra ou olhar questionáveis reabre aquela disputa dolorosa. A mágoa parece incomensurável, pois a dor de não amar é a mais cruel punição do amor. Reter o amor é um fardo para um coração amoroso.

Aprender a nos aceitarmos através da aceitação de nosso amante é a cura que sobrevém com o amor.

A lembrança do amor que está por detrás do tumulto dá coragem e ajuda os amantes a se arriscarem novamente, voltando a amar.

Estamos todos aqui, como parceiros, na vida. Encontrar um parceiro com quem possamos crescer em honestidade, com quem possamos nos tornar mais vivos, é a meta de um relacionamento saudável.

Lidarmos juntos com a vida é o que torna um relacionamento algo sagrado, que santifica o amor e que faz com que o mundo seja jovem para sempre.

AGRADECIMENTOS

Gostaria de agradecer Lena Tabori por seu apoio ao conceituar meu manuscrito e por sua amizade, afeto e orientação durante os anos em que ele foi elaborado.

Devo muito reconhecimento a Elizabeth Beier e Fred Hills por suas sugestões editoriais e por sua incansável paciência, por sua fé contínua e seu entusiasmo por meu manuscrito, bem como por sua editoração sensível e cuidadosa, que foi, em si, um ato de amor.

Obrigado a Bill Grose por seu apoio contínuo ao projeto junto à Pochet Books e à editora Simon and Schuster.

Agradecimentos especiais a Goss por suas sugestões tão pertinentes.

Muito obrigado a Sandra Vassil por sua ajuda e por desistir de seus fins de semana, em geral à última hora, para poder dedicar-se ao manuscrito, por levar tudo com bom humor e oferecer sua colaboração tão meticulosa.

Obrigado a Lee Holloway por permitir-me ler trechos do livro para ela durante todas as horas do dia e da noite e por cobrir-me de amor, sabendo o quanto eu necessitava dele durante os momentos de dúvida.

Finalmente, seria difícil superestimar o quanto Candace Bowman, minha assistente, contribuiu para este livro. Sua paciência em ouvir-me ler e reler capítulos, até a décima revisão, e chegar a cada versão com frescor, entusiasmo e inteligência, oferecendo sugestões que muito me apoiaram, bem como uma crítica apaixonada, foram inestimáveis. Sua fé no manuscrito e sua incansável energia, paciência e cuidados com o frustrante trabalho de inserir adendos, suprimir certos trechos, fazer correções, reinserir aquilo que havia sido cortado foi profundamente apreciada. Seu amor e seu afeto foram a cola que juntou boa parte de tudo isto.

SOBRE O AUTOR

David Viscott é psiquiatra, psicoterapeuta e autor de diversos *best-sellers*, entre os quais *A Linguagem dos Sentimentos*, publicado pela Summus Editorial, e *The Making of a Psychiatrist*, indicado para o prêmio Pulitzer.
Completando seu trabalho de terapeuta e autor, apresenta um programa de rádio extremamente popular na Rede *ABC*, e um programa de televisão chamado "*Getting in Touch*".
Formado pelo Dartmouth College e pela Tufts Medical School, o Dr. Viscott foi consultor psiquiátrico do estado de Massachusetts.
Reside atualmente em Los Angeles, Califórnia, com sua esposa Katharine Random e quatro filhos.

impresso na
**press grafic
editora e gráfica ltda.**

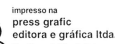

Rua Barra do Tibagi, 444
Bom Retiro – CEP 01128-000
Tels.: (011) 221-8317 – (011) 221-0140
Fax: (011) 223-9767

------------ dobre aqui ---------------

ISR 40-2146/83
UP AC CENTRAL
DR/São Paulo

CARTA RESPOSTA
NÃO É NECESSÁRIO SELAR

O selo será pago por

summus editorial

05999-999 São Paulo-SP

------------ dobre aqui ---------------

summus editorial
CADASTRO PARA MALA DIRETA

Recorte ou reproduza esta ficha de cadastro, envie completamente preenchida por correio ou fax, e receba informações atualizadas sobre nossos livros.

Nome: _____ Empresa: _____
Endereço: ☐ Res. ☐ Coml. _____ Bairro: _____
CEP: _____-_____ Cidade: _____ Estado: _____ Tel.: ( ) _____
Fax: ( ) _____ E-mail: _____ Data de nascimento: _____
Profissão: _____ Professor? ☐ Sim ☐ Não Disciplina: _____

1. Você compra livros:
- ☐ Livrarias
- ☐ Telefone
- ☐ Internet
- ☐ Feiras
- ☐ Correios
- ☐ Outros. Especificar: _____

2. Onde você comprou este livro? _____

3. Você busca informações para adquirir livros:
- ☐ Jornais
- ☐ Revistas
- ☐ Professores
- ☐ Amigos
- ☐ Internet
- ☐ Outros. Especificar: _____

4. Áreas de interesse:
- ☐ Educação
- ☐ Psicologia
- ☐ Corpo, Movimento, Saúde
- ☐ Comportamento
- ☐ PNL (Programação Neurolinguística)
- ☐ Administração, RH
- ☐ Comunicação
- ☐ Literatura, Poesia, Ensaios
- ☐ Viagens, *Hobby*, Lazer

5. Nestas áreas, alguma sugestão para novos títulos? _____

6. Gostaria de receber o catálogo da editora? ☐ Sim ☐ Não
7. Gostaria de receber o Informativo Summus? ☐ Sim ☐ Não

Indique um amigo que gostaria de receber a nossa mala direta

Nome: _____ Empresa: _____
Endereço: ☐ Res. ☐ Coml. _____ Bairro: _____
CEP: _____-_____ Cidade: _____ Estado: _____ Tel.: ( ) _____
Fax: ( ) _____ E-mail: _____ Data de nascimento: _____
Profissão: _____ Professor? ☐ Sim ☐ Não Disciplina: _____

summus editorial
Rua Itapicuru, 613 – 7º andar   05006-000   São Paulo - SP   Brasil   Tel.: (11) 3872 3322   Fax: (11) 3872 7476
Internet: http://www.summus.com.br   e-mail: summus@summus.com.br